职业教育现代物流管理专业系列教材　物流企业岗位培训系列教材

国际物流与货运代理

（第3版）

刘徐方　梁　旭　主　编
罗元浩　宋鹏云　副主编

U0359625

清华大学出版社
北京

内容简介

本书根据国际物流与货运代理发展的新特点,结合实际业务运营,系统介绍了国际物流与货运代理概述、国际物流业务管理、国际多式联运、国际物流保险、保税物流运作业务、国际货物的报关与检验检疫、国际海上货运代理、国际航空货运代理、国际陆地货运代理等基础理论知识,并通过实证案例分析讲解,培养提高读者的应用能力。

本书案例丰富,注重创新,集理论和实践于一体,具有知识系统性和操作应用性的特点,因而既可作为应用型大学、高职高专物流管理专业的教材,也可作为物流和外贸企业从业者和管理人员的培训教材,还可以作为全国国际货运代理行业从业人员岗位资格专业证书考试的学习指导书。

图书在版编目(CIP)数据

国际物流与货运代理/刘徐方,梁旭主编.—3 版.—北京:清华大学出版社,2021.6(2023.8 重印)
职业教育现代物流管理专业系列教材　物流企业岗位培训系列教材
ISBN 978-7-302-55865-1

Ⅰ.①国… Ⅱ.①刘… ②梁… Ⅲ.①国际物流-职业教育-教材 ②国际货运-货运代理-职业教育-教材　Ⅳ.①F259.1 ②F511.41

中国版本图书馆 CIP 数据核字(2020)第 109993 号

责任编辑:聂军来
封面设计:刘艳芝
责任校对:赵琳爽
责任印制:沈　露

出版发行:清华大学出版社
　　　网　　址:http://www.tup.com.cn,http://www.wqbook.com
　　　地　　址:北京清华大学学研大厦 A 座　　　　　　邮　编:100084
　　　社 总 机:010-83470000　　　　　　　　　　　邮　购:010-62786544
　　　投稿与读者服务:010-62776969,c-service@tup.tsinghua.edu.cn
　　　质量反馈:010-62772015,zhiliang@tup.tsinghua.edu.cn
　　　课件下载:http://www.tup.com.cn,010-83470410
印 装 者:三河市龙大印装有限公司
经　　销:全国新华书店
开　　本:185mm×260mm　　　印　张:15.5　　　字　数:354 千字
版　　次:2007 年 8 月第 1 版　2021 年 8 月第 3 版　　印　次:2023 年 8 月第 2 次印刷
定　　价:49.00 元

产品编号:086865-01

编 委 会

序言

物流既是国民经济的重要组成部分,也是我国经济发展新的增长点。物流业融合运输业、仓储业、货代业和信息业等复合型服务产业,涉及领域广、吸纳就业人数多,在促动生产、促进国际贸易、拉动消费、推动产业结构调整、转变经济发展方式、提高国民经济竞争力、构建和谐社会等方面发挥着非常重要的作用。

当前随着国家"一带一路、互联互通"经济建设的快速推进和全球电子商务的迅速发展,不仅有力有效地促进了我国物流产业的国际化发展,而且使我国迅速融入全球经济一体化的进程,中国市场国际化的特征越发凸显。

2020年10月,党的十九届五中全会审议通过《中共中央关于制定国民经济和社会发展第十四个五年规划和二〇三五年远景目标的建议》,为我国物流产业的发展指引着明确的前进方向。加快我国现代物流发展、提高经济运行质量与效益、实现可持续发展战略、推进我国经济经济增长方式的根本性转变,具有非常重要而深远的意义。

物流既涉及国际贸易、国际商务活动等外向型经济领域,也涉及交通运输、仓储配送、通关报检等多个业务环节。当前面对世界经济的迅速发展和国际市场激烈竞争的压力,加强物流科技知识的推广应用、加速物流专业技能型应用人才的培养,已成为我国经济转型发展亟待解决的问题。

市场需求促进专业建设,市场驱动人才培养。针对我国高等职业教育院校已沿用多年物流教材陈旧和知识老化而急需更新的问题,为了适应国家经济发展和社会就业急需、为了满足物流行业规模发展对操作技能型人才的需求,在中国物流技术协会的支持下,我们组织北京物资学院、大连工业大学、北京城市学院、吉林工程技术师范学院、北京财贸职业学院、郑州大学、哈尔滨理工大学、燕山大学、浙江工业大学、河北理工大学、华北水利水电学院、江西财经大学、山东外贸职业学院、吉林财经大学、广东理工大学等全国20多个省市高职高专院校及应用类大学物流管理专业的主讲教师和物流企业经理,共同编撰了此套教材,旨在迅速提高高等院校物流管理专业学生和物流行业从业者的专业技术素质,更好地服务于我国物流产业和物流经济。

本套教材作为普通高等教育高等职业院校物流管理专业的特色教材,融入了物流运营管理的最新实践教学理念、坚持以科学发展观为统领,力求严谨、注重与时俱进,根据物流业发展的新形势和新特点,依照物流活动的基本过程和规律,结合党的二十大报告为物流行业发展指明的方向,依据以物流效益质量提升为核心,全面贯彻国家"十四五"教育发展规划,按照物流企业对用人的需求模式,结合解决学生就业加强实践能力训练,注重校企结合、贴近物流行业企业业务实际,注重新设施设备操作技术的掌握,强化实践技能与岗位应用培养训练,并注重教学内容和教材结构的创新。

本套教材根据高等职业教育院校"物流管理"专业教学大纲和课程设置,各教材的出版对强化物流从业人员教育培训、提高经营管理能力,对帮助学生尽快熟悉物流操作规程与业务管理、毕业后能够顺利走上社会就业具有特殊意义;因而既可作为本科高职院校物流管理专业教学的首选教材,也可以用于物流、商务贸易等企业在职员工培训。

中国物流技术协会理事长、牟惟仲

2023 年 8 月于北京

第3版
前言

物流是国民经济的基础,也是国家经济建设的重要支撑。物流业融合运输业、仓储业、货代业和信息业等复合型服务产业,涉及领域广、吸纳就业人数多,并在促动生产、促进国际贸易、拉动消费、推动产业结构调整、转变经济发展方式、提高国民经济竞争力、构建和谐社会等方面发挥着非常重要的作用。2020年10月,党的十九届五中全会审议通过《中共中央关于制定国民经济和社会发展第十四个五年规划和二〇三五年远景目标的建议》,为我国物流产业的大发展指引着明确的前进方向。

当前,随着国家"一带一路、互联互通"总体发展的快速推进,面对物流市场国际化的迅速发展与激烈竞争,对从事国际物流与货运代理运营人员素质的要求越来越高,社会物资流通和物流产业发展急需大量具有国际物流与货运代理扎实理论知识与实际运作技能复合型的专业人才。保障我国国际经济活动和国际物流服务业的顺利运转,加强现代国际物流货运代理运作与管理从业者的应用技能培训、强化专业综合业务素质培养,增强企业核心竞争力、加速推进物流产业化进程、提高我国国际物流与货运代理管理水平,更好地为我国物流经济和物流教学实践服务,这既是物流企业可持续快速发展的战略选择,也是本书出版的真正目的和意义。

本书自2007年出版以来,因写作质量高而获得全国各职业院校广大师生的好评,已多次重印和再版;2008年被北京市教委批准为"北京高等教育精品教材"、2009年获得中国职协2007—2008年度优秀科研成果教材二等奖。此次第3版、作者结合党的二十大报告为物流行业发展指明的方向,对原教材进行了精心设计、补充知识、增加实训练等修改,以使其更贴近现代物流产业发展实际、更好地为国家物流经济和教学服务。

本书作为高等职业教育物流管理专业的特色教材,内容共九章,以培养学习者的应用能力为主线,坚持学科发展观,根据国际物流货运代理活动的基本过程和规律,围绕具体的工作环节和业务流程,主要介绍国际物流业务管理、国际多式联运、国际物流保险、保税物流运作业务、国际货物的报关与检验检疫、国际海上货运代理、国际航空货运代理、国际陆地货运代理等国际物流与货运代理的基本知识及实务,并通过对实证案例的分析讲解,培养和提高学习者的应用能力。

本书由李大军筹划并具体组织,华北水利水电大学刘徐方和辽宁中医药大学梁旭为主编,刘徐方统改稿,罗元浩、宋鹏云为副主编,由刘丽艳教授审订。作者编写分工如下:牟惟仲编写序言,梁旭编写第一章和第八章,刘徐方编写第二章和第四章,罗元浩编写第三章和第九章,宋鹏云编写第五章和第六章,李作聚编写第七章,务鑫编写附录,李晓新对文字和版式进行修改并制作课件。

在教材再版过程中,我们参考了国内外有关国际物流与货运代理的最新书刊、网站资料,以及国家历年颁布实施的相关法规和管理规定,并得到物流货运代理企业有关专家教授的具体指导,在此一并致谢。为配合教学,特提供配套电子课件,学习者可以通过扫描本书背面的二维码获取。因作者水平有限,书中难免有疏漏和不足,恳请同行和读者批评指正。

编　者
2023 年 8 月

物流是流通的命脉,也是国家经济建设的重要支撑。国际物流与货运代理业务既是物流系统中的重要组成部分,也是物流运营的关键环节。物流对规范经营、完善服务、降低成本、减少损失、提高经济效益、提升物流品质、获取国内外客户满意度等各方面都具有积极的促进功能,对物流企业经济运行的质量和效益产生重大影响,并在国际大物流中发挥着衔接、协调、枢纽等极其重要的作用。因而,越来越受到我国物流行业主管部门和物流企业的高度重视。

当前面对物流市场国际化的迅速发展与激烈竞争,对从事国际物流与货运代理业务人员素质的要求越来越高,社会物资流通和物流产业发展急需大量技能型、操作型、实用型的专门人才。为了保障我国全球经济活动和国际物流服务业的顺利运转,加强现代国际物流货运代理运作与管理从业者的应用技能培训,强化专业综合业务素质培养,增强企业核心竞争力,加速推进物流产业化进程,提高我国国际物流与货运代理的管理水平,我们编写了本书。

本书第1版自2007年出版以来,获得全国各类职业教育院校广大师生的好评,已被多次重印;2008年被北京市教委评为"北京高等教育精品教材",2009年获得中国职协2007—2008年度优秀科研成果教材二等奖。此次再版,作者严格按照国家关于"加强职业教育,突出实践技能培养"的要求,根据职业教育教学改革的需要,结合读者提出的意见和建议,审慎认真地对全书进行了知识补充和修订完善,旨在更好地为我国物流经济和物流教学实践服务。

全书共9章,以学习者应用能力培养为主线,依照国际物流货运代理活动的基本过程和规律,围绕工作环节和具体业务流程,主要介绍国际物流业务与国际贸易、国际海上货运代理、国际航空货运代理、国际多式联运、其他货物运输方式、保税物流运作业务及国际货运代理常用单证等国际物流与货运代理基本知识及实务,并通过指导学员实训,提高技能,达到学以致用的目的。

本书既适用于各层次学历职业教育的教学,也可以作为国际物流与货运代理在职业务人员日常工作的工具用书和从业资格证书的考试辅导教材,对于广大社会读者也是一本非常有益的自学科技读物。

本书由李大军进行总体方案策划并具体组织,刘丽艳和李作聚为主编,李秀华和张荣为副主编,由具有丰富实践经验的物流企业业务经理李姝玉审订。作者编写分工为:刘丽艳编写第一、第三和第八章,李作聚编写第二章,王艳、夏丽丽编写第四章,杨红霞、周莉、刘丽艳编写第五章,李秀华编写第六章,张荣、刘丽艳编写第七章,叶靖、丁玉书编写第九章,刘晓晓、罗松涛、马瑞奇编写附录;华燕萍负责本书的修改和版式调整,李晓新负责制作教学课件。

在本书修订过程中,我们借鉴、引用了大量国内外有关国际物流与货运代理方面的最新书刊资料和业界的研究成果,并得到编审委员会及物流货运代理企业有关专家教授的具体指导,在此一并致谢。为配合本书的使用,我们特提供了配套的电子课件,读者可以免费从清华大学出版社网站(www.tup.com.cn)下载。

因作者水平有限,书中难免有疏漏和不足之处,恳请同行和读者批评指正。

编　者

2012 年 3 月

随着全球经济一体化进程加快,世界各国之间的贸易交往日益密切,随着我国加入 WTO 后有关条款的逐步兑现,我国流通市场已经对外全面开放,市场国际化的趋势逐渐形成,为我国国际物流市场和货运代理业提供了良好的发展契机。物流是流通的命脉,也是国家经济建设的关键环节,面对国际物流市场的发展与激烈竞争,国际物流与货运代理在物流产业发展中将发挥越来越重要的作用,加强国际物流货运代理从业人员技能培训与综合业务素质培养,已成为目前迫切需要解决的问题。

《国际物流与货运代理》一书的出版正顺应这一潮流,正是为培养大量国际物流与货运代理专门人才,解决物流企业发展对既掌握国际物流理论知识又懂得货运代理实际业务操作的专业技能型人才的急需。本教材严格按照国家教育部关于"加强职业教育,注重实践教学,强化技能培养"等教育教学的改革精神和要求,由长期从事国际物流与货运代理教学与研究的主讲教师及具有丰富经验的企业人士共同编写,本书的出版对提高从业人员的业务素质,提升货运代理企业的服务质量和水平,促进我国货运代理业的健康发展都具有十分重要的意义。

全书共八章,以学习者应用能力的培养为主线,依照国际物流与货运代理活动的基本过程和规律,结合实际,突出实操性。本教材内容包括:国际物流与货运代理、国际物流业务管理、国际海上货运代理、国际航空货运代理、国际多式联运、其他货物运输方式、国际货运代理常用单证英语及国际贸易等基本知识与实务。

本教材具有以下特点:

第一,理论够用,注重职业教育定位,从应知应会角度出发,只介绍基本的理论知识;第二,突出技能,注重职业性和岗位职责,强调实际工作技能的掌握;第三,理论联系实际,注重案例教学,逐步提高学生分析问题和解决问题的能力;第四,双证制,注重课堂教学与实践技能和证书文凭考试的紧密结合。

本教材作为职业教育物流管理专业的特色教材,既适用于物流管理、经济管理、市场营销、工商管理、电子商务等经济类相关专业的各层次职业教育与教学,又可作为物流企业从业人员的岗位培训用书,还可作为在岗货运代理人员日常工作和资格考试的工具及参考用书。

　　本教材由李大军进行总体方案策划和具体组织,李作聚主编并统稿,王艳和谢淳为副主编;由北京物资学院王桂芝教授审定。参加编写的人员有:李作聚、刘丽艳、王军梅编写第一章,王艳、李振福编写第二章,李作聚、夏丽丽编写第三章,刘丽艳、汤伟光编写第四章,李秀华编写第五章,谢淳、刘丽艳、黄强新编写第六章,郑金花编写第七章,李作聚、王艳、陈晓钟编写第八章,马瑞奇编写附录;李晓新负责本教材课件的制作。

　　在教材出版过程中,我们参阅借鉴了大量国内外有关物流与货运代理方面的书刊资料和业界的研究成果,并得到编审委员会牟惟仲、翁心刚、吴明等有关专家教授的具体指导,在此一并致谢。由于作者水平有限,书中难免有疏漏和不足,恳请同行和读者批评指正,以便再版时予以修正。

编　者
2007 年 6 月

目录

第一章　国际物流与货运代理概述 ·· 1

　第一节　国际物流 ··· 2

　　一、国际物流概述 ·· 2

　　二、国际物流系统 ·· 5

　　三、跨境电商与国际物流 ·· 8

　第二节　国际货运代理 ·· 9

　　一、国际货运代理概述 ··· 9

　　二、国际货运代理向国际物流发展的有效途径 ···················· 13

　第三节　国际物流的特殊形式 ·· 16

　　一、展品物流 ·· 16

　　二、国际邮政物流 ··· 21

第二章　国际物流业务管理 ··· 26

　第一节　国际物流运输管理 ·· 28

　　一、国际物流运输概述 ··· 28

　　二、国际物流运输方式 ··· 29

　　三、运输代理 ·· 31

　第二节　国际物流仓储管理 ·· 35

　　一、国际物流仓储概述 ··· 35

　　二、国际物流仓储业务管理 ·· 36

　　三、仓储合理化 ··· 40

　第三节　国际物流信息管理 ·· 42

　　一、国际物流信息系统概述 ·· 42

　　二、国际物流信息系统的构成 ·· 43

　　三、信息技术对供应链管理的支撑 ···································· 44

第三章　国际多式联运 ·· 50

　第一节　国际多式联运概述 ·· 53

一、国际多式联运设施 ················· 53
二、国际多式联运的特点与方式 ··········· 53
三、国际陆路和陆桥货物运输 ············· 55
四、国际多式联运单证 ················· 59
第二节 国际多式联运实务 ··············· 63
一、国际铁路联运货物运输程序 ··········· 63
二、国际公路联运货物运输程序 ··········· 68
三、国际多式联运的业务流程 ············· 69
第三节 国际多式联运中的责任与赔偿 ········· 72
一、国际多式联运中的责任 ·············· 72
二、国际多式联运中的赔偿 ·············· 73

第四章 国际物流保险 ····················· 77

第一节 国际物流保险概述 ··············· 78
一、保险概述 ····················· 78
二、国际物流保险分类 ················· 82
第二节 国际海上货物运输保险 ············· 83
一、国际海上货物运输承保风险 ··········· 83
二、国际海上货物运输承保损失 ··········· 85
三、国际海上货物运输承保费用 ··········· 86
四、国际海上货物运输保险险种 ··········· 87
第三节 国际陆空货物运输保险 ············· 91
一、国际陆上货物运输保险 ·············· 92
二、国际航空货物运输保险 ·············· 93
三、国际邮政包裹运输保险 ·············· 93
第四节 国际货运代理责任保险 ············· 94
一、国际货运代理责任险承保风险 ·········· 94
二、国际货运代理责任险承保内容 ·········· 95
三、国际货运代理责任险除外责任 ·········· 95
四、国际货运代理责任险保险条款 ·········· 96

第五章 保税物流运作业务 ··················· 100

第一节 保税物流 ···················· 101
一、保税物流的概念 ·················· 101
二、保税物流的特点 ·················· 102
三、保税物流存在的问题及创新 ··········· 102
第二节 保税制度 ···················· 103
一、保税制度的概念 ·················· 103

二、保税制度的特点 ·· 104

三、我国现行保税制度的主要形式 ···························· 106

第六章　国际货物的报关与检验检疫 ·························· **114**

第一节　报关 ··· 116

一、报关的含义 ·· 116

二、报关的范围 ·· 116

三、报关的分类 ·· 117

四、报关的基本内容 ·· 118

第二节　出入境检验检疫 ··· 120

一、出入境检验检疫的法律地位 ································ 120

二、出入境检验检疫的主要目的、任务和作用 ················· 121

三、出入境检验检疫工作的主要内容 ·························· 122

第三节　一般进出口货物的基本报关程序 ······················ 125

一、进出口申报 ·· 125

二、配合查验 ·· 131

三、缴纳税费 ·· 133

四、提取或装运货物 ·· 133

第四节　出入境检验检疫的一般工作流程 ······················ 136

一、受理报检 ·· 136

二、检验检疫和鉴定 ·· 136

三、检验检疫收费 ·· 137

四、签证、放行 ·· 138

第七章　国际海上货运代理 ·································· **144**

第一节　国际海上货运基础知识 ································· 146

一、国际海上货运概述 ·· 146

二、国际海上货运有关单证 ······································ 148

第二节　国际海上货运代理实务 ································· 155

一、班轮运输代理程序 ·· 156

二、租船运输代理程序 ·· 158

三、国际海上集装箱货运业务程序 ······························ 159

第三节　国际海上货运运费 ······································ 162

一、班轮运费 ·· 162

二、租船运费 ·· 164

三、集装箱海上货运运费 ·· 165

第八章　国际航空货运代理 ·· 169

第一节　国际航空货运代理基础知识 ································· 171
一、国际航空货运概述 ·· 171
二、国际航空货运有关单证 ······································· 173
第二节　国际航空货运代理实务 ···································· 183
一、国际航空货运代理出口业务流程 ·························· 183
二、国际航空货运进口业务流程 ································· 187
三、集中托运业务 ··· 188
四、国际航空快递业务 ·· 189
第三节　国际航空运费 ··· 190
一、基本概念 ·· 190
二、计费重量 ·· 193
三、航空运费 ·· 193
四、公布直达运价 ··· 194
五、航空运费的计算 ··· 195
六、其他费用 ·· 198

第九章　国际陆地货运代理 ·· 202

第一节　国际铁路货运代理 ·· 204
一、国际铁路货物联运 ·· 204
二、国际铁路货运代理业务流程 ································· 207
三、国际铁路货运代理业务单证 ································· 210
四、国际铁路货运费用 ·· 212
第二节　国际公路货运代理 ·· 217
一、国际公路货运概述 ·· 217
二、国际公路货运代理业务流程 ································· 220
三、国际公路货运代理业务单证 ································· 221
四、国际公路货运费用 ·· 222

附录 A　国际货运代理业务常用缩语和短语 ···················· 226

附录 B　世界主要航线及港口一览表 ······························· 229

参考文献 ··· 232

第一章

国际物流与货运代理概述

◆ **学习目标** ◆

（1）掌握国际物流和国际物流系统的概念。

（2）掌握国际货运代理的概念。

◆ **知识要点** ◆

（1）国际物流系统的运作模式。

（2）国际货运代理的种类和业务范围。

 【引导案例】

国际物流：中俄携手打造东北亚共赢走廊

2018年9月11日召开的第四届东方经济论坛中，涉及能源合作、农产品贸易、海洋经济、区域开发的相关议题占据了不小的比重。其中，交通走廊和物流能力建设更是被摆在了显要位置。来到俄罗斯远东滨海边疆区东南部的扎鲁比诺港口，可以看到装卸机械正忙碌着将一箱箱铝锭装上船。远处一艘艘渔船载着刚打捞上来的海产品缓缓驶来，临港靠岸；近处一个个印有"海丝路"字样的集装箱排列在场站。这些，构成了中俄经贸合作互利共赢的全新画卷。

1. 海铁联运位置独特

扎鲁比诺港位于俄罗斯远东地区日本海的特洛伊茨海湾西北部，地处中国、俄罗斯、朝鲜三国交界，经济位置十分重要，是亚太地区国家开展对外贸易和过境运输的重要节点。旨在打通中俄跨境运输通道的中俄滨海2号国际运输走廊项目的出海口就位于此。

由于中俄珲春—马哈林诺铁路口岸（简称珲马铁路口岸）是吉林省内唯一对俄铁路口岸，因此主打海铁联运的中俄滨海2号国际运输走廊项目就成为吉林省乃至整个中国东北地区向北开放的重要窗口。

2."内贸外运"成新看点

2018 年 8 月,海关总署同意经珲马铁路口岸至扎鲁比诺港开展内贸货物跨境运输航线,一条路线为"珲春—扎鲁比诺港—釜山—宁波—釜山—扎鲁比诺港—珲春",往返周期约为 15 天的海铁联运物流通道露出雏形。

吉林省东北亚海丝路国际海运有限公司总经理高明指出,"内贸外运"将成为这一运输走廊的新看点。"其实,所谓'内贸外运',是指国内不同地区之间的货物流通,借助国外港口进行海上运输,以扩大运力,降低成本。例如,吉林的农产品如果想运往浙江,走陆路运输不仅成本高、时间长,而且运力也难以满足大宗商品交易的需要。相反,就近经扎鲁比诺港出海走海运通道,则可以很好地避免上述问题。"

高明表示,中俄在这一交通走廊建设上的合作具有巨大的共赢意义。"一方面,中方可以引进俄罗斯远东地区的各类资源,同时打通东北大宗物资跨境运输通道,帮助吉林化工、汽车、农产品等优势产业与国内其他省份及周边国家形成更好的连接;另一方面,港口的发展将为俄罗斯远东地区带来更多的转口贸易和就业机会,也有利于进一步打开俄罗斯本土商品的出口空间。"

3.共赢成果备受期待

事实上,俄方也非常重视扎鲁比诺港口对于远东经济的推动作用。

俄方官员认为,中俄合作开发"滨海 1 号"和"滨海 2 号"国际交通走廊,是欧亚经济联盟与丝绸之路经济带倡议对接的重要合作成果,是俄罗斯与中国东北地区共同发展的新阶段。

俄罗斯华侨华人青年联合会会长吴昊在接受本报记者采访时表示,俄罗斯如今在中俄经贸合作及俄罗斯自身经济发展当中都扮演着越来越重要的角色。东方经济论坛日益受到各界关注就证明了这一点。

据港口工作人员介绍,按计划,中方将首航一条"内贸外运"线路,从珲春经扎鲁比诺港,再到釜山,最终抵达宁波。

如今,港口中货轮已经陆续停靠妥当,俄罗斯当地港口工人们忙碌的身影随处可见。日益繁荣的港口,更加繁忙的铁路,勾勒出了国际运输走廊的轮廓。这条"共赢走廊",映衬着中俄地区经济合作的光明前景。

资料来源:http://intl.ce.cn/sjjj/qy/201809/10/t20180910_30255168.shtml,2019 年 11 月。

思考:

(1) 如何理解内贸外运,它有哪些优势?

(2) 中俄经济合作发展的基础是什么?

第一节　国际物流

一、国际物流概述

(一)国际物流的概念

国际物流又称全球物流,是国内物流的延伸和进一步扩展,是跨越国界的、流通范围扩大了的"物的流通",是指物品从一个国家(地区)的供应地向另一个国家(地区)的接收地的实体流动的过程。

1. 广义的国际物流

广义的国际物流是指物品在一国生产,在另一国消费,或者需要经过另一国转运,该物流涉及的整个过程,包括在国内的物流过程和国家间的物流过程。

广义的国际物流研究范围包括国际贸易物流、非贸易物流、国际物流投资、国际物流合作、国际物流交流等领域。其中,国际贸易物流主要是指定货物在国际的合理流动,非贸易物流是指国际展览与展品物流、国际邮政物流等,国际物流投资是指不同国家物流企业共同投资建设国际物流企业,国际物流合作是指不同国别的企业完成重大的国际经济技术项目的国际物流,国际物流交流则主要是指物流科学、技术、教育、培训和管理方面的国际交流。

2. 狭义的国际物流

狭义的国际物流是指不同国家之间的物流,是商品物质实体为克服供应和需求分别处在不同地区和国家时的供需时间上和空间上的矛盾而发生的、在不同国家之间跨越国境的流动。流出之前和流入之后在国内的运作过程仍划入国内物流。

广义与狭义的国际物流如图 1-1 所示。

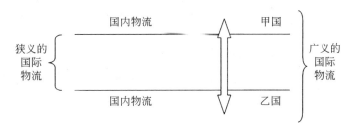

图 1-1　广义与狭义的国际物流

3. 国际物流的实质

国际物流的实质是按照国际分工协作的原则,依照国际惯例,利用国际化的物流网络、物流设施和物流技术,实现货物在国际的流动和交换,以促进区域经济的发展和世界资源的优化配置。其总目标是为国际贸易和跨国经营服务,即选择最佳的方式与路径,以最低的费用和最小的风险,保质、保量、适时地将货物从某国的供方运到另一国的需方。

国际物流发展历程

第二次世界大战以后,国际的经济交往才越来越扩展,越来越活跃,尤其在 20 世纪 70 年代的石油危机以后,原有为满足运送必要货物的运输观念已不能适应新的要求,系统物流就是在这个时期进入了国际领域。

20 世纪 60 年代开始形成了国际的大数量物流,在物流技术上出现了大型物流工具,如 20 万吨的油轮、10 万吨的矿石船等。

20世纪70年代,受石油危机的影响,国际物流不仅在数量上进一步发展,船舶大型化趋势进一步加强,而且出现了提高国际物流服务水平的要求,其标志是国际集装箱及国际集装箱船的发展。国际各主要航线的走期班轮都投入了集装箱船,提高了散杂货的物流水平,使物流服务水平获得很大提高。

20世纪70年代中后期,国际物流领域出现了航空物流大幅度增加的新形势,同时出现了更高水平的国际联运。船舶大型化的趋势发展到一个高峰,出现了50万吨的油船、30万吨左右的散装船。

20世纪80年代前期,国际物流的突出特点是在物流量基本不继续扩大的情况下出现了"精细物流",物流的机械化、自动化水平提高。同时,伴随新时代人们需求观念的变化,国际物流着力于解决"小批量、高频度、多品种"的物流,现代物流不仅覆盖了大量货物、集装杂货,而且也覆盖了多品种的货物,基本覆盖了所有物流对象,解决了所有物流对象的现代物流问题。

20世纪80年代到20世纪90年代,在国际物流领域的另一大发展是伴随国际联运式物流出现的物流信息和电子数据交换系统。这两个新事物的出现,使物流向更低成本、更高服务、更大量化、更精细化方向发展,该趋势在国际物流中的表现比在国内物流中更为突出,物流的每一个环节几乎都需要信息的支撑,物流质量取决于信息,物流服务依靠信息。可以说,国际物流已进入了物流信息时代。

20世纪90年代,国际物流依托信息技术发展,实现了"信息化",信息对国际物流的作用,依托互联网公众平台向各个相关领域渗透,同时又出现了全球卫星定位系统、电子报关系统等新的信息系统。在此基础上,国际供应链构筑完成,形成了国际物流系统,使国际物流水平得到了进一步提高。

(二)国际物流的作用

国际物流是国家之间的物流,它是国际贸易发展过程中的重要组成部分,各国的国际贸易最终通过国际物流来实现。因此,国际物流的发展可以促进世界范围内物资的合理流动,降低流通成本,实现效益的最优化。

作为企业价值链的基本环节,国际物流不仅使国际商务活动得以顺利实现,而且为企业带来新的价值增值,成为全球化背景下的"第三方利润源泉"。

同时,由于国际化信息系统的支持,以及世界各个地域范围的物资交流,国际物流可以通过物流的合理组织来促进世界经济的发展,改善国际间的友好交往,并以此推动国际政治、经济格局的良性发展,从而促进整个人类的物质文化和精神文化的发展。

(三)国际物流的特点

国际物流与国内物流相比,在物流环境、物流系统、信息系统及标准化要求四个方面存在着不同。不同的国家有不同的法律与物流相适应,这使国际物流的复杂性增强;不同国家不同经济和科技发展水平使国际物流处于不同科技条件的支撑下,甚至会因为有些地区根本无法应用某些技术,导致国际物流全系统运作水平降低。

不同国家的不同标准使国际物流系统难以建立一个统一的标准,不同国家的国情特征必然使国际物流受到很大的局限。一个国际物流系统需要在多个不同法律、人文、习俗、语言、科技环境下运行,这些环境上的差异,无疑大大增加了国际物流运作的难度和系统的复杂性。

1. 物流环境存在差异

国际物流一个非常重要的特点是各国物流环境存在差异,尤其是物流软环境存在差异。不同国家的不同物流适用法律使国际物流的复杂性远高于该国的国内物流,甚至会阻断国际物流;不同国家不同经济和科技发展水平会造成国际物流处于不同科技条件的支撑下,甚至有些地区根本无法应用某些技术而迫使国际物流全系统水平的下降;不同国家的不同标准也造成国际"接轨"的困难,因而使国际物流系统难以建立;不同国家的风俗人文也使国际物流受到很大的局限。

2. 国际物流必须有国际化信息系统的支持

国际化信息系统是国际物流,尤其是国际联运非常重要的支持手段。国际化信息系统建立的难度大、管理困难、投资巨大,再加上世界上地区之间物流信息水平不一致,导致信息水平不均衡,因而国际化信息系统的建立更为困难。

3. 国际物流的标准化要求较高

随着经济全球化的不断深入,世界各国都很重视该国物流与国际物流的相互衔接问题,努力使该国物流在发展的初期,其标准就力求与国际物流的标准体系相一致。因为现在如果不这样做,以后不仅会加大与国际交往的技术难度,更重要的是,在现在的关税和运费本来就比较高的基础上,又增加了与国际标准不统一所造成的工作量,将使整个外贸物流成本增加。因此,国际物流的标准化问题不能不引起更多的重视。

目前,跨国公司的全球化经营正在极大地影响物流全球性标准化的建立。一些国际物流行业和协会在国际集装箱和 EDI 技术发展的基础上,开始进一步对物流的交易条件、技术装备规格,特别是单证、法律条件、管理手段等方面推行统一的国际标准,使物流的国际标准更加深入地影响到国内标准,使国内物流日益与国际物流融为一体。

4. 国际物流管理更加网络化

在系统工程思想的指导下,以现代信息技术为支撑,强化资源整合和优化物流过程是当今国际物流发展的最本质特征。信息化与标准化这两大关键技术对当前国际物流的整合与优化起到了革命性的影响。同时,又由于标准化的推行,信息化的进一步普及获得了广泛的支撑,使国际物流可以实现跨国界、跨区域的信息共享,物流信息的传递更加方便、快捷、准确,加强了整个物流系统的信息连接。

现代国际物流在信息系统和标准化的共同支持下,借助于储运和运输等系统的参与,以及各种物流设施的帮助,形成了一个纵横交错、四通八达的物流网络,使国际物流覆盖面不断扩大,规模经济效益更加明显。

二、国际物流系统

(一)国际物流系统的概念

从系统的角度分析,物流本身是一个大的系统,其模型如图 1-2 所示。由此,我们可以将国际物流系统定义为:建立在一定的信息化基础之上的,通过具体的物流作业转换,为实现货物国家间的低成本、高效率地移动而相互作用的单元之间的有机结合体。

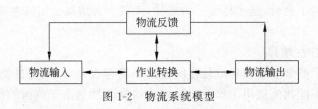

图 1-2　物流系统模型

为了实现期望的物流输出,国际物流的各子系统需要紧密结合,协同运作,并随时通过信息系统加强彼此间的沟通,使系统整体实现成本最低,运作效益最大。另外,在国际物流系统的具体运作过程中,更要注重新的物流理念的指导作用,加强供应链条间的企业协同运作,以此降低交易成本,为顾客提供满意的服务。

(二)国际物流系统的组成

从功能的角度看,国际物流系统由商品运输、仓储、检验、包装、流通加工和其前后的整理、再包装及国际配送等子系统组成。国际物流通过商品的储存和运输,实现其自身的时间和空间效益,满足国际贸易活动和跨国公司经营的要求。

1. 运输子系统

运输指实现货物的空间位置移动,进而创造货物的空间价值。国际货物运输是国际物流系统的核心,商品通过国际货物运输作业由卖方转移给买方。国际货物运输具有路线长、环节多、涉及面广、手续繁杂、风险性大、时间性强等特点。运输费用在国际贸易商品价格中占有很大比重。国际运输主要包括运输方式的选择、运输单据的处理及投保等有关方面。

随着科技的发展,运输设施现代化、大宗货物散装化和杂件货物集装化已经成为运输业革命的重要标志。

2. 仓储子系统

外贸商品的储存、保管,使商品在其流通过程中处于一种或长或短的相对停滞状态,这种停滞是完全必要的。因为商品的生产和销售时间的不同时性,以及贸易交流的不间断性,要求保障有一定量的周转库存。但是,从物流角度看,这种暂时的停滞时间不宜过长,否则会影响国际物流系统的正常运转。

3. 商品检验子系统

由于国际贸易和跨国经营具有投资大、风险高、周期长等特点,因此商品检验成为国际物流系统中重要的子系统。通过商品检验,确定交货品质、数量和包装条件是否符合合同规定。如发现问题,可分清责任,向有关方面索赔。在买卖合同中,一般都订有商品检验条款,其主要内容有检验时间与地点、检验机构与检验证明、检验标准与检验方法等。

🎗 小提示

商品检验是国际贸易发展的产物,它随着国际贸易的发展成为商品买卖的一个重要环节和买卖合同中不可缺少的一项内容。商品检验体现了不同国家对进出口商品实施的品质管制。通过这种管制,从而在出口商品生产、销售和进口商品按既定条件采购等方面发挥了积极作用。

中国国家出入境检验检疫局是中国国内最权威、最大的检验机构。一般中国产品出口都由此机构进行商品检验。中国国家出入境检验检疫局与中国国家质量技术监督局合起来称为国家质量监督与检验检疫总局,简称质检总局,前者对外贸,后者对内贸。国际上知名的商检机构是瑞士的SGS,其在中国主要城市也设有办事处。

4. 包装子系统

杜邦定律(美国杜邦化学公司提出)认为,63%的消费者是根据商品的包装装潢进行购买的,国际市场和消费者是通过商品来认识企业的,而商品的商标和包装就是企业的面孔,它反映了一个国家的综合科技文化水平。所以,经营出口商品的企业应当认真考虑商品的包装设计,并从系统的角度考虑,将包装、储存体、运输整合一体考虑。

为提高商品包装系统的功能和效率,应提高广大外贸企业对出口商品包装工作重要性的认识,树立现代包装意识和包装观念;尽快建立起一批出口商品包装工业基地,以适应外贸发展的需要,满足国际市场、国际物流系统对出口商品包装的各种特殊要求;认真组织好各种包装物料和包装容器的供应工作。

5. 国际物流信息子系统

国际物流信息子系统的主要功能是采集、处理和传递国际物流和商流的信息情报。没有功能完善的信息系统,国际贸易和跨国经营将寸步难行。国际物流信息的主要内容包括进出口单证的作业过程、支付方式信息、客户资料信息、市场行情信息和供求信息等,具有信息量大、交换频繁、传递量大、时间性强、环节多、点多线长等特点。所以,要建立技术先进的国际物流信息系统,把握国际贸易EDI的发展趋势,强调EDI在我国国际物流体系中的应用,建设国际贸易和跨国经营的信息高速公路。

上述主要子系统中,运输和仓储子系统是物流的两大支柱,它们分别解决了供给者和需求者之间场所和时间的分离问题,创造了"空间效用"和"时间效用"。同时,上述主要系统还应该和配送系统、装卸系统及流通加工系统等有机联系起来,统筹考虑,全面规划,建立适应国际竞争要求的国际物流系统。

(三) 国际物流系统的运作模式

国际物流系统包括输入部分、输出部分及系统输入/输出转换部分。

国际物流系统的输入部分内容包括:备货,即货源落实;到证,即接到买方开来的信用证;到船,编制出口货物运输计划;其他物流信息。

国际物流系统的输出部分内容包括:商品实体从卖方经由运输过程送达买方手中;交齐各项出口单证;结算、收汇;提供各种物流服务;经济活动分析及索赔、理赔。

国际物流系统的输入/输出转换部分包括:商品出口前的加工整理;包装、标签;储存;运输(国内、国际段);商品进港、装船;制单、交单;报验、报关;现代管理方法、手段和现代物流设施的介入。

国际物流系统在国际信息系统的支持下,借助于运输与仓储的参与,在进出口中间商、国际货运代理及承运人的通力协助下,借助国际物流设施,共同完成一个遍布国内外、纵横交错、四通八达的物流运输网络。国际物流系统的运作流程如图1-3所示。

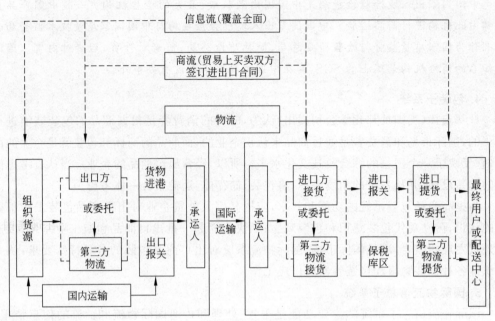

图 1-3　国际物流系统的运作流程

三、跨境电商与国际物流

(一)跨境电商与国际物流的关系

跨境电商与国际物流是相互影响、紧密联系的两个行业,跨境电商为国际物流的发展提供了市场机遇,而国际物流的完善则是跨境电商发展的必要环节之一。

1. 跨境电商为国际物流的发展带来市场

传统商务模式越来越不能满足人们的购物需求,新时代下消费者会更为重视商品质量及商品种类的丰富程度。此外,消费者会更看重购物体验,而跨境电商的出现则在很大程度上提升了购物的便捷性,满足了消费者需求,优化了消费者购物体验。

同时,跨境电商在改善企业服务质量、提高供应链有效性、增进企业经营效益、提升国际贸易成交量及开展范围等方面发挥着作用。因此,现今很多传统企业都纷纷引入跨境电商经营模式,而巨大的跨境电商市场则为跨境电商必备环节——国际物流的发展提供了市场机遇。

2. 国际物流是构建跨境电商供应链的必备环节

跨境电商的流程包括谈判、立约、支付、物流等多个环节,跨境电商的发展也为与这些环节相关的企业的发展提供了市场机遇,特别是国际物流。跨境电商之中,企业与消费者合约践行的基础就在于非虚拟性的国际物流,而影响消费者消费体验的因素也在于国际物流的效率及成本。因此,跨境电商不仅为国际物流的发展提供了市场机遇,更为其发展带来了挑战,因而国际物流是跨境电商发展的必备环节,其发展水平的高低也成为跨境电商供应链融合及跨境电商供应链企业获得经营效益的关键因素。

（二）跨境电商环境下的国际物流新模式

1. 海外仓

海外仓是近几年兴起的新型跨境电商国际物流模式,它是指经营跨境电商的企业在境外目的地建立或租赁仓库,采用海陆空等运输方式将货物运输至境外目的地,通过跨境电商的方式进行线上销售,消费者成功下单之后,企业再利用境外目的地仓库或境外第三方物流机构直接进行商品配送及运输。

与传统物流模式相比,海外仓这种新兴的物流模式能够缩短物流时间,降低物流配送成本,同时还能有效解决商品检验及退换货等诸多问题。虽然其具有传统物流无可比拟的优势,但由于建设海外仓投资庞大,因此很多跨境电商企业无法建设。

2. 边境仓

边境仓与海外仓都是新型跨境电商国际物流模式,都是将物流仓库设立在远离国境的国界。边境仓与海外仓的区别在于,海外仓位于境外目的地,而边境仓则位于商品输入国的邻国。同时,对于边境仓而言,仓库的位置可以分为相对边境仓及绝对边境仓两种,相对边境仓是仓库设立在与商品输入国不相邻却相近的国家,而绝对边境仓则是仓库设立在与商品输入国相邻的国家。

在实际运作中,边境仓的优势主要体现在可以有效规避商品目的国的政治、法律、税收等风险,同时设立边境仓还能够充分利用自由贸易区区域物流政策,从而降低物流成本并提升物流效率。

3. 集货物流

集货物流也是现今跨境电商国际物流较常运用的一种物流模式,它使跨境电商国际物流配送成本更低、效率更高。目前,集货物流主要有两种操作方式,即建立仓储物流中心及建立跨境电商战略联盟,共同构建国际物流中心。

4. 自贸区或保税区物流

自贸区或保税区物流模式也是跨境电商的产物,它是通过将货物运输至自贸区或保税区仓库,再由跨境电商企业负责商品销售,同时由自贸区或保税区仓库负责货物分拣、检疫、包装等环节,最后通过自贸区或保税区实现商品集中物流配送的模式。这种模式的最大优势就是可以在最大程度上利用自贸区及保税区的自身优势,为跨境电商国际物流的快速运行提供保障。

第二节　国际货运代理

一、国际货运代理概述

（一）国际货运代理的概念

国际货运代理(International Freight Forwarder),各国对之称谓各不相同,有通关代理行、清关代理人、报关代理人等。在我国,其名称也不统一,但通常称为货运代理人、国际货物运输代理企业或简称货代。尽管国际货运代理业有深远的历史,但到目前为止,国际上对此还没有公认的、统一的定义,在一些权威机构的工具书及一些标准交易条件中对其都有一定的解释。

国际货运代理协会对国际货物代理的定义是:货运代理是根据客户指示为客户的利益而揽取货物的人,其本身并不是承运人,货运代理可依这些条件,从事与运输合同有关的活动,如储货、报关、验收、收款等。

中国最早对货运代理给予明确定义的是 1992 年颁布的《关于国际货物运输代理行业管理的若干规定》。此项行政法规对国际货物代理所下的定义是:国际货物运输代理是介于货主与承运人之间的中间人,是接受货主或承运人的委托,在授权范围内办理国际货物运输业务的企业。

1995 年 6 月 29 日,国务院批准颁布的《中华人民共和国国际货物运输代理行业管理规定》对国际货物代理给予了明确定义:国际货运代理是指接受进出口收货人、发货人的委托,以委托人的名义或以自己的名义,为委托人办理货物运输及相关业务并收取服务报酬的行业。

从上述定义和解释可以看到,国际货运代理的定义基本上可以分为两类:一类是广泛定义的形式,即货运代理人不仅以代理人身份出现,同时也以运输合同当事人身份出现;另一类是严格定义的形式,即货运代理仅作为代理人出现。美国将国际货运代理严格限制在代理人位置上,这是与美国无船承运人制度相配套的。

小提示

国际货运代理行业在古代就已经存在,初期为报关行,其从业人员多系从国际贸易企业而来,人员素质较高,能为货主代办相当一部分国际贸易业务和运输事宜,因而国际货运代理是随贸易发展,逐渐派生出的一个专门行业。

该行业工作联系面广,环节多,把国际贸易货运业务相当繁杂的工作相对集中地办理,协调、统筹、理顺关系,增强其专业性、技术性和政策性。国际货运代理行业的形成,是国际商品流通过程的必然产物,是国际贸易不可缺少的组成部分。正因为如此,该行业被世界各国公认为国际贸易企业的货运代理。

(二) 国际货运代理的种类

国际货运代理按照不同的标准有不同的分类。

1. 根据委托人性质分类

根据委托人的性质,国际货运代理可分为货主代理和承运人代理。

(1) 货主代理是指接受进出口货物收发货人的委托,为了托运人的利益办理国际货物运输及相关业务,并收取相应报酬的国际货运代理。按照货物的流向,货主代理可进一步分为进口代理、出口代理和转口代理。

(2) 承运人代理是指接受从事国际运输业务的承运人的委托,为了承运人的利益办理国际货物运输及相关业务,并收取相应报酬的国际货运代理。按照其采取的运输方式,承运人代理又分为水运承运人代理、陆运承运人代理、空运承运人代理、联运承运人代理四种类型。

2. 根据委托代理人数量分类

根据委托代理人数量,国际货运代理可以分为独家代理和普通代理。

(1) 独家代理是指委托人授予一个代理人在特定的区域或者特定的运输方式或服务类型下,独家代理其从事国际货物运输业务或相关业务的国际货运代理。

(2) 普通代理又称多家代理,它是指委托人在特定区域或者特定运输方式或服务类型下,同时委托多个代理人代理其从事国际货物运输业务或相关业务的国际货运代理。

3. 根据授予代理人权限范围分类

根据授予代理人权限范围,国际货物代理可以分为全权代理和一般代理。

(1) 全权代理是指委托人委托代理人办理某项国际货物运输业务或相关业务,并授予其根据委托人自己意志灵活处理相关事宜权利的国际货运代理。

(2) 一般代理是指委托人委托代理人办理某项具体国际货物运输业务或相关业务,要求其根据委托人意志处理相关事宜的国际货运代理。

4. 根据委托办理的事项分类

根据委托办理的事项,国际货运代理可以分为综合代理和专项代理。

(1) 综合代理是指委托人委托代理人办理某一票或某一批货物的全部国际货物运输事宜,提供相关配套服务的国际货运代理。

(2) 专项代理是指委托人委托代理人办理某一票或某一批货物的某一项或某几项国际货物运输事宜,提供规定项目的相关服务的国际货运代理。

5. 根据代理人的层次分类

根据代理人的层次,国际货运代理可以分为总代理和分代理。

(1) 总代理是指委托人授权代理人作为在某个特定地区的全权代表,委托其处理委托人在该地区的所有货物运输事宜及相关事宜的国际货运代理。

(2) 分代理是指总代理人指定的在总代理区域内的具体区域代理委托人办理货物运输事宜及其他相关事宜的国际货运代理。

6. 根据运输方式分类

根据运输方式国际货运代理可以分为水运代理、空运代理、陆运代理和联运代理。

(1) 水运代理是指提供水上货物运输服务及相关服务的国际货运代理,其可具体划分为海运代理和河运代理两种类型。

(2) 空运代理是指提供航空货物运输服务及相关服务的国际货运代理。

(3) 陆运代理是指提供公路、铁路等货物运输服务及相关服务的国际货运代理。

(4) 联运代理是指提供联合运输服务及相关服务的国际货运代理,其进一步可分为海空联运代理、海铁联运代理、空铁联运代理等类型。

7. 根据代理业务的内容分类

根据代理业务的内容国际货运代理可以分为国际货物综合代理、国际船舶代理、报关代理、报检代理和报验代理。

(1) 国际货物综合代理是指接受进出口货物收发货人的委托,以委托人的名义或者以自己的名义,为委托人办理国际货物运输及相关业务,并收取服务报酬的代理。

(2) 国际船舶代理是指接受船舶所有人、经营人或承租人的委托,在授权范围内代表委托人办理与在港国家运输船舶及船舶运输有关的业务,提供有关服务,并收取服务报酬的代理。

(3) 报关代理是指接受进出口货物收发货人或国际运输企业的委托,代为办理进出口货物报关、纳税、结关事宜,并收取服务报酬的代理。

(4) 报检代理是指接受出口商品生产企业、进出口商品发货人、收货人及其代理人或其他贸易关系人的委托,代为办理进出口商品的卫生检验、动植物检疫事宜,并收取服务报酬的代理。

(5) 报验代理是指接受出口商品生产企业、进出口商品发货人、收货人及其代理人或其他贸易关系人的委托,代为办理进出口商品质量、数量、包装、价值、运输器具、运输工具等的检验、鉴定事宜,并收取服务报酬的代理。

(三) 国际货运代理的业务范围

从国际货运代理人的基本性质看,国际货运代理主要是接受委托方的委托,就有关货物运输、转运、仓储、装卸等事宜,一方面与货物托运人订立运输合同,同时又与运输部门签订合同。对货物托运人来说,国际货运代理又是货物的承运人。相当部分的货物代理人掌握了各种运输工具和储存货物的库场,在经营其业务时办理包括海陆空在内的货物运输。

国际货运代理所从事的业务主要包括以下内容。

1. 为发货人服务

货运代理代替发货人承担在不同货物运输中的所有手续。货物运输中的所有手续包括以下 12 个方面。

(1) 以最快最省的运输方式,安排合适的货物包装,选择货物的运输路线。

(2) 向客户建议仓储与分拨。

(3) 选择可靠、效率高的承运人,并负责缔结运输合同。

(4) 安排货物的计重和计量。

(5) 办理货物保险。

(6) 货物的拼装。

(7) 装运前或在目的地分拨货物前把货物存仓。

(8) 安排货物到港口的运输,办理海关和有关单证的手续,并把货物交给承运人。

(9) 代表托运人/进口商承付运费、关税税收。

(10) 办理有关货物运输的任何外汇交易。

(11) 从承运那里取得各种签署的提单(Bill of Lading),并把它们交给发货人。

(12) 通过与承运人和货运代理在国外的代理联系,监督货物运输进程,并使托运人知道货物去向。

2. 为海关服务

当货运代理作为海关代理办理有关进出口商品的海关手续时,其不仅代表他的客户,而且代表海关当局。事实上,在许多国家货运代理得到了海关当局的许可,办理海关手续,并对海关负责,负责早发定的单证中,申报货物确切的金额、数量、品名,以使政府在这些方面不受损失。

3. 为承运人服务

货运代理向承运人及时定舱,议定对发货人、承运人都公平合理的费用,安排适当时间交货,以发货人的名义解决和承运人的运费账目等问题。

4. 为航空公司服务

货运代理在空运业务上充当航空公司的代理。在国际航空运输协会会议上它以空运货物为目的而制定的规则中,它被指定为国际航空协会的代理。在这种关系上,它利用航空公司的货运手段为货主服务,并由航空公司付给佣金。同时,货运代理通过提供适于空运程度的服务方式,继续为发货人或收货人服务。

5. 为班轮公司服务

货运代理与班轮公司的关系随业务的不同而不同,由货运代理提供的拼箱服务,即拼箱货的集运服务已建立了他们与班轮公司及其他承运人(如铁路)之间的较为密切的联系,然而一些国家却拒绝给货运代理支付佣金,所以他们在世界范围内争取对货运代理的佣金。

6. 提供拼箱服务

随着国际贸易中集装运输的增多,集运和拼箱服务被引进。货运代理在提供这种服务时起到委托人的作用。集运和拼箱的基本含义是:把一个出运地若干发货人发往另一个目的地的若干收货人的小件货物集中起来,作为一个整件运输的货物发往目的地,并通过货运代理把单票货物交给各个收货人。

货运代理签发提单,即分提单或其他类似收据交给每票货的发货人;货运代理目的港的代理,凭初始的提单交给收货人。拼箱的收、发货人不直接与承运人联系,对承运人来说,货运代理是发货人,而货运代理在目的港的代理是收货人。因此,承运人给货运代理签发的是全程提单或货运单。如果发货人或收货人有特殊要求,货运代理也可以在出运地和目的地从事提货和交付服务,提供门到门的服务。

7. 多式联运服务

在货运代理作用上,集装箱化的一个更深远的影响是它介入了多式联运,这时它充当了主要承运人并承担了组织一个单一合同下,通过多种运输方式进行门到门的货物运输。货运代理可以以当事人的身份与其他承运人或其他服务提供者分别谈判并签约。但是,这些分拨合同不会影响多式联运合同的执行,即不会影响发货人的义务和在多式联运过程中货运代理对货损及灭失所承担的责任。

二、国际货运代理向国际物流发展的有效途径

(一)提升传统货运代理业务

1. 增加直接客户

增加直接客户,尤其要同关键客户建立直接关系。确定并建立自己的客户群体是货运代理企业开展业务的前提,而直接客户的多与少是关键。只有直接客户多了,才能够确保获取更高的利润率,保持对客户的控制和业务的持续性。同时,要进一步发展与客户的关系,有效地在市场中培养忠诚客户,尤其是能够带来利润的客户,必须争取留住他们。

2. 揽取海外客户

走出去揽取海外买方客户的货物。目前采取 FOB(Free On Board,离岸价)出口的货物已占中国整个出口货物的 80%,并已形成海外客户在国内指定货运代理为其提供服务的格局。国内由谁代理,选择权和控制权完全取决于国外买方。这样国内的货运代理要想寻找生意,必须与海外买方建立联系,充当海外买方在国内的指定货运代理。

3. 掌握住承运人

对承运人要有掌握力。只有这样才能使货运代理的客户从承运人处获得更加优惠的费率,确保运力紧张时货运代理客户的货物能够获得充足的舱位,而不被拒装或甩货。

4. 利用手中资源

充分利用手中已经控制的资源。依托自己手中所控制的关键资产向客户提供全面的货运代理服务,如提供内陆水运码头、内河班轮、保税仓库、集装箱堆场/集运站、集装箱等,以此达到"锁定"客户的目的。

5. 维系与政府部门的良好关系

应同相关政府部门及单位,如海关、商检、港务局等建立并保持密切而良好的关系,以帮助货运代理的客户加快港口货物清关和及时办理其他手续,体现货运代理企业的能力与办事效率。

6. 海外管理能力

加强海外营运管理能力。管理好海外承运商与代理的运作,确保始发地和目的地门到门的服务质量。

7. 提供增值服务

为客户提供最佳增值服务的解决方案。货运代理企业替客户提供一揽子服务,尤其是针对国内 CIF(Cost Insurance Freight,成本加保险费加运费)出口的客户,要想方设法争取多一些服务环节。这样做,一方面方便客户;另一方面货运代理可获取更高的服务费用,增加收入来源,稳定客户。

8. 采用项目管理方式提升市场竞争

货运代理采用项目管理方式提升市场的竞争能力。通过实施项目管理把部分相关人员临时抽调到同一个组织中,形成矩阵式作业团队,目标一致,直接面向客户开展工作,有效克服传统作业模式的不足,既可培训、锻炼与提高货运代理企业一般人员素质,又可提升管理人员的科学管理水平。实践证明,采用项目管理是提升传统货运代理业务与增强传统货运代理竞争力的一种很好的方法和途径。

(二)开展当事人业务

在承办货物进口业务时,一些较大的国际货运代理可能拥有自己的内陆运输工具(货车)、集装箱堆场及仓库等,他们既办理货物进口的有关于手续,又负责将货物储存在自己拥有的仓库内,在将货物转运到内地目的地时,使用自己拥有的汽车。在这种情况下,货运代理的性质发生了变化,即在海上运输过程中是纯粹的代理人,在储存过程中是当事人,在内陆汽车运输过程中是实际承运人,甚至有时是签发联运单证的全程承运人。

在承办货物出口业务时,货运代理也常常扮演承运人的角色。以中国外运为例,其以承运人身份从事代运业务的情况可归纳为以下三种。

（1）以期租船人及船舶经营人的身份出现的承运人。

（2）以航次租船人或以包轮租船人身份出现的契约承运人。

（3）以签发中国外运的联运提单或多式联运提单出现的契约承运人。

（三）发展国际多式联运业务

1. 货运代理业新的增长点

国际多式联运得到世界广大货主的认可和青睐,越来越显示出强劲的生命力,凭借其带来的良好经济效益和社会效益,必将在中国和世界各地得到更加广泛的应用和发展。从货运代理拓宽业务的角度出发,它是一个很有发展前途的新的增长点。

2. 降低成本,提高竞争力

货运代理只要参与国际多式联运业务,其经营范围就可以大幅扩展,并且可以有效而灵活地应用自己拥有的各种设施,最大限度地发挥自己现有设备的作用,改善货物流通环节,选择最佳路线,组织合理运输,提高运输效率,降低运输成本,提高竞争力。

3. 开展附加服务,增加经济效益

货运代理在参与国际多式联运过程中,不但可以在货物运输中获益,还可以在与货物运输相关的服务项目中获取附加价值。例如,把原来少量的货物集中起来,然后与实际承运人交涉,进而获得优惠运价,使货主和货运代理均受益。

（四）扩展无船承运人业务

1. 传统货运代理的纯粹代理人业务已不能满足客户的需要

随着集装箱运输的发展,中小货主的散装货必然需要有人进行拼箱和集运。无船承运人正是充当了这种角色,将散装货进行拼箱,以整箱货与实际承运人洽定舱位签订运输合同,从而节省中小托运人分别向公共承运人办理托运的时间,降低他们的运输成本,并且减少运输的烦琐性,提高小批量货物的运输速度,极大地促进了集装箱运输的开展,这正是无船承运人必然产生和迅速发展的一个历史动因。

2. 传统货运代理业务已不能满足货运代理人赚取利润的需要

货运代理人要想生存下去,必须开拓业务领域,扩展利润空间。无船承运人赚取的是运费差价,而货运代理人赚取的是代理佣金,在运费差价高于代理佣金的情况下,货运代理人愿意承担更大的风险而充当无船承运人。

例如,目前日韩航线的运费差价较高,因此中国的货运代理在这两个航线上开展的无船承运业务就较多;而像欧洲航线运费差价较小,做无船承运业务的则不多。因此,无船承运业务的存在也是货运代理人赚取利润,在竞争激烈的今天得以生存下去的必选项。如果禁止货运代理人从事该业务,恐怕很多货运代理人将无法生存。

3. 无船承运人能实现与货主的"双赢"

无船承运人能够将多个货主的货集中起来,以较大的货量与实际承运人签订运输合同。有的无船承运人还可与船公司签订运价协议,货量越大其讨价还价的空间越大,从而取得更为优惠的运价,这不仅对无船承运人有利,而且对货主也有利,所以很多货主愿意通过无船承运人安排运输。

4. 无船承运人提单被银行接受能用以结汇

跟单信用证下对无船承运人提单的接受也是无船承运人得以存在和发展的必要条件

和动因,《UCP500》第30条明确规定,如果单据由运输行作为承运人/多式联运经营人(Multimodal Transport Operator, MTO)的代理人签字,则与承运人出具的运输单据一样,可以被银行接受,由此扫除了无船承运人提单用以结汇的障碍。

5. 各国法律允许无船承运人这一主体及其业务的存在

中国和美国法律中均明确规定了无船承运人的概念,其他地区如欧洲一些国家虽然没有将无船承运人作为一个单独的主体从货运代理人中分离出来,但其所规定的作为独立经营人的货运代理人的业务中包括了无船承运业务,允许这项业务的存在,并不断促进其发展。

(五) 拓展现代物流业务

现代物流为货运代理展现出未来的发展方向。现代物流是生产企业与运输企业利润融合的最佳渠道,是生产企业与运输企业间商业活动相互有机衔接所必需的系统综合和对总成本的控制,它为货运代理拓展了利润来源,扩大了市场份额,加强了市场竞争力。

货运代理以其自身所拥有的运力、仓储和代理网络为其开展现代物流服务的支持力量,通过为客户提供全程的物流服务,从中获得自身发展所需的商业利润和市场空间。因此,现代物流服务的拓展必将成为货运代理今后发展的一个重要增长点。

第三节　国际物流的特殊形式

一、展品物流

(一) 展览会

展览会(Traditional Exhibition)是一种综合运用各种媒介、手段,推广产品、宣传企业形象和建立良好公共关系的大型活动。从广义上来说,它可以包括所有形式的展览会;从狭义上来说,展览会又可以指贸易和宣传性质的展览,包括交易会、贸易洽谈会、展销会、看样订货会、成就展览等。

展览会的特点在于它是一种复合性、直观、形象和生动的传播方式;它提供了与公众直接进行双向沟通的机会;是一种高度集中和高效率的沟通方式;是一种综合性的大型公共关系专题活动,是新闻报道的好题材;带有娱乐的性质,可吸引大量公众。

在实际应用中,展览会名称相当繁杂,有博览会、展览会、交易会、贸易洽谈会等。展览会名称虽然繁多,其基本词汇是有限的,如集市、庙会、展览会、博览会,其他名称都是由这些基本词汇派生出来的。

展览会从字面上理解,就是陈列、观看的聚会,只是表示了形式,而未体现出内容。它是从集市、庙会形式中发展起来的层次更高的展览形式。在内容上,展览会不再局限于集市的贸易或庙会的贸易和娱乐,而扩大到科学技术、文化艺术等人类活动的各个领域;在形式上,展览会具有正规的展览场地、现代的管理组织等特点。

展览会的分类主要考虑两个方面:一是展览内容,即展览的本质特征,包括展览性质、内容等;二是展览形式,即属性,包括展会规模、时间、地点等。

1. 按照展览性质分

展览性质有贸易性质展览和消费性质展览两种。贸易性质展览是为产业即制造业、商业等行业举办的展览；消费性质展览基本上都展出消费品，目的主要是直接销售。展览性质由展览组织者决定，可以通过参观者的成分反映出来：对工商办开放的展览是贸易性质展览，对公众开放的展览是消费性质展览。

具有贸易和消费两种性质的展览被称为综合性展览。经济越不发达的国家，展览的综合性倾向越重；反之，经济越发达的国家，展览的贸易性质和消费性质分得越清。

2. 按照展览内容分

展览内容有综合展览和专业展览两类。综合展览指包括全行业或数个行业的展览会，也被称为横向型展览会，如工业展、轻工业展；专业展览指展示某一行业甚至某一项产品的展览会，如钟表展。专业展览的突出特征之一是常常同时举办讨论会、报告会，用以介绍新产品、新技术等。

3. 按照展会规模分

展会规模有国际展、国家展、地区展、地方展及单个公司的独家展。这里的规模是指展出者和参观者所代表的区域规模，而不是展览场地的规模。不同规模的展览有不同的特色和优势。

4. 按照展览时间分

根据展览时间划分标准，展览分为定期和不定期两种。定期展览有一年四次、一年两次、一年一次、两年一次等，不定期展览则是根据需要而定；根据展览时间划分标准，展览还可以分为长期和短期两种。长期展览可以是三个月、半年、甚至常设，短期展览一般不超过一个月。在发达国家，专业展览会一般是三天。

5. 按照展览地点分

大部分展览会是在专用展览场馆举办的。展览场馆最简单的划分是室内场馆和室外场馆。室内场馆多用于展示常规展品的展览会，如纺织展、电子展等；室外场馆多用于展示超大超重展品，如航空展、矿山设备展。在几个地方轮流举办的展览会被称为巡回展。比较特殊的是流动展，即将飞机、轮船、火车、汽车作为展场的展览会。

（二）展品运输

展品运输即参展物品与其他辅助用品从参展商处至展览场馆，然后返回至参展商或直接流向展品购买者的物理运动过程。展品运输的研究主体是展品的流动，其目的是为满足商品展览的特殊需要，将展品及时准确地从参展商所在地转移到参展目的地，展览结束后再将展品从展览地运回。因此，展品运输的基本活动包括海关检验、装载、运输、装卸搬运、仓储和配送，现代物流信息及服务技术和物流装备自动化技术为便捷地通关、高效地装卸、安全快速地运输、经济合理的仓储服务和及时高效的配送提供了有力的信息和技术支持。

在整个展览流程中，展览运输是一个打前哨的工作，尤其是国际展览中，展品运输更是展览流程中至关重要的环节，运输不发达，可能出现未运到、途中损坏、丢失等情况，都将可能导致很严重的后果。其业务范围主要包括制定展品运输工作方案，确定展品类别、数量，安排展品的征集、制作、购买，安排展品、道具、宣传品、行政用品的运输，协调安排展品等货物的装箱、开箱、清点、保管。协作的效率和效果对国际展览起着直接的、重要的影响和作用。

展览运输大致可分为运输筹划、去程运输和回程运输三个阶段。

1. 运输筹划

运输工作需要统筹策划。运输筹划的内容涉及调查研究、运输路线与方式、运输日程、相关费用、运输安排等因素。

1) 调研

运输筹划之前首先要掌握各方面的情况,这就需要进行调查研究。调研的范围主要根据工作需要确定,可以包括运输公司,报关代理,交通航运条件,可能的运输路线和方式,发运地和目的地,车船运输设施,港口设备的效率、安全状况,运输周期和班轮、班车,航班时间及费用标准,发运地和展出地对展品和道具的单证及手续要求与规定。

2) 运输路线与运输方式

运输路线与运输方式有着密切的关系,常常互为决定因素。

运输路线最简单的是门到门运输,即将卡车开到展出者所在地装货,然后直接开到展场卸货的运输方式。国际运输最常使用的运输路线可以分为以下三段。

(1) 从展出者所在地将展品陆运到港口。

(2) 从港口将展品海运到展览会举办国的港口。

(3) 从港口将展品陆运到展览会所在地。

运输费用通常也是这样计算的。

小提示

运输方式主要有水运(包括海运和内陆水运)、空运、陆运(包括火车运输、汽车运输等)、邮递、快递、自带等。运输方式也可分为集中运输或分别运输、专运等。其他运输方式包括特快专递,适于特急、小件物品。

3) 运输日程

日程安排要尽早,以便能协调安排好一系列工作,包括展品、道具、资料等展览用品的筹备,使展品及其他展览用品能在恰当的时间运抵目的地。

4) 相关费用

相关费用通常分为展品费用和运输费用。展品费用大多体现在正常的经营管理费用中,因此大多不反映到展览中。但是,展品运输经理和展览项目经理应当心中有数,在确切地计算展览成本效益时需要考虑展品的开支。其中,运输费用在开支中比较突出,通常分为运费(陆运、海运等)和杂费(装卸、仓储等)两大类,统称运杂费。

5) 集体运输和单独运输

集体展出通常由组织者统一安排运输。统一运输有如下好处。

(1) 可以节省参展者的时间和费用。

(2) 可以避免混乱。

(3) 可以保证将展品按时运到展地,并可以使用集装箱方式运输,安全、快捷。

如果是单独展出,或者集体展出却不统一安排集体运输,那么展出者就需要自己安排运输事宜。单独安排运输的程序与统一安排运输基本一样。

6）运输过程问题

运输工作安排不周到及野蛮装卸搬运会产生许多问题，常见的如全部或部分展品、道具未及时运到；展品、道具因包装不好而破损；包装尺寸、重量不合适，给运输、装卸带来麻烦，并可能导致额外费用（作特殊安排）及延误时间；缺少单证，如产地证、检疫证等，导致额外费用甚至导致扣货、付款等麻烦和损失；运输标记不明确，造成运输延误；野蛮拆箱，造成包装箱破损，回运时再使用困难；包装箱储存不善，造成丢失等。

2. 去程运输

去程运输是指展品自展出者所在地至展台之间的运输，一个比较完整的集体安排的去程运输过程可以大致分以下七个阶段。

1）展品集中

参展者将各自的展品、道具运到指定的集中地点。首先要安排一个合理的展品集中日期，即考虑到参展者准备展品的时间和运输所需时间而决定日期。展品集中后，由集体展出的组织或受委托的人理货，根据展品量安排运输箱及运输事宜，然后将展品箱拼装装入运输箱内。

2）装车

装车是指在展品集中地将运输箱装上卡车，运往港口、机场或车站。装车日期与下一程的长途发运日期应衔接好。装车要做好现场记录，核对箱数，监督装车，办理手续。发车后立即通知装货港口、机场或车站的运输代理准备接货。

3）长途运输

长途运输是运输的中心环节，包括水运（海运和内陆水运）、空运和陆运（火车运输和卡车运输），还可能包括中途的转运。其中，海运手续最为复杂，卡车运输最为简单。

4）交接

安排运输的人员可能不参加展览会，因此要将有关情况告知指定的展台人员。由于运输环节多，因此应告知仔细，有关工作和情况可以列成表。

5）接运

接运是指在目的地接收展品，办理有关手续，并将展品安排到展场。

展品发运后，应委托或派人在目的地接运，要了解展品到达情况。如有延误，应立即采取措施，与运输公司、运输代理、港务局、展览会组织者等有关单位联系，商量办法，争取提前靠港卸货并尽快运到展场。另外，也要了解装卸设备、办事效率、手续环节等情况，提前做好卸货及运抵展场的安排。

6）掏箱

掏箱是指将展品箱从运输箱中掏出或卸下，并搬运到指定的展台位置，可以委托运输代理安排，也可以安排展台人员做。如果委托运输代理安排，展台人员也应予以协助。要事先安排好掏箱时间、设备和工作，并考虑开箱、走动、搬运、布置等工作，确定道具、展品箱卸放位置。

7）开箱

开箱是指打开展品箱。开箱工作一般由展台人员做，特殊展品可以安排专业人员开箱。开箱次序要根据展台布置进度和展场情况事先安排好,道具箱先开,其次开大件展品箱,贵重物品和小件物品箱后开。

3. 回程运输

回程运输是指将展品运回至展出者所在地的运输,简称为回运。但是,对于安排统一运输的集体展出组织者而言,将展品自展台运至原展品集中地的运输也称为回运,将展品自展品集中地分别运回给参展者所在地的运输称为分运。还有一种情况是将展品运至下一个展览地,传统上称为调运。

1) 回运

回运与去程运输基本相同,只是运输方向相反,除了包装、装箱、装车要抓紧时间外,其他时间一般要求不高。

2) 分运

展品回运到原先的展品集中地后,由集体展出的组织者或委托的运输代理将展品箱再分别运还给参展者。分运工作也需要认真做,如果不是原负责人做,则需要进行工作交接。展品发运后,要及时通知参展者接货,清点、装车、发运等工作都要有记录存档,以备查询。

3) 调运

调运也称为转运或调拨,有关安排和手续与去程运输相似。如果紧接着有下一个展览会,展品自然需要调运到新展地。如果下一个展览会日期还比较遥远,则会产生回运和调运的问题,需要权衡工作需要,比较运费、仓储费及占用流动资金等情况再做决定。如果是国际的调运,可能会有比较复杂的海关手续。

4. 相关手续

展品运输过程中需要办理一些手续,如果只是参加国内展览,自上而下带展品,有关手续和单证要简单一些;若是参加国际展览,运输展品,有关手续要复杂得多,不仅要办理单证,还要办理海关手续及货物运输保险等。另外,各国、各地对单证的具体要求可能不一样,海关和保险手续的具体种类、具体程序也不尽相同,因此整个过程显得更加复杂。

1) 单证

单证是展品和运输有关单据、证明、文件的统称。单证可以大致分为展品单证、运输单证等。

(1) 展品单证是有关展品的证明和文件,出国展览需要办理的单证多一些。展品单证包括展品清册、普惠制原产地证书、原产地证明书、领事认证、商品检验证书、动植物检疫证书、濒危物种再出口证书、熏蒸证明、配额证等。

(2) 运输单证是办理运输所需的单据、证明、文件。运输环节越多,尤其是国际运输,单证的要求一般也就越多。发货人办理运输需要填发一些委托通知,包括委托租船通知书、委托装船通知书、空运托运单等;装货时需要办理一些单证,包括货载衡量单、装箱单、集装箱配箱明细表等;运输方收到展品后,出具提货单证,包括提单(海运提单、空运提单等)、铁路货运单等;回运展品后的委托分运通知单等;运费结算单证,包括运费清单、运杂费结算证明等。

运输工作的每一事项一般都有一份书面单证,主要运输单证有委托装船通知书、货载衡量单、装箱单、集装箱配箱明细表、提单。

2）海关报关

出国展览时办理海关手续的程序如下。

（1）出国前在本国海关办理出关报关手续。

（2）在展出地海关办理进关报关手续。

（3）展后回国前，在展出地海关办理出关结关手续，也称为再出口报关。

（4）回国展品运回后在本国海关办理进关结关手续，也称为再进口报关。

其中，（1）和（4）项是在本国海关办理手续，（2）和（3）项是在展览会所在地海关办理手续。海关报、结关手续随展览货物流向办理。海关报关手续可以由展出者办理，也可以委托给运输报关代理办理。但是，也有一些国家和地区海关规定必须由报关代理办理。

3）保险

组织展览需要办理保险。展览会组织者一般不负责展出者展品的丢失、损坏和人员的伤亡事故，以及在展台内发生的第三者伤亡事故。因此，展出者需要自行安排保险。保险涉及投保险别、投保金额、投保期限等问题。保险不仅涉及展品和运输，还涉及展台人员、参观者等。

总而言之，展品的运输工作是一项比较烦琐、复杂的工作，只有掌握展品运输过程中所涉及的全面情况，对整个流程进行指挥、协调、监督及配合有关方面保质保量地做好展品和运输工作，才能保证展览活动的顺利进行。

二、国际邮政物流

国际邮政物流是指通过各国邮政运输办理的包裹、函件等。每年全世界通过国际邮政所完成的包裹、函件、特快专递等数量相当庞大，因此它成为国际物流的一个重要组成部分。

（一）国际邮政运输

世界各国的邮政业务均由国家办理，而且均兼办邮包运输业务。国际上，各国邮政之间订有协定和公约，通过这些协定和公约，使邮件包裹的传递畅通无阻，四通八达，形成全球性的邮政运输网，从而使国际邮政运输成为国际贸易中普遍采用的运输方式之一。

1. 国际邮政运输的特点

国际邮政运输的特点如下。

（1）具有广泛的国际性。国际邮政运输是在国与国之间进行的，在多数情况下，国际邮件需要经过一个或几个国家经转。各国相互经转对方的国际邮件，是在平等互利、相互协作配合的基础上，遵照国际邮政公约和协定的规定进行的。为确保邮政运输的安全、迅速、准确，在办理邮政运输时，必须熟悉并严格遵守本国和国际的邮政各项规定和制度。

（2）具有国际多式联运性质。国际邮政运输过程一般需要经过两个或两个以上国家的邮政局和两种或两种以上不同的运输方式的联合作业才能完成。但从邮政托运人角度来说，他只要向邮政局照章办理一次托运，一次付清足额邮资，并取得一张包裹收据，全部手续即告完备。至于邮件运送、交接、保管、传递等一切事宜均由各国邮政局负责办理。

邮件运抵目的地,收件人凭邮政局到件通知和收据向邮政局提取邮件。所以,国际邮政运输就其性质而论,是一种国际多式联合运输性质。

(3) 具有"门到门"(Door to Door)运输的性质。各国邮政局如星斗般密布于全国各地,邮件一般可在当地就近向邮政局办理;邮件到达目的地后,收件人也可在当地就近邮政局提取邮件。所以,邮政运输基本上可以说是"门到门"运输。

🖑 小 提 示

为了执行国家政策法令,保证邮政运输的顺利进行,邮政局对邮件的禁寄、限寄和其他要求都有明确严格的规定。

(1) 禁寄限寄范围国际邮件内容,除必须遵照国际一般禁止或限制寄递的规定外,还必须遵照本国禁止和限制出口的规定,以及寄达国禁止和限制进口和经转国禁止和限制过境的规定。根据我国海关对进出口邮递物品监督办法和国家法令,如武器、弹药、爆炸品、受管制的无线电器材、中国货币、票据和证券、外国货币、票据和证券、黄金、白银、白金、珍贵文化古玩,内容涉及国家机密和不准出口的印刷品、手稿等,均属于禁止出口的物品。限制出口的物品是指有规章数量或经批准方可向外寄递的物品,如粮食、油料等,每次每件以1千克为限。对商业性行为的邮件,则按进出口贸易管理条例规定的办法,如规定需要附许可证邮递的物品,寄件人必须向有关当地对外贸易管理机构申请领取许可证,以便海关凭此放行。有些物品,如肉类、种子、昆虫标本等按规定须附卫生检疫证书。

(2) 有关重量、尺寸、封装和封面书写要求规定按照国际和我国邮政规定,每件邮包重量不得超过20千克,长度不得超过1米。这个规定是基于国际邮件交换的需要,邮政业务和交通运输业的分工所制。如不加以限制,邮政业务就无异于货运业务。邮件封装视邮件内所装物品性质的不同,要求亦有所不同,对封装总的要求以符合邮递方便、安全并保护邮件不受损坏丢失为原则。对封面书写则要求清楚、正确、完整,以利准确、迅速和安全地邮递。

2. 万国邮政联盟组织

万国邮政联盟简称邮联。邮联组织法规定,邮联的宗旨是组成一个国际邮政机构,相互交换邮件,组织和改善国际邮政业务,有利于国际合作的发展;推广先进经验,给予会员国邮政技术援助。我国于1972年加入邮联组织。现邮联将每年10月9日定为世界邮政纪念日,届时各国邮政组织均组织宣传纪念活动。邮联的组织机构包括大会、执行理事会、邮政研究咨询理事会、国际局四部分。

(1) 大会是邮联的最高权力机构,每五年举行一次。

(2) 执行理事会是大会休会期间的执行机构。

(3) 邮政研究咨询理事会负责研究邮政技术和合作方面的问题,并就此问题提出改进建议及推广邮政经验和成就。

(4) 国际局是邮联的中央办事机构,设在瑞士的伯尔尼,其主要任务是对各国邮政进行联络、情报咨询,负责大会筹备工作和准备各项年度工作报告。

3. 邮包的种类

国际邮件按运输方式分为陆路邮件和航空邮件,按内容性质和经营方式分为函件和包裹两大类。按我国邮政部规定,邮包分为普通包裹、脆弱包裹和保价包裹。

(1)普通包裹是指凡是适于邮递的物品,除违反规定禁寄和限寄的以外,都可以作为包裹寄送。

(2)脆弱包裹是指容易破损和需要小心处理的包裹,如玻璃器皿、古玩等。

(3)保价包裹是指邮局按寄件人申明价值承担补偿责任的包裹,一般适于邮递贵重物品,如金银首饰、珠宝、工艺品等。此外,国际上还有快递包裹、代收货价包裹、收件人免付费用包裹等,目前我国邮政暂不办理这些项目。

以上包裹如果以航空方式邮递,即分别称为航空普通包裹、航空脆弱包裹和航空保价包裹。

邮政局在收寄包裹时,均给寄件人以执据,故包裹邮件属于给据邮件。给据邮件均可以办理附寄邮件回执。回执是在邮件投交收件人作为收到凭证的邮件。回执可按普通、挂号或航空寄送。

(二)国际邮政物流的运营方式

目前,国际邮政物流的运营方式主要分为以下三类。

1. 收购、整合物流公司网络资源,邮政物流自成体系

以德国邮政和荷兰邮政为代表国家邮政在进行市场化改造的过程中,斥资收购物流公司部分可控股份额或全部股份,以独立、成熟运营的物流公司为基础,整合其他购入公司物流部门的网络资源,向用户提供完整的第三方物流服务,但这需要有强大的融资能力及成熟的市场经济为依托。

德国邮政 1994 年成立物流部门,以开展制造商和分销商的包裹储存、分装、运输和投递业务为主。受到传统邮政业务和条件的局限,其物流业务在发展之初并不顺利。此后,德国邮政调整战略,实施了一系列收购计划。

从 1997 年年底收购瑞士第二大包裹投递公司的主要股份起,德国邮政先后进行了十几次的并购。其中,以整体购入 DANZAS 和完全收购 DHL 股份取得控股权最为重要。德国邮政借此迅速建立起一个全球物流网络,在欧洲 B2B(Business-to-Business 的缩写)物流业务中的大件整车和零担运输业务全球航空速递及货运上取得了重要的战略地位。

德国邮政以 DANZAS 公司为基础,将购入的其他公司的物流部门并入该公司,各收购公司的物流解决方案部门和专业人员也整合在一起,针对一些特定的行业,通过对行业知识的深入了解和行业物流服务经验的积累,运用先进的物流理念和技术手段,为客户量身定制物流与供应链解决方案,在世界范围提供真正的"一站式"服务,使客户和业务范围迅速扩大,成为德国邮政独立运行的物流业务板块。德国邮政收购整合、独立运行的物流战略已取得初步成功,为企业的发展带来新的收入和利润的增长点。

2. 与包裹、速递业务集合在一起

法国邮政把业务分为函件、包裹与物流和金融服务三大板块。在包裹与物流板块中,除邮政传统窗口业务外,另设 GEOPOST 控股公司,它是欧洲这一领域的第三大公司,负责隶属于法国邮政集团有关包裹和物流业务的子公司和合作伙伴,包括负责法国及欧洲包裹业务的 CHRONOPOST 国际公司、专业服务 B2B 业务的 TAT 速递公司、GEOPOST 物流公司等。但法国邮政的物流业务类似于德国邮政初期开展业务的情况,没有形成周密的网络,在整个集团中所占收入和利润比例较小。

3. 仍为邮政传统部门形式,但完全以商业化形式运营

邮政物流同时申报了商标品牌,并严格地按商业化模式进行运营。在制定商业战略、确定目标客户群和明确市场辐射区后,澳大利亚邮政物流利用信息化技术应用广泛这一特点,在为客户提供周到细致的"量身定制"服务方面下大功夫,随时了解客户需求,灵活跟进,提供令客户满意的第三方物流。

本 章 小 结

本章主要介绍了国际物流的概念和特点,国际物流系统的概念及组成,国际货运代理的含义、种类、业务范围等。

 延伸阅读

2018 年 1 月港口成绩单出炉,货运代理行业暴露出三大问题

交通运输部日前公布了 2018 年 1 月全国规模以上港口的成绩单。整体呈现上涨态势,宁波舟山港货物吞吐量和集装箱吞吐量两大指标再度创下同期历史新高,其中,完成货物吞吐量 9 024 万吨,完成集装箱吞吐量 236.2 万标准集装箱,均实现两位数增长。

从这些数据中可以看得出,2018 年各大港口开局平稳,同时还在持续推进中。回顾2018 年 1 月各个货运代理公司的发货情况,业务一涨,很多隐藏的问题就暴露出来了。如今大多数中小货运代理公司在以下几个方面还有持续提升的空间。

1. 拖车公司

年节期间订单一多,很多货运代理公司找不到拖车。有订单但发货难,这是很多货运代理公司都遇到的问题。货运代理公司平时不要把所有"鸡蛋"放在一个篮子里,可以和多个拖车公司合作,大部分业务和其中一个拖车公司对接,偶尔也和其他拖车公司进行合作联系,保持多渠道发货的能力。如果一家拖车公司无法提供更多拖车时,货运代理公司也可以有第二、第三种选择和应对策略。

2. 操作系统

很多货运代理公司,一旦业务量大幅度提升,统筹业务数据方面就会出现疏漏。传统货运代理操作系统只能让货运代理业务在办公室内完成,业务一多难免有所遗漏,这就会给今后造成不必要的麻烦。通过一段时间的反馈,使用 Skylog 云货运代理系统的货运代理公司,其业务统筹能力非常强,即便年节前业务非常多,也都做得井井有条。

3. 业务进展速度

发货业务增多,有些货运代理公司处理业务的进展速度就会因此而降低。这一方面是因为处理的数据更多,另一方面是因为货运代理公司和拖车公司、报关行等环节对接过程中产生了延迟。这些问题其实都能通过技术提升得以解决,Skylog 云货运代理操作系

统在提升效率方面对货运代理公司可以给予相当大的帮助。

港口吞吐量增长对货运代理行业的发展无疑是一个好消息,与此同时,货运代理公司也要做好准备,提升自身的业务处理能力,制定应对业务量增加的措施。

资料来源:http://news.chinawutong.com/gjzx/hy/201803/53327.html,2019 年 12 月。

本 章 思 考 题

一、名词解释

国际物流　国际物流系统　国际货运代理

二、简答题

1. 国际物流的特点是什么?

2. 跨境电商环境下国际物流的新模式有哪些?

3. 国际货运代理的业务范围是什么?

第二章

国际物流业务管理

 【引导案例】

"一带一路"：从基建硬驱动迈向跨境电商软驱动

2018 年政府工作报告中指出："推进'一带一路'国际合作，重在坚持共商、共建、共享，落实'一带一路'国际合作高峰论坛成果。要推动国际大通道建设，深化沿线大通关合作。"自"一带一路"倡议提出后，推进"一带一路"建设经历了从顶层设计到政策落地再到多点开花、全面落实的阶段演进。而 2018 年的政府工作报告为下一阶段"一带一路"如何更好发展指明了前进的方向。

从以往基础设施先行先试到 2018 年政府工作报告中推动"大通道"建设的提出，两相比较，这意味着随着信息技术、贸易技术、物流技术的进步，"一带一路"的推进将呈现出与时俱进的新面貌，将更加依赖代表先进生产力水平的新动力。

1. 基础设施建设稳步推进，市场对接成为新增长点

2017 年，"一带一路"建设继续稳步推进，成为最受欢迎的全球公共产品和前景最好的国际合作平台，在顶层设计、政策沟通、项目落地、合作创新等领域取得了一系列成就。

顶层设计方面,2017 年开年之际,我国高瞻远瞩地提出构建人类命运共同体的重要思想,为促进世界和平与发展、解决人类社会共同面临的问题贡献了中国智慧和中国方案。

政策沟通方面,2017 年 5 月,"一带一路"国际合作高峰论坛在北京成功举办。2017 年来,以高峰论坛的成功举办为引导,中国的"一带一路"朋友圈持续扩大,新加坡、蒙古、巴基斯坦、摩洛哥、巴拿马、新西兰等国与我国签署政府间"一带一路"合作谅解备忘录或其他形式政府间合作文件,格鲁吉亚、马尔代夫与我国签订自由贸易协定,亚投行三次扩容后成员数达到 84 个,海上合作构想等一系列新合作构想顺利推进,政策沟通成果斐然。

项目落地方面,2017 年有多个具有指标性意义的重大项目取得阶段性进展。使用中国技术、中国标准、中国装备、中国运营管理的国际干线铁路——肯尼亚蒙内铁路顺利交付使用,号称"巴基斯坦电力建设史上的奇迹"的萨希瓦尔电站正式投产,全球最大的北极LNG(液化天然气)项目——中俄亚马尔液化天然气项目实现首条生产线投产。

合作创新方面,2017 年"一带一路"建设的参与者们不再只是大型国有企业,越来越多的民营企业、中小企业在共商、共赢中参与到了"一带一路"建设之中,市场对接成为新的增长点。

回顾 2017 年"一带一路"建设取得的成就,一个突出的特点是,随着共商、共建、共享理念逐步深入人心,建设"一带一路"正在从中国的全力推动逐步转向为各方合力,从官方的政策对接转变为广泛的市场对接。在顶层设计持续推进、基础设施建设取得突出成就的背景下,越来越多的新合作模式在逐步酝酿与付诸实践。

2.跨境电商弯道超车,新商业模式成果突出

在诸多推进"一带一路"的新动力当中,跨境电商尤其是跨境电商平台的进化与升级,无疑将是最为重要的组成部分。在全球贸易增长面临各种不利阻力的大环境下,中国电商的国际化战略取得了惊人的逆势突破。以天猫平台为例,从 2015 年到 2017 年,天猫国际消费人数增长了三倍,且购买频次不断上升。这对于处于"全球化逆潮"中的全球贸易无疑是极为重要的增长点。据海关总署统计,2017 年通过海关跨境电商管理平台零售进出口总额达 902.4 亿元,同比增长 80.6%,跨境电商贸易体系已经在全世界开花,中国人足不出户就可以做到"买全球、卖全球"。

另外,以阿里巴巴为代表的跨境电商平台已经成为全球贸易的模式提供者、规则推动者。中国的跨境电商起步较晚,但发展迅速,尤其是 2012 年以来,我国先后在郑州等 10个城市开展跨境电商试点工作,并积极推动杭州等 13 个跨境电商综合试验区建设,面向全球开创了直购进口、网购保税进口、一般出口、特殊区域出口四种新型监管模式,跨境电商的发展堪称奇迹。

得益于跨境电商的迅速发展,中国产品迅速走出国门、走向世界。同时,中国品牌的整体形象在逐步提升。数据显示,2017 年中国的谷歌搜索指数同比增长了 6%,中国品牌的品牌力得分提升了 5%;中国与国际品牌的搜索指数差距在逐年递减,相比 2013 年缩小了 29%。

3. 跨境电商有望成为推动"一带一路"市场对接的新动力

跨境电商的跨越式发展为"一带一路"建设注入了新的发展动力,这一方面源自"一带一路"伟大倡议的前期实践,在政策沟通、设施联通、贸易畅通、资金融通与民心相通的五大发展方向之下凝聚的坚实成果,为跨境电商的蓬勃发展提供了现实条件;更为重要的是,跨境电商本身意味着一种全新的商业模式,暗含着在全球化进程频频遭遇逆流之下,源自中国受益全球化并反哺全球化之下的一种新合作模式与新增长理念。这种开创性意义,是跨境电商未来助力"一带一路"持续稳步推进的内生性因素,也是跨境电商有望成为推动"一带一路"市场对接的新动力的根本原因。

中国的跨境电商是生长于新时代,更是服务于新时代的。中国发起的"一带一路"全球贸易之路绝不是西方式的单向输出,而是双向共赢的贸易体系,其最终目的是构建人类命运共同体。中国的跨境电商充分契合了"共商、共建、共享"的中国思路。这种"共商、共建、共享"不仅意味着国家间的贸易平衡,而且也意味着中小企业与大企业在全球化中的平衡。跨境电商的主体更多的是中小企业,产品则可以囊括各种生活和生产资料,甚至服务,通过移动互联网,实现销售的全球化和普惠化。

对于有意加入"一带一路"倡议的国家,链接中国跨境电商网络已经成为进入"一带一路"的快捷方式。2016 年,马云首次提出 e-WTP(Electronic World Trade Platform,电子世界贸易平台)倡议,立志打造"数字自由贸易区",致力于实现电子商务的全球化和普惠化。目前,e-WTP 已经不局限在中国周边的亚洲国家及部分欧美国家,2017 年 9 月,墨西哥总统佩尼亚·涅托造访阿里巴巴集团杭州总部,并同马云一起见证了双方战略合作协议签署仪式。这标志着远离六大走廊的拉美地区通过中国的电商网络,成功地对接了21 世纪的海上丝绸之路。

资料来源:http://www.sohu.com/a/228710629_828358,2019 年 12 月。

思考:

(1) 跨境电商如何驱动"一带一路"建设?

(2) 物流信息如何改变国际物流的发展模式?

第一节　国际物流运输管理

一、国际物流运输概述

国际物流运输就是物资在国家与国家、国家与地区之间的运输。国际物流运输是国际物流的一个重要环节。与国内物流运输相比,国际物流运输具有以下五个主要特点。

(1) 国际物流运输是中间环节很多的长途运输。

(2) 国际物流运输涉及面广,情况复杂多变。

(3) 国际物流运输的时间性特别强。

(4) 国际物流运输的风险较大。

(5) 国际物流运输涉及国际关系问题。

二、国际物流运输方式

根据使用运输工具的不同,国际物流运输主要可分为如下六种方式。

(一)国际海上货物运输

国际海上货物运输是指使用船舶通过海上航道在不同国家和地区的港口之间运送货物的一种方式。由于它的通过能力大、运量大、运费低廉及对货物适应性强等长处,加上全球特有的地理条件,因此成为国际贸易中最主要的运输方式。

国际海上货物运输的特点是通过能力大、运量大、运费低廉、对货物的适应性强、速度较低、风险较大。

(二)国际铁路货物运输

我国出口货物由内地向港口集中、进口货物从港口向内地疏运,以及省与省间、省内各地区间的外贸物资的调拨,主要是靠国际铁路货物运输来完成的。通过铁路把欧、亚大陆连成一片,对发展我国与亚洲、欧洲各国之间的经济贸易关系具有非常重要的作用。

国际铁路货物运输的特点是运输的准确性和连续性强、运输速度较快、运输量较大、运输安全可靠、运输成本较低、初期投资大。

小提示

中欧班列是指按照固定车次、线路等条件开行,往来于中国与欧洲及"一带-路"沿线各国的集装箱国际铁路联运班列。中欧班列铺设了西中东三条运行线:西部通道由我国中西部经阿拉山口(霍尔果斯)出境,中部通道由我国华北地区经二连浩特出境,东部通道由我国东南部沿海地区经满洲里(绥芬河)出境。

截至 2018 年 6 月底,中欧班列累计开行量已突破 9 000 列,运送货物近 80 万个标准集装箱,国内开行城市 48 个,到达欧洲 14 个国家 42 个城市,运输网络覆盖亚欧大陆的主要区域。2018 年 8 月 26 日,随着 X8044 次中欧班列(汉堡—武汉)到达武汉吴家山铁路集装箱中心站,中欧班列累计开行数量达到 10 000 列。

(三)国际公路货物运输

国际公路货物运输(一般指汽车运输)是陆上运输的两种基本方式之一,也是现代运输的主要方式之一。在国际物流运输中,它是不可缺少的一个重要组成部分。

国际公路货物运输的特点如下。

(1)机动灵活,简捷方便,应急性强。

(2)汽车运输投资少、收效快。

(3)随着公路建设的现代化、汽车生产的大型化,汽车也能够适应集装箱货运方式发展的需要,载运集装箱。

(4)汽车运输的不足之处是载重量小;车辆运行时震动较大,易造成货损事故;费用成本较水运和铁路运输高。

国际公路货物运输的特点决定了它最适合于短途运输。它可以将两种或多种运输方式串联起来,实现多种运输方式的联合运输(多式联运),做到进出口货物运输的"门到门"

服务。

(四)国际航空货物运输

国际航空货物运输是指采用商业飞机运输货物的商业活动。国际航空货物运输主要具有速度快、安全准确、手续简便、节省包装、保险、利息和储存等费用较低、运价较高等特点。

当今国际贸易大多是洲际市场,商品竞争激烈,时间就是金钱,争取时间至关重要。易腐、鲜活商品对时间要求极为敏感,采用航空运输可保鲜,并有利于开辟较远的市场。航空运输还适用于季节性商品及其他应急物品的运送。航空运输虽然运量小、运价高,但由于速度快,商品周转期短,存货可相应降低,资金可迅速回收,可大大节省储存和利息费用;货损货差少,可简化包装,又可节省包装费用;运输安全准确,保险费也较低。

(五)国际集装箱货物运输

国际集装箱货物运输是以集装箱为集合包装和运输单位,适合"门到门"交货的成组运输方式,也是成组运输的高级形态。国际集装箱货物运输的特点和优越性如下。

(1)提高装卸效率,加速车船周转。

(2)提高运输质量,减少货损货差。

(3)便利货物运输,简化货运手续。

(4)节省包装用料,减少运杂费。

(5)节约劳动力,改善劳动条件。

我国的集装箱货物运输始于1956年,到1973年才开辟了到日本的第一条国际集装箱运输航线,此后陆续开辟了澳大利亚、美国、加拿大、新加坡和欧洲的航线。到目前,我国已基本上形成了连接世界各主要港口的海上集装箱运输网。

(六)国际多式联合运输及其他运输方式

1. 国际多式联合运输

国际多式联合运输简称国际多式联运或多式联运。它是在集装箱运输的基础上产生并发展起来的,一般以集装箱为媒介,把海上运输、铁路运输、公路运输、航空运输和内河运输等传统的单一运输方式有机地结合起来,构成一种连贯的过程来完成国际货物运输。因而,它除了具有集装箱运输的优越性之外,还将其他各种运输方式的特点融会一体,加以扬长避短地综合利用,比传统单一的运输方式具有无可比拟的优越性。

国际多式联运是当前国际贸易运输发展的方向。我国地域辽阔,更有发展国际多式联运的潜力。可以预料,随着我国内陆交通运输条件的改善,我国国际多式联运必将蓬勃地发展起来。

🐚 小 提 示

1. 海陆联运

海陆联运是国际多式联运的主要组织形式,也是东亚地区/欧洲国际多式联运的主要组织形式之一。这种组织形式以航运公司为主体,签发联运提单,与航线两端的内陆运输部门开展联运业务,与陆桥运输展开竞争。

2. 陆桥运输

国际多式联运中,陆桥运输起着非常重要的作用,是东亚地区/欧洲国际多式联运的主要形式之一。

陆桥运输指采用集装箱专用列车/卡车,把横贯大陆的铁路/公路作为中间"桥梁",使大陆两端的集装箱海运航线与专用列车/卡车连接起来的一种连贯运输方式。

严格来说,陆桥运输也是一种海陆联运形式。只是因为其在国际多式联运中的独特地位,所以在此将其单独作为一种运输组织形式。目前,东亚地区/欧洲的陆桥运输线路有西伯利亚大陆桥和北美大陆桥。

3. 海空联运

海空联运又称空桥运输。空桥运输与陆桥运输有所不同,陆桥运输在整个货运过程中使用的是同一个集装箱,不用换装;而空桥运输的货物通常要在航空港换入航空集装箱。不过,两者目标是一致的,即以低费率提供快捷、可靠的运输服务。

海空联运方式始于 20 世纪 60 年代,20 世纪 80 年代得以较大的发展。采用这种运输方式,全程运输时间比海运少,运输费用比全程空运便宜。20 世纪 60 年代,人们将东亚地区船运至美国西海岸的货物再通过航空运至美国内陆地区或美国东海岸,从而出现了海空联运。当然,这种联运组织形式以海运为主,只是最终交货运输区段由空运承担。

2. 内河运输

内河运输是水上运输的一个重要组成部分,也是连接内陆腹地和沿海地区的纽带。它具有运量大、投资少、成本低、耗能少的特点,对于国家的国民经济和工业布局起着重要的作用,因此世界各国都很重视内河运输系统的建设。

3. 国际邮政运输

国际邮政运输具有广泛的国际性,并具有国际多式联运和"门到门"运输的性质。它的手续简单方便,发货人只需将邮包交到邮局,付清邮费并取得邮政收据(邮单),然后将邮政收据交给收货人即完成了交货任务。

4. 管道运输

管道运输是随着石油的生产、运输而产生、发展的,是运输通道和运输工具合二为一的一种运输方式。这种运输方式具有安全、迅速、不污染环境的优点;但缺点是铺设管道技术较为复杂、成本高,而且要求有长期稳定的油源。

三、运输代理

(一)运输代理的种类

20 世纪 90 年代中后期,提高核心竞争力的意识日益成为企业竞争文化的一部分。随着作业成本法和经济附加值等更复杂的金融工具进入企业的主流活动,管理层开始考虑外包非核心职能并专注于核心竞争力和顾客。外包物流和运输这类非核心的职能可使公司拥有更灵活操作的优势。例如,安海斯-布希公司控制其供应链的主要功能,包括农产品供应、酿造和分销,但将仓储等物流功能外包给第三方供应商。

与此同时,承运商可能会发现在现货市场上的定价没有吸引力。然而,他们缺乏准确的需求预测、有效的信息系统和人员来把握这些市场动态。为了避免以大幅的折扣来销售承载能力,承运商寻求与第三方物流商在大型货运上的合作。大容量装载的费率可能会低于小容量装载,但大容量装载的要求更高,要求更少的员工、时间和信息技术。

因此,中介机构提供诸如装运整合、市场营销、信息收集及匹配承运商和托运商的供需等服务。一般来说,中介机构做出运输决策是基于两个层面的考虑:买卖承载能力和运输服务。运输系统由大量的中介服务商提供支持,这些中间服务商包括托运商协会、经纪人、托运商的代理商、业主运营商和快递公司等。据估计,超过 60% 的财富 500 强公司都借助不同的形式使用了一些第三方物流服务。

1. 货运代理

货运代理专门代表客户安排商品的提货、储存和运输。他们通常提供一系列完整的物流解决方案,包括准备运输和出口的文件、洽谈具有竞争力的运费、预订货仓、合并小批量货物、获取货物保险、申请保险索赔、仓储、跟踪国内运输、清关进口货物、提供物流服务咨询等。货运代理通常根据他们自己的提单装运货物。提单是代表承运商签发的文件,是一种海上运输合同。

该文件具有以下法律声明。

(1) 经正式授权人代表承运商签署的货物发票。

(2) 对其中所述货物的所有权文件。

(3) 双方同意的证据条款和运输条件。

2. 运输经纪人

运输经纪人是被合法授权的托运方或承运方的代理人。作为托运方和承运方的联络桥梁,运输经纪人是在保险、金融、合规等特殊领域持牌的专业人士。因此,运输经纪人在运输货物方面起到重要的作用,并为货物运输的托运方和承运方的联络提供专门的服务。运输经纪人利用他们在运输业的专业知识和技术资源来帮助托运双方实现他们的目标。由运输经纪人提供的物流服务能帮助托运方降低运输成本,提高运输效率和速度及客户服务水平。

货运代理和运输经纪人在有些方面是相似的,如整合较小的装载量和安排综合运输。两者之间的主要区别是,货运代理对被运送的物品拥有所有权,而运输经纪人绝不会拥有被运物品的所有权。

3. 托运商协会

托运商协会通常是非营利的、所有权属于会员的组织,旨在向会员提供世界范围内日常用品运输的最低价格和最佳服务。例如,国际托运商协会是一个非营利性的协会,负责运送会员的货物和整合小批量的货物以获得数量折扣。国际托运商协会成员包括国际航运商、商业代理、军用和民用物品代理、托运行李代理和普通商品代理等。

同时也存在行业性的托运商协会。例如,北美食品托运商协会成立于 1996 年,其于 1996 年以冷藏及冷冻食品出口的公司为核心小组而组建,其目标就是帮助其成员保持在全球市场的竞争力。北美食品托运商协会通过集中资源和群策群力,使其成员能够获得具有竞争性的海运费和其他服务。北美食品托运商协会与覆盖所有主要贸易通道的主要承运商都具有合同关系,并继续发展壮大。

4. 多式联运营销公司

多式联运营销公司作为联营铁路承运方和托运方之间的中介,结合铁路公路和海运的能力与卡车运输的可得性来运送集装箱、挂车和其他货物。多式联运营销公司还处理私人拥有的集装箱,并安排所需的货车来运送货物。该行业所面临的主要挑战是协调问题和渠道领导权;提供合适的设备也是一个挑战,因为需要各种尺寸的集装箱、挂车及底盘。

（二）运输路线的选择和调度

选择合适的运输方式可以为公司赢得具有竞争力的成本优势,因为运输成本通常占物流总成本的 1/3～2/3。运输中至关重要的是找到车辆可以实现的最小化距离或最短时间的最佳运送路线。

在确定汽车路线和调度时有许多因素是必须考虑的,这些因素包括在每个站点的装卸、使用在容量和载重量上有类似或不同能力的多种货车、最大的驾驶时限(如 8 小时轮班制),以及装载和运送时使用同一交货时间窗口以避免交通高峰,或满足一天内企业最迫切需求的时间要求(如晚饭前给餐厅运送啤酒)。

在车辆运输管理中重要的决策之一就是路线选择和配送调度。路线是指货车必须遵循的装载点和(或)运送点的顺序。调度是一套为指定路线上的装载点和/或运送点做详细说明的到达和发车时间。

当需要在现有道路的设施上指定到达时间时,这是一个调度问题;当没有指定到达时间时,这就是一个路径问题。当时间窗口和优先关系存在时,则同时履行路径选择和时间调度职能。

公路运输服务的目的是最小化路线选择成本、最小化固定和可变成本之和、提供最优质的服务。当一个汽车承运商提供汽车运输服务时,以下因素是必须考虑的。

(1) 需求。需求是稳定或不稳定的,而交货时间可以提前确定或不指定。

(2) 设施和设备。有各种各样的设施和设备可供选择。例如,可以有一个或多个枢纽;货车可以是相同型号的或不同型号的;车辆装载能力的限制可以在某段时间不变或一直不变;路线可以是直接的、间接的,甚至是混合的。

(3) 成本。在提供服务时会产生大量的成本,如购买或租赁车辆费用、终端费和机场费等固定运作成本、人工成本和燃料费用等在途相关成本、装卸费用等与数量相关的成本及间接成本。

(4) 服务类型。所提供的服务类型有像 UPS 服务那样的只收取和只发送形式;也可以有混合接送的服务形式,如邮局的邮递员取走发信邮箱的邮件,同时把邮件送进收信邮箱里。

影响托运方决策的因素有许多,如与运输相关的成本包括与运输方式相关的成本、与装载相关的库存成本、设施成本、订单处理成本和与服务水平有关的成本。

拓展知识

随着世界经济全球化和自由贸易区的诞生,铁路货运服务在发展亚洲、欧洲和很多其他国家的现代交通网络方面发挥了重要作用。在太平洋沿岸国家采购的境外货物,更多地使用水路、铁路、公路联运服务。使用铁路服务的好处是,它提供了大容量、低价值货物的长距离、低成本运输。随着供应链管理(Supply Chain Mangement,SCM)的进步,铁路运输已将其运营范围扩大到了联运服务,从而促进了装载量的不断增长。

铁路货运量测度的基本单位是车载量。因此,装载和路线选择是确保托运商获得可靠服务的两大运营问题。其总体目标是最大限度地利用货运车辆和最小化运输距离。

在铁路运输服务中,通常有一个派发货运列车的起始站,一个完成货运列车运行的终点站,以及一些作为仓库、涵盖站内网络据点的转运站。来自普通站点或其他转运站的小批量货物将运到中转站进行整合和装卸。铁路运输大宗商品的能力已重新赢得了国际社会的重视。

货运装车通常使用一些优先权规则。装载优先权是一种与商品属性、交付到期日、交货时间窗口、交货优先日期、核心装运地位和商品重量有关的指标。

可能优先装载的商品种类包括生鲜商品、煤炭、化工及相关产品、农产品、汽车、仪器设备、军事物资、食品及同类产品、非金属矿物和其他商品。大量的化学品及有关产品被列为危险品。

核心装运是对大件商品的装运。铁路部门规定,如果装运的货物超过5吨则属于核心装运。确定核心装运的目的是实现火车的多载少停。一个核心装运可能只包含一种商品,几个小批量的装运可以合并成一个核心装运。核心装运的商品将被运到同一个停车站点或中转站。利用核心装运优先方法,铁路仓储利用率和运输效率都将得到提高。

一般来说,同一辆货运列车不会都装载重量重、体积小的货物,也不会都装载体积大、重量轻的货物。重量重而体积小的商品和重量轻而体积大的商品的混装能够更好地利用列车的空间。

当一列火车到达中转站时,一些货物需要卸载,同时有一些货物需要装载。在这种情况下,当前新装载的货物不能影响下一站的卸货操作。这就要确定哪些货物需要先装载,哪些货物后装载。当装载额外的商品时必须考虑货物装卸时移动的范围。

装载危险品是一项艰巨的工作,任何疏忽都将导致事故的发生。因此,装载危险品时要相当小心。

铁路网络是已经存在的,两个连续站之间的距离是固定的,两个车站之间的路程速度假定不变,每个货运列车的最佳路线确定了工作负荷和各车站铁路系统的总体整合战略。

安排货运装载和调度时需要的输入信息包括商品的属性、重量和体积,商品在铁路站场的天数,装载优先等级,邻里距离,转移范围(从一个中转站到每个车站的距离)和装运路径(两个中转站之间的最短路径)等。货运列车调度的输出信息包括货运列车的商品装载顺序、主要路线、备选路线和每辆货运列车每天的载重利用率等。

第二节 国际物流仓储管理

一、国际物流仓储概述

仓储和运输被称为物流的主要功能,也是主要的两大作业活动,因为它们在整个物流活动中起着十分重要的作用。

(一)国际物流仓储的概念

仓储作为物流过程中的一种作业方式,包括对商品的检验、整理、保管、加工、集散等多种作业。仓储解决了供需之间和不同运输方式之间的矛盾,为商品提供场所价值和时间效益。仓储在物流系统中起着缓冲、调节和平衡作用,是物流活动的一个主要功能要素。

随着现代科学技术与生产力的进步和发展,仓储的概念已不再是单纯的仓储、保管商品,还包括挑选、配货、检验、分类等业务在内的配送功能及附加标签、重新包装等流通加工功能。

国际物流仓储是国际物流系统运作中的一个重要环节,其运作的好坏将直接影响整个国际物流系统的成本与效率。整个仓储运作流程一般由商品入库、储存、出库等环节构成,国际物流仓储业务运作程序如图 2-1 所示。

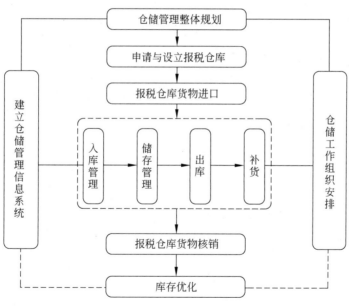

图 2-1 国际物流仓储业务运作流程

(二)国际物流仓储的功能

1. 调节功能

在国际物流中仓储起着"蓄水池"的作用,一方面可以调节国际生产与消费的关系,如销售与消费的关系,使它们在时间和空间上得到协调,保证社会再生产的顺利进行;另一方面,还可以实现对运输的调节。

产品从生产地向销售地流转主要依靠国际运输完成,但不同的运输方式在运向、运程、运量及运输线路和运输时间上存在着差距,一种运输方式一般不能直达目的地,需要在中途改变运输方式、运输线路、运输规模、运输方法和运输工具,以及为协调运输时间而对产品进行倒装、转运、分装、集装等物流作业,还需要在产品运输的中途停留,即仓储。

2. 检验功能

在国际物流过程中,为了保障商品的数量和质量准确无误,分清责任事故,维护各方面的经济利益,要求必须对商品及有关事项进行检验,以满足生产、运输、销售及用户的要求。仓储为组织检验提供了场地和条件。

3. 集散功能

仓储把生产单位的产品汇集起来,形成规模,然后根据需要分散发送到世界各地。通过一集一散,衔接产需,均衡运输,提高国际物流速度。

二、国际物流仓储业务管理

国际仓储业务流程是按一定顺序相互连接的,物品从入库到出库需要顺序地经过卸车、检验、整理、保管、捡出和集中、装车、发运等作业环节,仓储业务管理就是对上述过程的管理。各个作业环节之间并不是孤立的,它们既相互联系,又相互制约。

(一)入库业务管理

按照工作顺序,物品入库作业大体可以划分为两个阶段:入库前的准备阶段和确定物资入库的操作阶段。

1. 编制物品入库计划

物品入库计划是仓库业务计划的重要组成部分。物品入库计划主要内容包括各类物资的入库时间、品种、规格、数量等。

2. 入库前具体的准备工作

(1)组织人力、物力。

(2)安排仓位。核算占用仓位的面积,进行必要的腾仓、清场、打扫、消毒,准备好验收场地等。

(3)备足苫垫用品,确定堆码形式。

3. 物品入库的操作程序

(1)物品接运。在完成物品接运过程的同时,每一步骤应有详细的记录。接运记录单要详细列明接运物品到达、接运、交接等各个环节的情况,如表 2-1 所示。

(2)核对凭证。

(3)大数点收。大数点收是指按照物品的大件包装(运输包装)进行数量清点。

(4)检查包装。在大数点收的同时,对每件物品的包装和标志要进行认真查看。

(5)办理交接手续。入库物品经过上述工序,就可以与接货人员办理物品交接手续。

(6)物品验收。在办完交接手续后,仓库要对入库的物品做全面地、认真细致地验收,包括开箱、拆包、检验物品的质量和数量。

表 2-1　接运记录单

序号	到达记录									接运记录				交接记录			
	通知到达时间	运输方式	发货站	发货人	运单号	车号	货物名称	件数	重量	日期	件数	重量	缺损情况	接货人	日期	接货通知单编号	附件	收货人

（7）办理物品入库手续。物品验收后,由保管或收货人根据验收结果在物品入库单上签收。物品入库手续包括登账、立卡、建档。物品保管卡的基本形式如表 2-2 所示。

表 2-2　物品保管卡

No:

来源		年　　月　　日						名称	
到货通知单	到货日期	名称				验收情况	型号	
	合同号	型号					规格	
	车号	规格					单位	
	运单号	件数	单位	数量	单价	交货		技术条件	
	运输号							存放地点	

年		凭证号	摘要	收入			付出			结存			备料			情况	
月	日			件数	数量	金额	件数	数量	金额	件数	数量	金额	厂名	件数	数量	结存

（二）保管业务管理

物品在入库之后、出库之前处于保管阶段,现代物品保管工作是伴随物品储运全过程的技术性措施,是保证储运物品安全的重要环节。它是一个活动过程,贯穿于整个物流活动的各个环节。

物品保管的任务主要是根据物品的性能和特点提供适宜的保管环境和保管条件,保证库存物品数量正确、质量完好,并充分利用现有仓储设施,为经济合理地组织物品供应打下良好的基础。

1. 保管作业流程

仓库保管阶段按作业内容分为入库阶段、仓储保管阶段、出库阶段三个阶段。入库阶段主要业务为接运、验收和办理入库手续等;在仓储保管阶段,为保持物品的原有使用价值,仓库需要采取一系列保管措施,如货物的堆码苫垫、苫垫物品的维护保养、物品的检查盘点等;

物品出库阶段的主要业务是备料、复核、装车等。仓库保管作业活动内容如表 2-3 所示。

表 2-3　仓库保管作业活动内容表

业 务 阶 段	业 务 活 动	作 业 内 容
入库阶段	接运	(1) 车站、码头、机场提货 (2) 短途运输 (3) 现场交接
	验收	(1) 验收准备 (2) 实物验收、验收记录 (3) 登账建卡
仓储保管阶段	仓储保管	(1) 分类整理 (2) 上架、堆垛 (3) 倒垛 (4) 仓储经济管理(定额、财产处理) (5) 安全管理
	维护保养	(1) 温度、湿度控制 (2) 维护保管 (3) 检查、盘点
出库阶段	出库	(1) 核对凭证 (2) 审核、划价 (3) 备料、包装 (4) 改卡、记账
	发运代运	(1) 领料或送料 (2) 代办托运

2. 分拣配货作业

常见的分拣配货方式有拣选式、分货式、分拣式及自动分拣式四种。

(1) 拣选式配货作业是拣选人员或拣选工具巡回于各个仓储点,将所需物资取出,完成货物配备的方式。其基本特点是货物相对固定,拣选人员或拣选工具相对运动,也称为摘取式拣选。拣选式配货作业流程如图 2-2 所示。

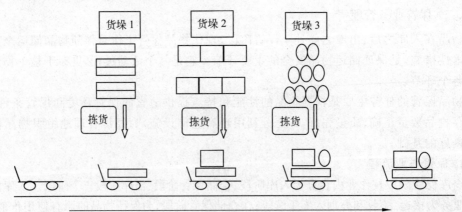

图 2-2　拣选式配货作业流程

（2）分货式配货作业是指分货人员或分货工具从仓储点集中取出各个用户共同需要的货物，然后巡回于各个用户的货位之间，将这一货物按用户需求分放，然后再集中取出第二种货物，如此反复，直到作业完成。其特点是用户的分货位固定，分货人员或分货工具相对运动，又称播种式分拣作业。

分货式配货作业的计划性较强，也容易发生错误，采用时要注意综合考虑，统筹安排，利用规模效益。分货式配货作业流程如图 2-3 所示。

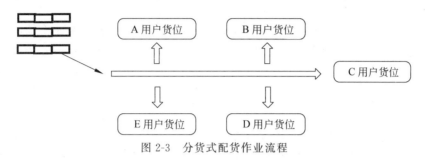

图 2-3　分货式配货作业流程

（3）分拣式配货作业是分货式和拣选式的一体化配货方式，是一种中间方式。分拣人员或分拣工具从仓储点拣选出各个用户共同或不同需要的多种货物，然后巡回在各个用户的货位之间，按用户需要放入货位，直到这次取出的货物放完。

分拣式配货作业特别适用于小型仓储配送使用，主要用在邮局、快递公司等领域。

（4）自动分拣式配货作业建立在信息化基础上，其核心是机电一体化。配送作业是自动化的，能够扩大作业能力，提高劳动效率，减少作业差错。自动分拣式配货作业的重要特点是分拣作业大部分无人操作，误差较小，可以连续作业，并且单位时间内分拣的数量多，适用于业务量大、物资包装严格、有投资支持的企业。自动化分拣设备如图 2-4 所示。

图 2-4　自动化分拣设备

（三）出库业务管理

出库业务管理是仓库根据出库凭证，将所需物资发放给需求单位所进行的各项业务管理。物资出库作业的开始，标志着物资保管养护业务的结束。

物资出库业务管理有两个方面的工作。

(1) 用料单位设有规定的领料凭证,如领料单、提货单、调拨单等,并且所领物资的品种、规格、型号、数量等项目及提取货物的方式等必须书写清楚、准确。

(2) 仓库方面必须核查领料凭证的正误,按所列物资的品种、规格、型号、数量等项目组织备料,并保证把物资及时、准确、完好地发放出去。

出库业务管理要求按照作业程序坚持"先进先出"原则,同时及时记账,并要保证安全。

企业自用库和中转库在物资出库业务上有些不同。一般来说,企业自用库的物资出库程序比较简单,而中转库的物资出库程序有物资出库前准备→核对出库凭证→备料→复核→点交清理单等。

三、仓储合理化

仓储合理化就是在保证仓储功能实现的前提下,用各种办法实现仓储的经济性。保持一定的合理仓储,在物流系统管理中必须予以充分重视。

以生产物流为例,工厂需要仓储一定数量的原材料,防止原材料供应不足,生产中断;反之,如果原材料仓储过多,会造成积压,占用库房,浪费资金,影响企业的经济效益。

而从销售物流来看,批发企业或物流中心必须保持一定的合理库存量,如果商品仓储过多,会造成积压,占压资金;而仓储过少,导致脱销,并失去销售机会,影响企业的经济效益。

(一) 仓储合理化的标志

1. 质量标志

仓储最重要的就是要保证在仓储期间商品的质量不会降低,只有这样,商品才能够销售出去。所以,质量标志是仓储合理化中最为重要的标志。

2. 时间标志

在保证商品质量的前提下,必须寻求一个合理的仓储时间。仓储商品的效益越大则销售商品的速度越慢,即仓储的时间必然越长,反之亦然。因此,仓储必须有一个合理的时间范围。

3. 结构标志

被仓储的不同商品之间总是存在着一定的相互关系,特别是对于那些相关性很强的商品来说,它们之间必须保证一定的比例。

4. 分布标志

企业不同的市场区域对商品的需求也是不同的,所以不同地区仓储商品的数量也应该是不同的。

5. 费用标志

根据仓储费、维护费、保管费、损失费及资金占用利息支出等财务指标,从实际费用上判断仓储合理与否。

(二) 仓储合理化的内容

仓储合理化主要包括以下 4 个方面。

1. 选址点合理

仓库设置的位置对于商品流通速度的快慢和流通费用的大小有着直接的影响。仓库的布局要与工农业生产布局相适应,应尽可能地与供货单位相靠近,即"近厂近储"的原则,否则就会造成工厂远距离送货的矛盾。供应外地的商品,仓库选址要考虑邻近的交通运输条件,力求接近车站、码头以利于商品发运,即"近运近储"的原则;仓储的商品主要供应本地区,仓库则宜建于中心地,与各销售单位呈辐射状。

总之,在仓库布局时应掌握物流距离最短的原则,尽可能避免商品运输的迂回倒流;选择建设大型仓库的地理位置时,最好能具备铺设铁路专用线或兴建水运码头的条件;考虑到集装箱运输的发展,仓库还应具有大型集装箱运输车进出的条件,附近的道路和桥梁要有相应的通过能力。

2. 仓储量合理

仓储量合理是指商品仓储要有合理的数量。在新的产品运到之前,有一个正常的、能保证供应的库存量。影响合理量的因素很多,首先取决于社会需求量,社会需求量越大,库存储备量就要越多;其次是运输条件,运输条件好,运输时间短,则仓储数量可以相应减少;再次是物流管理水平和技术装备条件,如进货渠道、中间环节、仓库技术作业等,都将直接或间接地影响商品库存量的水平。

3. 仓储结构合理

仓储结构合理就是指对不同品种、规格、型号的商品,根据消费的要求,在库存数量上确定彼此之间合理的比例关系,它反映了库存商品的齐备性、配套性、全面性和供应的保证性。仓储结构主要是根据消费的需要和市场的需求变化等因素确定的。

4. 仓储时间合理

仓储时间合理就是每类商品要有恰当的储备保管天数。储备天数不能太长也不能太短,储备天数过长就会延长资金占用,储备天数过短就不能保证供应。仓储时间主要根据流通销售的速度来确定,其他如运输时间、验收时间等也是应考虑的影响因素。此外,某些商品的仓储时间还由该商品的性质和特点决定。例如,仓储时间过长,产品就会发生物理、化学和生物变化,造成其变质或损坏。

(三)实现仓储合理化的措施

实现仓储合理化的措施包括以下 10 个方面。

(1)在自建仓库和租用公共仓库之间做出合理选择,找到最优的解决方案。

(2)注重应用合同仓储,即第三方仓储的应用。

(3)进行仓库物资的 ABC 分类,并在 ABC 分类的基础上实施重点管理。

🍁**小贴士**

ABC 分类管理方法就是将库存物资按重要程度分为特别重要的库存 A 类、一般重要的库存 B 类和不重要的库存 C 类三个等级,然后针对不同等级进行管理和控制。

(4)加速总的周转,提高单位产出。仓储现代化的重要目标是将静态仓储变为动态仓储,周转速度一快,就会带来一系列的合理化好处:资金周转快、资本效益高、货损小、仓库吞吐能力增加、成本下降等。

（5）采用有效的"先进先出"方式。保证每个仓储物品的仓储期不至于过长，"先进先出"是一种有效的方式，也是仓储管理的准则之一。

（6）提高仓储密度，提高仓库利用率。仓储合理化的主要目的是减少仓储设施的投资，提高单位存储面积的利用率，以降低成本、减少土地占用。

（7）采用有效的仓储定位系统。如果定位系统有效，则可以节约寻找、存放、取出的时间，节约物化劳动及活劳动，而且能防止差错，便于清点及实行订货点等管理方式。

（8）采用有效的监测清点方式。

（9）根据商品的特性，采用现代化仓储保养技术，保证仓储商品的质量。

（10）采用集装箱、集装袋、托盘等储运装备一体化的方式。

第三节　国际物流信息管理

国际物流信息系统是对物流信息进行有序化、合理化管理的计算机辅助管理系统，它借助于计算机技术、数据库技术，综合物流信息技术，实现对物流信息的动态化管理，并对物流决策提供信息支持。

一、国际物流信息系统概述

国际物流信息系统是一个以人为主导，利用计算机硬件、软件、网络通信设备及其他办公设备，进行物流信息的收集、传输、加工、储存、更新和维护，以国际物流企业战略竞争、提高效益和效率为目的，支持国际物流企业高层决策、中层控制、基层运作的集成化的人机系统。

国际物流信息系统强调从系统的角度来处理国际物流企业经营活动中的问题，把局部问题置于整体之中，求整体最优化。

（一）国际物流信息系统的特点

国际物流信息系统是企业经营管理系统的一部分，与企业其他的管理信息系统在基本面上没有太大的区别，如集成化加模块化、网络化加智能化的特点，但物流活动本身具有的时空上的特点决定了国际物流信息系统具有自身独有的特点。

1. 跨地域联接

在国际物流活动中，订货方和接受订货方一般不在同一场所，如处理订货信息的营业部门和承担货物出库的仓库一般在地理上是分离的、发货人和收货人不在同一个区域等，这种在场所上相分离的企业或人之间的信息传送需要借助于数据通信手段来完成。在传统的物流系统中，信息需要使用信函、电话、传真等传统手段实现传递。随着信息技术的进步，利用现代电子数据交换技术可以实现异地间数据的实时、无缝传递和处理。

2. 跨企业联接

国际物流信息系统不仅涉及企业内部的生产、销售、运输、仓储等部门，而且与供应商、业务委托企业、送货对象、销售客户等交易对象及在国际物流活动上发生业务关系的仓储企业、运输企业和货运代理企业等众多的独立企业之间有着密切关系,国际物流信息系统可以将这些企业内外的相关信息实现资源共享。

3. 信息的实时传送和处理

国际物流信息系统一方面需要快速地将搜集到的大量形式各异的信息进行分类、计算、储存,使之有序化、系统化、规范化,成为能综合反映某一特征的真实、可靠、适用而有使用价值的信息;另一方面,国际物流现场作业需要从国际物流信息系统获取信息,用以指导作业活动,即只有实时的信息传递,才能使信息系统和作业系统紧密结合,克服传统借助打印的纸质载体信息作业的低效模式。

(二)国际物流信息系统的发展趋势

1. 智能化

智能化是自动化、信息化的一种高层次应用。物流作业过程涉及大量的运筹和决策,如物流网络的设计与优化、运输(搬运)路径的选择、每次运输的装载量选择、多种货物的拼装优化、运输工具的排程和调度、库存水平的确定、补货策略的选择、有限资源的调配、配送策略的选择等问题都需要进行优化处理,这些都需要管理者借助智能工具和大量的现代物流知识来解决。

同时,专家系统、人工智能、仿真学、运筹学、智能商务、数据挖掘和机器人等相关技术在国际上已经有比较成熟的研究成果,并在实际物流作业中得到了较好的应用。因此,国际物流的智能化已经成为物流发展的一个新趋势。

2. 标准化

标准化技术也是现代物流技术的一个显著特征和发展趋势,同时也是现代物流技术实现的根本保证。货物的运输配送、存储保管、装卸搬运、分类包装、流通加工等各个环节中信息技术的应用,都要求必须有一套科学的作业标准。

例如,物流设施、设备及商品包装的标准化等,只有实现了物流系统各个环节的标准化,才能真正实现物流技术的信息化、自动化、网络化、智能化等。特别是在经济全球化和贸易全球化的新世纪中,如果在国际没有形成物流作业的标准化,就无法实现高效的全球化物流运作,这将阻碍经济全球化的发展进程。

3. 全球化

物流企业的运营随着企业规模和业务跨地域发展,必然要走向全球化发展的道路。在全球化趋势下,物流目标是为国际贸易和跨国经营提供服务,选择最佳的方式与路径,以最低的费用和最小的风险,保质、保量、准时地将货物从某国的供方运到另一国的需方,使各国物流系统相互"接轨"。

面对着信息全球化的浪潮,信息化已成为加快实现工业化和现代化的必然选择。中国提出要走新型工业化道路,其实质就是以信息化带动工业化、以工业化促进信息化,达到互动并进,实现跨越式发展。

二、国际物流信息系统的构成

国际物流信息系统是指由人员、设备和程序组成的,为物流管理者执行计划、实施、控制等职能提供相关信息的交互系统。国际物流信息系统源于物流的环境,典型的综合国际物流信息系统由决策支持系统(Decision Support System,DSS)、运输信息系统、库存信息系统、配送信息系统和订单处理系统组成。

(一)决策支持系统

信息技术用于制造业、服务管理等领域的系统就是决策支持系统。一个决策支持系统也能联合多种多样的管理科学模型和图解。

(二)运输信息系统

运输信息系统的主要目的是处理各种运输问题。例如日本开发的直达运输系统,其目的就在于选择最近用户的仓库,然后对用户实行快速直达运输。

(三)库存信息系统

库存信息系统主要有以下3个目的。

(1) 掌握各个分散地点的库存量及生产企业库存量。

(2) 具体于某一仓库中进行库存管理。

(3) 在高层货架仓库中建立库存信息分系统。

库存信息系统是应用较为广泛的系统,也可以说是各种类型的物资和国际物流信息系统的基础系统。目前,这种系统在国外建立的比较广泛。

(四)配送信息系统

配送信息系统有一定的综合性,其主要目的就是向各个营业点提供配送物资的信息,根据订货查询库存及配送能力,发出配送指示、结算指示和发货通知;汇总及反馈配送信息。

(五)订单处理系统

一个企业从发出订单到收到货物的时间称为订货提前期;而对于供货方,这段时间称为订货周期。这只是购销双方对同一时间段的不同称呼。在订货周期中,要相继完成四项重要活动:订单传递、订单处理、订货准备和订货运输,这也是订单处理系统的工作流程。

三、信息技术对供应链管理的支撑

要有效地实现多个信息系统的集成和相互间的数据交换,有三个方面的问题至关重要:一是系统总体方案设计,二是数据存储结构设计,三是数据交换标准制订和使用。信息系统总体方案设计好比是建筑施工的图纸。科学的系统总体方案不仅会规划一个企业的发展蓝图,而且可以指导阶段性的、局部的信息系统建设有机地与其他后期建设的系统结合,避免系统功能的重复开发,或功能之间衔接不当。数据存储结构设计是信息系统工程中的基础,是影响信息系统质量和系统功能拓展能力的一个最关键的环节。

小贴士

2017年8月3日,记者从河南省加快智慧交通建设推进会议上了解道,河南省将建成与经济社会协同发展相适应的互通、互联、开放、共享的交通运输信息化、智能化应用系统及发展模式,实现"五个一"的目标,即"地理信息一张图""监管执法一张网""运输服务一张卡""数据资源一片云""协调指挥一中心",全面建成以"行业运营智能化综合平台、出行服务综合平台、物流信息化综合平台和行业治理综合平台"为载体的"畅行中原"智慧交通品牌。

近年来,河南省交通运输系统紧紧围绕"六个交通"建设,深入实施创新驱动发展战略,着力加强信息化基础设施和应用系统建设,全面提升信息化水平,智慧交通建设取得了长足进步。其主要体现在基础支撑能力显著提升、公共服务水平稳步提高、行业监管决策作用充分发挥、大数据分析能力得到加强和智慧交通发展环境持续改善。这些进步为助力全省交通运输事业的科学发展起到了重要的引领和支撑作用。

此外,为服务河南省一系列国家战略的实施,河南省交通运输厅要求智慧交通为信息互联互通提供有力支撑,加快构建全省统一、对接全国的信息网络体系,全面提高运输服务的质量、效率和一体化水平。率先基本实现交通运输现代化,让智慧交通发展走在前面,加快推进科技信息化条件下的传统交通运输生产、管理和服务模式的创新。建设人民满意交通,通过智慧交通发展给人民群众带来更多获得感,通过科技创新进一步提升交通管理水平和运输服务品质,改善群众出行体验。

资料来源:http://news.dahe.cn/2017/08-04/108496100.html,2019 年 10 月。

(一) 信息技术在供应链管理中的作用

信息技术的发展奠定和促进了信息时代的到来,随着全球信息网络的兴起,全球的经济、文化被联结在一起,任何一个新的发现、新的产品、新的思想、新的概念都可以立即通过网络、先进的信息技术传遍世界。经济国际化趋势更加显著,使信息网络、信息产业发展更加迅速,各行业、产业结构乃至整个社会的管理体系发生着深刻变化。

现代信息技术是一个内容十分广泛的技术群,它包括微电子技术、光电子技术、通信技术、网络技术、感测技术、控制技术、显示技术等。21 世纪企业管理的核心必然是围绕信息管理来进行的,其对供应链管理的作用可以从两个方面理解:一方面是信息技术的功能对供应链管理的作用(如互联网、多媒体、EDI、CAD/CAM、ISDN 等的应用),另一方面是信息技术本身所发挥的作用(如 ATM、光纤等的应用)。

信息技术在供应链中的具体作用主要包括以下 9 个内容。

(1) EDI 的作用。

(2) CAD/CAE/CAM、EFT 和多媒体的作用。

(3) 建立企业内部联系。

(4) 参与产品设计过程。

(5) 在销售环节的作用。

(6) 在会计业务中的作用。

(7) 在生产过程中的作用。

(8) 在客户终端服务中的作用。

(9) 在供应链设计中的作用。

(二)供应链信息技术的应用规划

在供应链管理中,信息技术的应用可以分成5个层次。

(1)局部应用。

(2)内部集成。

(3)业务流程重组。

(4)网络优化。

(5)经营领域扩张。

 案　例

随着商品的多样化与流通渠道的多元化,对于传统的仓储配送来说,多品类、多渠道、多批次的供应链管理无疑是一个巨大的挑战。在传统仓储模式下,商品从采购到消费者手中全链条效率不高,造成库存大量积压在渠道,形成"阻塞"。

据统计,我国95%的仓库管理落后,信息化水平低。与此同时,由于缺乏共享与连接,仓库与库存价值使用效率难以提升,整个行业物流供应链缺乏有效的解决方案,成为制约中小企业发展的关键环节。

杭州俊奥是一家经营进出口母婴用品的贸易有限公司,经营商品品类多达705个,需要满足商超、便利店、电商平台和微商、分销商的供货需求。此前,在2 000平方米的仓库里,由于缺乏规范的仓库管理体系,导致货物堆放杂乱无章,出货效率低下,漏发错发频现。

俊奥公司通过传化云仓专业化的仓库规划,将仓库划分为五大功能区,并通过导入自主研发的WMS(Warehouse Management System,仓库管理系统),实现了"货主—货物—库位"的一对一精准匹配。结合新建立的出入库标准化SOP流程,捡货时可围绕波次、有效期、包装等维度实现拣选路径自动优化,拣货员只需要按照系统提示进行标准化操作即可完成拣货。

系统的仓库运营规划及标准化、简单化、流程化的操作,让货物出入库和分拣效率更快。据俊奥公司数据统计,截至2017年8月底,传化云仓的接入让库存分拣成本降低15%,上架及时率提高20%,库容利用率提升达到20%,发货及时率达到99.95%。

资料来源:http://www.chinawuliu.com.cn/zixun/201709/05/324534.shtml,2019年10月。

最近几年,技术革新成为企业改革的最主要形式,而信息技术的发展直接影响企业的改革和管理。不管是计算机集成制造(Computer Integrated Manufacturing,CIM)、电子数据交换、计算机辅助设计(Computer Aided Design,CAD),还是执行信息系统(Executive Information System,EIS),信息技术革新都已经成为企业组织变化的主要途径。制造部门可以通过在自动化和信息技术方面投资达到提高生产率的目的。

一些有用的信息技术工具,如多媒体、Internet、WWW、CAD/CAM等,被集成到SCM中的各个职能领域发挥其作用。SCM和信息技术形成一个集成系统,从而改善企业管理。简单来说,通过信息技术的应用可以节省时间和提高企业信息交换的准确性,它的应用使在复杂、重复的工作中人为错误减少了,同时通过减少失误而节约经费,信息技术的应用还使企业获得最先开发出新产品投放市场的竞争优势。

本章通过介绍国际物流运输含义、各种运输方式特点及运输代理的类型,介绍了国际物流仓储的概念、业务管理和合理化,以及国际物流信息系统的特点和构成。

海外仓是风口?

海外仓作为跨境电商发展的重要基础物流配套设施,目前在欧美及一些新兴市场国家都出现了一批由中国企业建造的海外仓。

据不完全统计,仅美国市场的海外仓就达到了两三百家。这其中主要分为卖家自建的海外仓和物流公司建立的第三方海外仓。

整个海外仓的快速发展也就是最近五年的时间。随着海外仓数量的不断增多和境外税务体系的完善及电商平台规则的变化,海外仓业态的生存坏境发生了较大的变化。

1. 不确定的税务风险

从 2017 年开始,欧洲对于跨境电商的税务漏洞盯得越来越紧。在英国、德国、法国等主要的跨境电商目标市场国家中,许多当地的海外仓企业都受到了不同程度的税务风波的冲击。

英国政府从 2018 年 4 月开始要求所有的海外仓企业必须在税务局登记备案。海外仓企业必须对客户存放在自己仓库内的货物是否如实缴税问题负有监督义务和连带责任。

德国的部分海外仓企业,由于电商卖家税务问题的牵连,则直接被当地税务部门查封。这对于跨境物流企业或者跨境电商卖家来说都是一笔巨大的损失,部分企业的损失以千万美元计。

税务风险是绑在大部分海外仓企业身上的一颗不定时炸弹。由于跨境电商卖家在境外税务的不合规,导致了境外的清关和仓储物流企业也不得不去承担整个产业链条的税务风险。

与以远程销售为主的跨境直发类小包专线物流模式相比,海外仓发货模式的企业基本上是在境外实名登记注册的公司主体,税务合规及本土化运作的需求更为迫切。

2. 重资产投入模式

目前能够自建海外仓的电商卖家基本上是以大卖家为主,而且有一些资本的注入。许多电商大卖家融资商业计划中的很大的一部分支出就包括了海外仓的布局建设。

对于自建海外仓的电商大卖家来说,海外仓其实只是整个生意链条中的一个配套设施,至于海外仓本身是否能够盈利并非其首要的考虑因素。

而对于所有的物流企业建立的第三方海外仓来说,盈利能力非常关键。只有有了持续的盈利能力和良性的现金流,才可以支撑整个商业模式继续走下去。

物流仓储作为一个在规模、成本、效率之间寻求最优配置的商业模式,只有适当的规模才可以降低单位操作成本,只有通过不断对于软硬件设施的投入和改善才能提高效率。

目前市面上 90%以上的海外仓企业还处于一个持续投入的阶段,并没有看到多少盈利。许多第三方海外仓还处于货量不足的"吃不饱"阶段。

3. 本土化运作的难点

目前,大部分海外仓企业在本土化运作方面面临的一个最直接的瓶颈就是用工难。在欧美、日本等发达国家和地区,一个仓库人员的月薪基本在 2 000～3 000 美元。

国外的劳动法规及生活观念和国内差异较大,很多本土员工基本上没有加班意识和习惯。不少的海外仓企业招聘的人员中很大一部分比例是华人或者外派劳务。

由于语言文化和用工环境的差异,用工难的问题尤为突出。能去到国外的华人大部分家庭背景和经济实力都不会太差,很少有人会愿意天天去仓库搬货打包。

现阶段市面上的海外仓企业中,很大一部分比例其实是由一些海外华人建立的。由于不少人是出于移民或者拿绿卡的需求去进行的商业投资,因此其本身并没有从事物流仓储的经验。

海外仓之间的发展差距悬殊,不少的海外仓在系统软件和仓储自动化方面还停留在比较初级的作坊式发展阶段,属于典型的劳动密集型作业,导致其成本高,效率低。

4. 海外仓的核心竞争力

目前市面上个别有盈利能力的海外仓,其盈利点往往来自贴标、换标、中转、退货、维修等一系列增值服务,单纯依靠收取仓储费用获取的收益是非常有限的。

海外仓企业通过整合头程的空海运干线运输、目的港清关、尾程派送资源等,以仓库为节点,将更多的资源和服务串联,以延伸其服务范围。一些企业通过分包模式所建立的仓中仓的概念也可提高仓库使用率。

中国电商产业的发展在很多方面都是领先于世界的。以京东的仓配一体化 B2C 物流网络为例,其极致的物流体验和运营效率,连电商巨头亚马逊目前都还未达到。

中国企业在海外仓商业模式上的核心竞争力,应当是输出国内优秀的电商仓储管理模式、软硬件设施及运营经验,来对境外的传统 B2B 模式的仓储资源进行赋能和改造升级。

这是一个资源互补和合作共赢的时代。中国企业走出去,不仅是产品和资本的输出,更是模式、经验、能力、管理和文化软实力的输出。

未来的竞争建立在适度的规模之上,成本、运营和效率的比拼,精细化的管控能力尤为关键。税务合规化、运营本土化是基本的前提和基础。

资料来源:https://www.iyiou.com/p/74654,2019 年 11 月。

本章思考题

一、名词解释

国际物流运输 国际物流信息系统

二、简答题

1. 简述运输代理的类型。

2. 仓储合理化措施有哪些？

3. 简述国际物流信息系统的构成。

第三章

国际多式联运

◆ **学习目标** ◆
(1) 了解国际多式联运设施。
(2) 掌握国际多式联运的性质、业务程序等。

◆ **知识要点** ◆
(1) 国际多式联运的概念、特点、方式与设施。
(2) 国际陆路和陆桥货物运输。
(3) 国际多式联运提单的主要内容与签发。
(4) 国际铁路、公路多式联运程序及多式联运业务。

 【引导案例】

多式联运的发展变化

多式联运作为我国推进物流业降本增效和物流供给侧改革的"重头戏"上升为国家战略后,相关政策文件密集出台,多式联运运行质量提升,综合效益初步显现,中国的多式联运已进入蓬勃发展的大好时期。

1. 铁水联运: 港口发展新的增长点

在青岛港的黄岛前湾港区,满载标准集装箱的巨轮驶向码头岸线,几艘拖轮将其顶到岸边。红色的桥吊把五颜六色的集装箱从货轮上卸到各色拖车上,然后换装到火车上运走,这样的场景几乎每天都能看到。

2016 年,青岛"一带一路"跨境集装箱多式联运示范工程入选国家示范项目,由此,青岛港集装箱海铁联运业务迅猛发展,连续三年稳居全国第一位,增幅也名列前茅。2015 年,青岛港海铁联运量为 30.2 万个标准集装箱,预计今年将突破 100 万个标准集装箱。

"从青岛过境班列的开通大幅减少了物流时间,如青岛至俄罗斯和东欧地区的物流时间由原来海上运输的近1个月压缩至12~18天"。青岛港国际股份有限公司总裁焦广军表示,国际班列运输是双向的。青岛港正成为一些内陆国家的"出海口"。例如,哈萨克斯坦向东南亚出口的铬矿就是从中国过境,从青岛港出海。目前,青岛港已开通多式联运集装箱班列线路37条,其中有5条是过境班列线路,覆盖山东,辐射黄河沿岸,直达中亚,基本形成了横贯东西的海铁联运物流大通道。

据中国交通运输协会联运分会调研发现,近年来,随着我国铁水联运基础设施的逐步完善、支持政策的推出及企业的不断实践,各港口对铁水联运的认知更加深刻,港口集装箱铁水联运量继续保持高位增长,使内陆港与沿海港口连接更加紧密,铁水联运已经成为港口发展新的增长点。2017年全国规模以上港口完成集装箱铁水联运量348万个标准集装箱,其中营口港、青岛港集装箱铁水联运量超过70万个标准集装箱,宁波舟山港、青岛港集装箱铁水联运量增速超过60%。

2017年以来,长江沿线铁水联运量同比增长25%以上。重庆果园港"前港后园"和铁水联运功能基本形成,2017年铁水联运量完成51 685个标准集装箱,同比增长61.34%;万州港铁水联运量完成3.67万个标准集装箱,同比增长14.6%。

据交通运输部规划研究院专家的分析判断,未来港口在"一带一路"中的枢纽功能将进一步增强,经沿海港口转乘火车的过境运输需求将继续提升,预计大连、营口、连云港、天津、青岛等港口的跨境海铁转运发展势头看好。

2. 中欧班列: 国际陆路运输的"中国方案"

2018年6月,在青岛海关监管下,满载汽车配件、轮胎、棕榈油等货物的中亚班列缓缓驶出青岛胶州多式联运海关监管中心。这批货物10天左右就会到达目的地——哈萨克斯坦的阿拉木图。

"中亚班列使我们和这些国家的贸易往来变得便利。"山东路桥国际货运代理公司业务员曲强告诉记者,中亚班列开通以来,趟趟爆满,他差不多天天都要来监管中心办理多式联运业务。

近年来部分沿海港口城市相继布局中欧班列业务,其中"辽满欧"线近两三年快速发展,海铁转运特点鲜明。依托大连、营口港的航线网络,"辽满欧"线快速发展,2017年集装箱运输量达5.6万个标准集装箱,占满洲里口岸集装箱运输量的30.8%。

除了沿海城市,内陆节点城市在中欧班列的发展中也取得不少成绩。例如重庆口岸,截至2018年5月1日,中欧班列(重庆)已成为中欧班列中开行数量最多、运输货值最大、辐射范围最广、带动产业最强的班列(去程1 178班,回程647班),占全国中欧班列开行总数的四分之一。中欧班列(重庆)进出口总货值累计超过200亿美元。其中2017年进出口总货值约50亿美元,占全国中欧班列的35%。

"一带一路"倡议、京津冀协同发展、长江经济带等国家战略的实施,为"新生代"中欧班列、国际海铁联运等多式联运业务提供了新机遇。2017年中欧班列发展步入爆发式增长,全程运行时间从初期的20天以上逐步缩短至12~14天;运行成本不断降低,整体运输费用较开行初期下降约40%。中蒙俄通道、中国到东盟通道、中国到南亚通道逐步形成,长江黄金水道联通中欧班列、联通铁水联运通道的新市场、新模式逐步形成。中欧班列正在成为新时代亚欧国际物流体系中的重要组成部分,成为国际陆路运输的"中国方案"。

2018年4月,中国铁路总公司对外公布,中欧班列2011年全年开行仅17列,2017年开始飞速增长,以3271列的开行量超过此前五年总和,增长40倍。而到了2018年3月之时,中欧班列已经累计开行突破了7600列,国内开行线路达到61条,覆盖国内城市达到45个,到达欧洲13个国家41个城市。

3. 多式联运: 交通物流新动能

随着国际经贸格局的调整,"一带一路"核心部分是陆路的经济贸易联系的建立,而多式联运在陆路开放过程中的前景和发展空间会被打开。与此同时,当前我国交通基础设施网络总体已经形成,使多式联运发挥效率和效力都具备了相应条件。

2017年,交通运输部对外发布,第一批16个多式联运示范工程累计开通示范线路140余条,参加联运的企业700余家,完成集装箱多式联运运量超过60万个标准集装箱,降低能耗约40万吨标准煤,降低社会物流成本超过55亿元,综合效益初步显现。随着2017年11月第二批30个多式联运示范工程项目进入实施阶段,后续效益将更加显现。那么,我国多式联运未来发展还存在哪些问题? 趋向何方呢?

"我国目前多式联运发展还处于起步阶段,总体发展水平不高,仍存在思想认识不到位、基础设施衔接不够、技术装备水平落后、信息服务能力不足、法规建设和市场化改革滞后、多式联运经营主体严重不足、体制机制还没有完全理顺等问题"。交通运输部运输服务司副司长王绣春表示,下一步,交通运输部将以供给侧结构性改革为主线,以提升多式联运服务品质、促进物流降本增效为核心,着力促进"四化建设",即基础设施无缝化衔接、运输装备标准化升级、信息资源交互化共享、市场主体多元化培育、联运模式多样化创新,加快构建便捷经济、安全可靠、集约高效、绿色低碳的多式联运体系。

"未来多式联运的发展既需要具备'软实力',也要注重运输装备标准化、设施衔接无缝化、枢纽场站专业化等这些'硬条件'的打造"。交通运输部规划研究院副总工程师谭小平指出,改善设施和装备的硬条件是推进多式联运发展的基础前提。同时,应加强统筹、超前谋划,避免新的建设造成新的阻隔和浪费;设施、装备需要加强基础研究和基础攻关,尤其是装备的问题,高度重视构建起多式联运这个领域里的"产学研用"协同创新的技术体系。

"在多式联运上升到国家战略的新形势下,只有丰富多式联运的装备技术,才能促进中国多式联运的竞争力提升。"国务院发展研究中心研究员任兴洲认为,多式联运带有天然的供应链发展基因。在未来多式联运的发展中,需进一步运用现代供应链管理思维促进其发展,使之成为交通物流的新增长点,形成物流领域的新动能。

资料来源:http://www.sohu.com/a/240764336_99921063,2019年11月。

思考:

(1) 多式联运的具体发展形式有哪些?

(2) 制约我国多式联运发展的因素有哪些?

第一节　国际多式联运概述

国际多式联运是一种以实现货物整体运输的最优化效益为目的的联运形式。它通常以集装箱为运输单元,将不同的运输方式有机地组合在一起,构成连续的、综合性的一体化货物运输。

通过一次托运,一次计费,一份单证,一次保险,由各运输区段的承运人共同完成货物的全程运输,即将货物的全程运输作为一个完整的单一运输过程来安排。它与传统的单一运输方式有很大的不同。

一、国际多式联运设施

国际多式联运是在集装箱运输的基础上产生并发展起来的新型运输方式。多式联运通过集装箱为运输单位进行直达运输,可以说集装箱是国际多式联运的主要设施,如图 3-1 所示。

图 3-1　集装箱

装有货物的集装箱使用船舶、汽车、火车等运输工具,从启运地运至目的地,无须中途换装,通过专用装卸、搬运工具,实现货物从一种运输方式到另一种运输方式的转移,国际多式联运使集装箱"门到门"运输的优越性充分地体现了出来。

现代网络及通信技术则为国际多式联运业务的广泛开展提供了大力的技术支持,全球的网络能够为多式联运客户提供全方位的多种服务,包括全程运价、联运提单、多种运输模式的协调和集成、信息跟踪与查询系统及拼箱集运和为货物提供附加值等操作。

二、国际多式联运的特点与方式

(一)国际多式联运的特点

1. 必须要有一个多式联运合同

多式联运合同确定了多式联运经营人与托运人之间的合同关系,即明确规定多式联运经营人(承运人)和联运人之间的权利、义务、责任、豁免的合同关系和多式联运的性质。

它是多式联运的主要特征，也是区别多式联运和一般传统的运输方式的重要依据。多式联运经营人负责货物全部运输责任并收取全程单一运费是多式联运合同的两个主要标志。

2. 使用一份全程多式联运单据

全程多式联运单据是证明多式联运合同及证明多式联运经营人接管货物并负责按合同条款交付货物所签发的单据。该单据满足不同运输方式的需要，并按单一运费率计收全程运费。

3. 必须是两种或两种以上不同运输方式的连贯运输

判断一个联运是否为多式联运，不同运输方式的组成是一个重要因素，这是确定一票货运是否属于多式联运的最重要的特征。为履行单一方式运输合同而进行的该合同所规定的短途货物接送业务不能视为国际多式联运，如航空运输长期以来普遍盛行汽车办理货物接送业务，习惯上只视为航空运输的延伸，不属于国际多式联运。

4. 必须是跨国境运输

多式联运按照运输范围分为国内多式联运和国际多式联运，国内多式联运的起讫点在同一个国家；而国际多式联运的起讫点必须在两个不同的国家，即跨国境的联合运输。

国际多式联运所运输的货物必须是从一国境内运至另一国境内指定交付货物的地点。

5. 国际多式联运经营人对货物全程负责

国际多式联运经营人是国际多式联运的组织者和主要承担者，以当事人的身份负责将货物从接管地点一直运到指定交付地点，必须对各分程运输环节、分程运输之间的转运和储存环节全权负责，即在接管货物后，无论货物在哪一个运输环节发生丢失或损坏都要直接承担赔偿责任，而不能借口把某一个运输环节委托给其他分承运人而不负责任。

6. 一次托运、一份运单、一次计费

托运人只需向国际多式联运经营人进行一次托运，并从多式联运经营人处获得一份多式联运运单，并进行一次运费计收；而无须向多个分程承运人分别托运，也不必向不同分程承运人分别计费和换取运单。

国际多式联运是集装箱运输和货物运输的一种高级运输组织形式，打破了运输行业的界限，承运人可以选择最佳运输路线，组织和实现合理运输，改善不同运输方式间的衔接协作，降低运输成本。

（二）国际多式联运的方式

根据《国际货物多式联运公约》等专门规范各种运输方式之间的国际多式联运的国际公约或国内法，对国际多式联运所涉及的运输方式无特殊的限制。从运输方式的组成看，多式联运必须是国际两种或两种以上不同运输方式组成的连续运输。

按这种方法分类，理论上多式联运有海—铁、海—空、海—公、铁—公、铁—空、公—空、海—铁—海、公—海—空多种类型。限于篇幅，以下仅介绍国际多式联运的三种主要类型：海—铁多式联运、海—空多式联运及海—陆—海（内河）多式联运。

1. 海—铁多式联运

海—铁多式联运包括海—铁—海多式联运，是当今多式联运的主要类型，特别是利用大陆桥开展海—铁或海—铁—海多式联运。

2. 海—空多式联运

海—空多式联运结合海运运量大、成本低和空运速度快、时间要求紧的特点,能对不同运量和不同运输时间要求的货物进行有机结合。

3. 海—陆—海(内河)多式联运

海—陆—海(内河)多式联运方式利用陆路运输将其两端的水路运输连接,除利用横贯大陆的铁路连接其两端的海运外,也可以利用陆路运输与内河运输连接,既可充分发挥海运量大、成本低的优点,又可发挥内河运输价廉、灵活的优点,能方便地把货物运至内河水系的广大地区。例如,我国利用长江流域将长江沿线的内陆港口城市与海洋运输联系起来。

三、国际陆路和陆桥货物运输

陆桥是指把海与海连接起来横贯陆域的通道。目前最典型的大陆桥运输(Land Bridge Transport)多式联运路线有北美大陆桥、西伯利亚大陆桥、新欧亚大陆桥。除此之外,还有"小陆桥"和"微陆桥"等。我国对美出口贸易中常采用的 MLB(Mini-Land-Bridge,小陆桥)运输、OCP(Overland Common Point,内陆地区)运输、IPI(Interior Point Intermodal,内陆公共点多式联运)运输均属于陆桥运输。

(一)大陆桥运输

大陆桥运输是指利用横贯大陆的铁路(公路)运输系统作为中间桥梁,用集装箱专用列车将大陆和海域联系起来,按照海—陆—海的运输路线进行国际多式联运的一种连贯运输方式。简单地说,就是两边是海运,中间是陆运,大陆把海洋连接起来,形成海—陆联运,而大陆相当于"桥",所以称为"陆桥"。

大陆桥运输是国际集装箱联运的特殊形式,它以集装箱为容载工具,采用将货物分组集装的运输方式。大陆桥运输除了包括铁路运输外,还有海运,因此比国际铁路集装箱运输手续更复杂,承担责任更大。采用这样的运输方式,可使集装箱船和专用列车结合起来,达到加快运输速度和降低运输成本的目的。

🐟 小 提 示

英国到日本的集装箱货物,如采用全程海运,经大西洋,过巴拿马运河,渡太平洋抵达日本,全程为 24 000 千米,运输时间约为 21 天。若经美国、加拿大东岸港口,换装铁路横跨美洲大陆至美国、加拿大西海岸,再换集装箱船,过太平洋直抵日本港口,由于集装箱船速度快,加之专用列车直达运输,运输时间则可大幅度缩短。

1. 北美大陆桥

北美大陆桥以横贯美国大陆的铁路作为陆上行程,以海—陆—海运输途径实行陆桥运输,故称为北美大陆桥。北美大陆桥与通过巴拿马运河传统的海运东行线相比较,可节约运输时间 5 天。目前,作为世界上的第一条大陆桥——北美大陆桥已经基本上陷于停运状态。

2. 西伯利亚大陆桥

西伯利亚大陆桥(Siberian Land Bridge)东端经俄罗斯的纳霍德卡港,从海上连接日本、韩国、中国等国家;西端延伸到中亚、西亚、中欧、北欧及西欧的国家和地区。该线路90%以上的货运被日本利用。

西伯利亚大陆桥与通过苏伊士运河用传统的海运路线相比较,运输距离可缩短三分之一,运费便宜20%;与绕道好望角相比较,运输距离可缩短二分之一,运费可便宜25%。所以,西伯利亚大陆桥正式启用以后,削弱了北美大陆桥的竞争能力。

🍁 小贴士

西伯利亚大陆桥即第一亚欧大陆桥,其使用国际标准集装箱,将货物由东亚地区海运到俄罗斯东部港口,再经跨越欧亚大陆的西伯利亚铁路运至波罗的海沿岸(如爱沙尼亚的塔林或拉脱维亚的里加)等港口,然后采用铁路、公路或海运运到欧洲各地。

西伯利亚大陆桥于1971年由原全苏对外贸易运输公司正式确立。现在全年货运量高达10万标准集装箱,最多时达15万个标准集装箱。使用这条陆桥运输线的经营者主要是日本、中国和欧洲各国的货运代理公司。其中,日本出口欧洲货物的三分之一,欧洲出口亚洲货物的五分之一是经这条陆桥运输的。由此可看出它在沟通亚欧大陆,促进国际贸易中所处的重要地位。

西伯利亚大陆桥的运输方式包括海—铁—铁、海—铁—海、海—铁—公和海—公—空四种。西伯利亚大陆桥由俄罗斯的过境运输总公司(SOJUZTRANSIT)担当总经营人,该公司拥有签发货物过境许可证的权利,并签发统一的全程联运提单,承担全程运输责任。至于参加联运的各运输区段,则采用"互为托、承运"的接力方式完成全程联运任务。可以说,西伯利亚大陆桥是较为典型的一条过境多式联运线路。

西伯利亚大陆桥的优势在于其为目前世界上最长的一条陆桥运输线,大幅缩短了东亚、东南亚及大洋洲到欧洲的运输距离,并因此而节省了运输时间。例如,从东亚地区经俄罗斯太平洋沿岸港口去欧洲的全程水路运输距离(经苏伊士运河)约为20 000千米,而陆桥运输线路全长只有13 000千米;从日本横滨到荷兰鹿特丹,采用陆桥运输不仅可使运距缩短三分之一,运输时间也可省二分之一。此外,在一般情况下,运输费用还可节省20%~30%,因而西伯利亚大陆桥对货主有很大的吸引力。

西伯利亚大陆桥运输的劣势在于港口装卸能力不足、铁路集装箱车辆不足、箱流的严重不平衡、气候严寒等,这些因素在一定程度上阻碍了其发展。尤其是随着我国兰新铁路与中哈边境土西铁路的接轨,一条"新亚欧大陆桥"形成,为东亚地区至欧洲的国际集装箱多式联运提供了又一条便捷路线,使西伯利亚大陆桥面临严峻的竞争形势。

资料来源:http://dy.163.com/v2/article/detail/CFG3GMV70518DPP3.html,2019年11月。

3. 新欧亚大陆桥

新欧亚大陆桥东起我国连云港,西至荷兰鹿特丹港,全长10 800千米,沿途可经莫斯科、华沙、柏林等地,是贯通欧亚之间的一条新的大陆桥。新欧亚大陆桥可把我国的交通大动脉陇海—兰新铁路和俄罗斯、东欧、西欧国家的铁路干线连成一体,对我国的外贸发展和沿途省、市的经济发展极为有利。

（二）小陆桥运输

1. 小陆桥运输的概念及优点

小陆桥运输是指一端连接海运的海陆联运或一端连接陆运的陆海联运的陆域通道，该通道以陆上铁路为桥梁。小陆桥运输相对大陆桥的海—陆—海运输而言，缩短了一段海上运输，成为海—陆或陆—海运输形式。

例如，东亚地区至美国东部大西洋口岸或美国南部墨西哥口岸的货运，由原来全程海运改为由东亚地区装船至美国西部太平洋口岸，转装铁路(公路)专用车运至东部大西洋口岸或南部墨西哥湾口岸，以陆上铁路(公路)作为桥梁，把美国西海岸同东海岸和墨西哥湾连起来。

在联运节点上的业务运作方法是，船舶公司作为货物托运人安排货物登陆后的铁路运输并垫付铁路运费，或者由船舶公司作为收货人提取来自小陆桥的铁路货物，安排船舶订舱和负责海运至目的地。

小陆桥运输的主要优点有：通过专门的铁路主干线，避免进出口货物在内陆地区的绕道运输，缩短陆域距离和运输时间，达到快速运转和节省运输时间成本的要求；可以享受到铁路集装箱直达列车的优惠运费等，降低运输成本。

小贴士

小陆桥运输与微桥运输

1. 小陆桥运输

小陆桥运输与大陆桥运输并无大的区别，只是其运送的货物的目的地为沿海港口。目前，北美小陆桥运送的主要是日本经北美太平洋沿岸到大西洋沿岸和墨西哥湾地区港口的集装箱货物，也承运从欧洲到美西及海湾地区各港的大西洋航线的转运货物。

北美小陆桥在缩短运输距离、节省运输时间上的效果显著。例如，以日本/美东航线为例，从大阪至纽约全程水运(经巴拿马运河)航线距离 9 700 海里，运输时间 21～24 天；而采用小陆桥运输，运输距离仅 7 400 海里，运输时间 16 天，可节省 1 周左右的时间。

2. 微桥运输

微桥运输与小陆桥运输基本相似，只是其交货地点在内陆地区。微桥运输一般经北美洲东、西海岸及墨西哥湾沿岸港口到美国、加拿大内陆地区的联运服务。

随着北美小陆桥运输的发展，出现了新的矛盾，主要反映在如货物由东海岸的内地城市运往东亚地区(或反向)，首先要通过国内运输，以国内提单运至东海岸交船公司，然后由船公司另外签发由东海岸出口的国际货运单证，再通过国内运输运至西海岸港口，然后海运至东亚地区。货主认为，这种运输不能从内地直接以国际货运单证运至西海岸港口转运，不仅增加了费用，而且耽误运输时间。

为解决这一问题，微桥运输应运而生。进出美、加内陆城市的货物采用微桥运输既可节省运输时间，也可避免双重港口收费，从而节省费用。

2. 使用小陆桥运输方式应注意的问题

我国出运去美国的集装箱货物,在使用小陆桥运输时可先将货物用集装箱运输。对我国出口商、运输经营人、货运代理来说,应注意以下问题。

(1) 小陆桥运输是完整的多式联运,由运输经营人签发全程联运提单,并收取全程运费,对全程承担责任。

(2) 小陆桥运输下的集装箱货物,其提单制作应分别注明:卸船港及交货地(如MLB-HOUSTON)。

(3) 小陆桥运输下的到岸价集装箱货物,卖方承担的责任、费用终止于最终交货地。

(4) 小陆桥运输下的集装箱货物,运费计收应根据运输经营人在美国 FMC 注册的运价本收运费,原则上无任何形式的运费回扣;但若运输经营人与货主之间签订有服务合同,即在一定时间内提供一定货运量后,货主可享有一个较低运价。

(5) 在按服务合同收运费,而货物承运人是无船承运人时,小陆桥运输下的集装箱货物应出具两套提单,一套由无船承运人签发给货主,用于结汇;另一套供无船承运人在美国的代理向船运公司提货。

(三) OCP 运输

1. OCP 的概念

OCP 运输是指东亚地区货物通过海运运至美国西海岸港口,再由铁路转运,将货物运至美国 OCP 地区目的地交货的一种海—铁分段联运的方式。

小提示

OCP 意即"内陆地区",是指可享有优惠费率通过陆上运输抵达的区域。内陆地区是指以美国西部九个州为界,即以洛基山脉为界,其以东地区,约占美国全国的三分之二,所有经美国西海岸转运往这些地区(或方向)的货物均称 OCP 地区货物,并享有 OCP 运输的优惠费率。OCP 费率就是太平洋航运公会制定的途经美国西海岸转运美国内陆地区的费率。该费率比原来由收发货人安排的货物由港口向铁路转到内陆的运输费率低。

加拿大毗邻美国,其贸易和运输与美国有密切关系,所以也有一个 OCP 地区,自西向东的陆上运输实行与美国同样的优惠方法。

从东亚地区向美国 OCP 地区运送的货物,其可选择的海运方式有两种:一种是以美国东海岸港口为卸货港,船舶过巴拿马运河,由加勒比海通向美国大西洋港口;另一种是以美国西海岸港口为卸货港,然后通过陆上运输至 OCP 地区。后一种运输方式虽然选择了通过海陆两种方式运输,但在正常情况下,运输时间后一种较前一种要短。

2. OCP 的具体做法

1) 成交货物方面

按 OCP 运输条件成交的货物,发货人将货物运至收货人指定的西海岸港口后,发货人便完成了联运提单中的责任,不承担其他任何责任和风险。货物在抵达西海岸港口后,由收货人委托中转商(负责内陆运输的人)持正本提单向船公司提货,通过内陆运输运至收货人指定的地点。

2）贸易合同和信用证方面

在 OCP 运输条件下,贸易合同和信用证目的港一栏内应加注 OCP 字样。对于转运往 OCP 地区的货物,在签发提单时,应符合贸易合同及信用证的要求,以便结汇,最好在备注栏内注明是哪一个城市,以便区别。

3）运输单证方面

在货物的运输标志内,同时列明卸货港和 OCP 的最后目的地。在提单卸货港一栏内应注明 OCP 字样。

4）保税运输申请手续方面

在美国,由集装箱海运至港口的货物,收货人在收到货物舱单后 10 天必须申请进口,或要求保税运输,将货物运至最终目的地,如不按时申请,货物就会转到保税仓库,从而产生转仓作业费、保税仓库费、转运费等不必要的费用。

为了避免产生这些不必要的费用,可将船运公司签发的内陆公共提单、OCP 提单的副本提前送交铁路公司,请铁路公司代办运送 OCP 地区的"保税运输申请手续"。铁路公司在太平洋各港接受了运往内陆公共点地区的货物后,向海关提出申请,获得保税运输许可后,即可将货物运往内地。收货人凭 OCP 提单正本在当地申请报关后,凭提单正本向铁路公司提货,付清到付运费。

（四）IPI 运输

IPI 运输意为内陆公共点多式联运,是在小陆桥运输形成与发展的基础上开展的。许多货物利用大陆桥的过路部分开展内陆公共点与国外之间的海陆或陆海联运,这种连接内陆公共点的货物运输又称为微型陆桥运输,即比小陆桥更短一段。由于没有通过整条陆桥,而只是利用了部分陆桥,因此其又称半陆桥运输,是指海运加一段从海港到内陆城乡的陆上运输或反方向的运输形式。

IPI 运输与 OCP 运输都是海—铁多式联运,两者的主要区别是交货地不同;IPI 运输和 OCP 运输的运输线路和交货地相同,两者的主要区别是 IPI 运输是海—铁多式联运,而 OCP 运输是海—铁分段联运。对我国出口企业来说,采用 IPI 运输时应尽量选用 FCA（Free Carrier）、CPT（Carriage Paid To）或 CIP（Carriage and Insurance To）贸易术语,并在贸易合同、信用证和多式联运单据上注明 IPI 字样。

微型陆桥运输的优点是货物进出口明显缩短了转运和过路的距离和时间,实现了货物全程"门到门"运输,节省了运输费用,降低了贸易流通成本,并且便于货主使用多式联运和联运提单。所以,微型陆桥运输近年来发展非常迅速。

四、国际多式联运单证

《联合国国际货物多式联运公约》对国际多式联运单证的定义是:证明国际多式联运合同及证明国际多式联运经营人接管货物并负责按照合同条款交付货物的单据。该定义说明国际多式联运单证不是运输合同,而是运输合同的证明,国际多式联运单证是国际多式联运经营人收到货物的收据和凭其交货的凭证。

📞 **小提示**

国际组织如波罗的海国际航运公会(The Baltic and International Maritime Conference,BIMCO)和国际货运代理协会联合会(International Federation of Freight Forwarders Associations,FIATA)确定的国际多式联运单证的格式可分为以下三类。

1. Combidoc

Combidoc 单证是由 BIMCO 制定的,通常为经营船舶的国际多式联运经营人所使用并得到了国际商会的认可。

2. FIATA 联运提单

FIATA 联运提单(FIATA Bill of Lading,FBL)是由 FIATA 制定的,供作为国际多式联运经营人的货运代理所使用。

3. Multidoc

Multidoc 单证是由 UNCTAD 为便于《联合国国际货物多式联运公约》得以实施而制定的,它加入了公约中责任方面的规定,但该公约至今仍未生效。

Combidoc 和 FBL 的内容基本上是相同的,但在细节上有所不同。两种单证都规定了国际多式联运合同当事人的合同义务,特别是国际多式联运经营人的权利、义务和责任。但是,FBL 规定了无论延误发生在哪一区段,都应支付延迟交货的赔偿金,最高金额为延迟货物应付运费的 2 倍。在这一点上,FBL 比 Combidoc 更有利于保护托运人的利益。

Combidoc 严格遵照国际商会(the International Chamber of Commerce,ICC)规则,规定只有当发生延误的区段能被确定时,才按该区段适用的国际公约或国内法律中对延迟赔偿金的规定支付赔偿金。

《联合国国际货物多式联运公约》规定:"多式联运经营人接管货物时,应签发一项多式联运单据,该单据依发货人的选择,或为可转让单据或为不可转让单据。"由此项规定可以看出,国际多式联运经营人要有自己的联运单据,这种单据类似于海运提单;国际多式联运单据通用于各种运输方式;国际多式联运单据是证明国际多式联运经营人接收货物的凭证,是托运人和国际多式联运经营人之间运输合同的证明。

(一)国际多式联运单证的性质

国际多式联运单证与海上运输提单的性质和作用基本一致。

1. 国际多式联运合同的证明

从国际多式联运业务流程可见,在国际多式联运经营人接受托运时即与托运人签订国际多式联运合同。签发国际多式联运单据是国际多式联运经营人履行合同的一个环节,因此国际多式联运单据不是运输合同,而只是运输合同的证明。

2. 国际多式联运经营人接管货物的收据

国际多式联运经营人向托运人签发国际多式联运单据,表明国际多式联运经营人已从托运人手中接管货物,并开始对货物负责。

3. 收货人提取货物的凭证

收货人在目的地必须凭国际多式联运单据正本才能换取提货单,即国际多式联运经营人只能把货物交付给国际多式联运运单的持有人。

4. 物权凭证

可转让的国际多式联运单据具有物权凭证的作用,托运人可凭国际多式联运单据向银行结汇,收货人可凭此单向国际多式联运经营人提货,也可以作为有价证券流通买卖、转让或办理抵押等。不可转让的国际多式联运单据与公路运单、铁路运单和航空运单一样,不具有物权凭证的作用。

(二)国际多式联运单证的主要内容

国际多式联运单证涉及多式联运经营人、实际承运人、收发货人、港口方和其他方面的关系人,主要起货物交接时的证明作用,证明货物的包装、数量、品质等基本情况。其主要内容包括以下 10 个方面。

(1)货物的基本情况,如名称、运输标志、数量、重量、包装,危险品等特殊货物的特性、注意事项。

(2)国际多式联运经营人的名称、主营业场所。

(3)托运人、收货人名称。

(4)国际多式联运经营人接收货物的日期、地点。

(5)交付货物的地点。

(6)国际多式联运单证签发的日期和地点。

(7)国际多式联运经营人或其授权人的签字。

(8)国际多式联运单证可转让或不可转让的声明。

(9)交接方式、运费支付、约定的运达期限、货物中转地点。

(10)有关声明。

以上内容并非缺一不可,只要所缺少的内容不影响货物运输各当事人的利益即可。在不违背单证签发国的法律的情况下,还可加注其他内容。

(三)国际多式联运单证的签发使用

国际多式联运单证应由国际多式联运经营人或其代理人签发,签发后交给发货人,由发货人通过银行转让给收货人。国际多式联运经营人在收到发货人托运的货物后,核对收货单位(货运站、码头堆场)签发的货物收据(场站收据或大副收据)无误后,即签发国际多式联运单证给托运人。

1. 国际多式联运单证签发的形式

国际多式联运经营人凭货物的收据在签发国际多式联运单证时,可根据发货人的要求签发可转让与不可转让国际多式联运单证中的任何一种。国际多式联运单证的转让应依据以下原则:记名单证,不得转让;经过记名背书或空白背书的单证,可转让;不记名单证,无须背书,即可转让。

国际多式联运提单,其最后一程如不是海运,原则上不能做成可转让形式,因为除海运外,其他运输方式都不是凭运输单据交付货物的。货物运到目的地后,海运凭提单换提货单提货,国际多式联运经营人在不同运输方式的交接中必须按不同要求做好各种托运工作。

国际多式联运经营人在签发国际多式联运单证时,如发现单证上所列内容和实际情况不符或货物的包装或内容有污损、破损等现象,应做出批注保留。此外,联运提单中还应列明收货地、交货地、目的地和第一程运输工具等内容。

在实践中,签发单证时还应注明正本份数,对国际多式联运单证正本和副本的份数规定不一,主要视发货人要求而定。正本单证签发一份以上的目的在于保护收货人的合法权益;副本是没有法律效力的,主要是为了业务的需要。

2. 国际多式联运单证签发的时间、地点

在实践中,国际多式联运经营人收到货物的时间一般在装运之前,有一段待装期,在此期间,托运人可凭场站收据要求国际多式联运经营人签发提单,因货物尚未实际装船,在这种情况下签发的提单称为待运提单,待运提单在结汇上有困难。因此,国际多式联运经营人收到货物的地点有时不在装船港,而是在内陆的货运站或装船港码头堆场。

3. 国际多式联运提单的流转程序

以下以一程是公路运输,二程是海上运输,三程是铁路运输的多式联运为例说明国际多式联运经营人签发的国际多式联运提单及各区段单证的流转程序。

在实际业务中,国际多式联运经营人提单和各区段实际承运人的货运单证的缮制大多交由国际多式联运经营人的各区段代理负责,国际多式联运经营人主要充当全面控制和发布必要指示的角色。以下为国际多式联运经营人签发的国际多式联运提单及各区段实际承运人签发的运输单证的流转程序。

(1) 国际多式联运经营人起运地分支机构或代理缮制并签发全程国际多式联运提单,其中的正本交给发货人,用于结汇;副本若干份交付国际多式联运经营人,用于国际多式联运经营人留底和送交目的地分支机构或代理。

(2) 国际多式联运经营人起运地分支机构或代理货交一程承运人后,一程承运人签发以国际多式联运经营人或其起运地分支机构或代理为托运人、以国际多式联运经营人或其二程分支机构或代理为收货人的公路运单,运单上应注有全程国际多式联运提单的号码。国际多式联运经营人起运地分支机构或代理在货物出运并取得运单后,应立即以最快的通信方式将运单、舱单等寄交国际多式联运经营人二程分支机构或代理,以便二程分支机构或代理能用此提货;与此同时,还应向国际多式联运经营人提供运单副本及载运汽车离站时间、预计抵达时间等信息,以便国际多式联运经营人能全面了解货运进展和向二程分支机构或代理发出必要的指示。

(3) 国际多式联运经营人二程分支机构或代理收到运单后,凭此从一程承运人或其代理处提取货物,并交付二程承运人或其代理。二程承运人或其代理收到货物后,签发以国际多式联运经营人或其二程分支机构或代理为托运人、以国际多式联运经营人或其三程分支机构或代理为收货人的提单(当然也可以是指示提单,但通知方应为国际多式联运经营人三程分支机构或代理),提单上应注明全程国际多式联运提单号码。

国际多式联运经营人二程分支机构或代理在货物出运并取得提单后,应立即以最快的通信方式将正本提单、舱单等寄交国际多式联运经营人三程分支机构或代理,以便三程分支机构或代理能用此提货;与此同时,还应向国际多式联运经营人提供提单副本及船舶离港报等,以便国际多式联运经营人能全面了解货运进展和向三程分支机构或代理发出必要的指示。

（4）国际多式联运经营人三程分支机构或代理收到提单后，凭此从二程承运人或其代理处提取货物，并交付三程承运人或其代理。三程承运人或其代理收到货物后，签发以国际多式联运经营人或其三程分支机构或代理为托运人、以国际多式联运经营人或其目的地分支机构或代理为收货人的铁路运单，运单上应注明全程国际多式联运提单号码。

国际多式联运经营人三程分支机构或代理在货物出运并取得运单后，应立即以最快的通信方式将运单等寄交国际多式联运经营人目的地分支机构或代理，以便目的地分支机构或代理能用此提货；与此同时，还应向国际多式联运经营人提供运单副本及火车动态等，以便国际多式联运经营人能全面了解货运进展和向目的地分支机构或代理发出必要的指示。

（5）国际多式联运经营人目的地分支机构收到铁路运单后，可凭此从承运人或代理处提取货物，并向收货人发出提货通知。收货人付款赎单后取得国际多式联运经营人签发的全套正本国际多式联运提单，凭此全套正本提单可向国际多式联运经营人目的地分支机构或代理办理提货手续。国际多式联运经营人目的地分支机构或代理经与国际多式联运经营人寄交的副本提单核对，并在收取应收取的运杂费后，将货物交付收货人。

第二节　国际多式联运实务

国际多式联运业务主要包括与发货人订立多式联运合同、组织全程运输、完成从接货到交付过程的合同事项等基本内容。

一、国际铁路联运货物运输程序

国际铁路货物联运是指使用一份统一的国际铁路联运单据，在跨及两个或两个以上国家铁路的货物运送中，由参加国铁路负责两个或两个以上国家铁路全程运送货物过程，由托运人支付全程运输费用，而无须收、发货人参加的铁路运输组织形式。全程运输经营人按照国际多式联运要求组织运输，协调国际多式联运各方之间的货运和业务关系，保证铁路联运的顺利进行。

（一）国际铁路联运出口货物运输流程

国际铁路联运出口货物运输组织工作主要包括国际铁路联运出口货物运输计划的编制、国际铁路联运的货物托运和承运、装车发运、出口货物在国境站的交接等。

1. 国际铁路联运出口货物运输计划的编制

出口货物运输计划一般是指月度要车计划，是对外贸易运输计划的组成部分，体现了对外贸易国际铁路联运的具体任务，也是日常铁路联运工作的主要依据。

国际铁路联运月度要车计划采用"双轨（铁路、商务）上报、双轨下达"的方法。凡发送整车计划，都需具备铁路部门批准的月度要车计划和旬度计划；零担货物和集装箱货物则不需要向铁路部门编报月度要车计划，但发货人必须事先向发站办理托运手续。

2. 国际铁路货物联运的托运和承运

出口运输计划批准后,就可以进行货物的托运和承运。托运和承运的过程实际就是铁路与发货人之间签订运输合同的过程。

1) 托运和承运的一般程序

货物托运是发货人组织货物运输的一个重要环节。发货人托运货物时,应向车站提交货物运单和运单副本,以此作为货物托运的书面申请。车站接到运单后,应进行认真审核。

2) 整车货物的托运

车站应检查是否有批准的月度、旬度运输计划和要车计划,检查运单各项内容的填写是否正确,如确认可以承运,应予以签证。车站在运单上签证货物应进入车站的日期或装车日期,即表示受理托运。发货人按签证指定的日期将货物运往车站或指定的货位,铁路根据运单上的记载查对实货,认为符合《国际货协》和有关规章制度的规定后,车站方予以承认,并开始担负保管责任。整车货物装车完毕,发站在货物运单上加盖承运日期戳,以示承运。

3) 零担货物的托运

零担货物的托运与整车货物不同,发货人在托运时,不要求编制月度要车计划,凭运单直接向车站申请托运。车站受理托运后,发货人应按登记指定的日期将货物搬进货场,送到指定货位。经查验、过磅后,即交由铁路部门保管。车站将发货人托运的货物连同货物运单一同接收完毕后,在货物运单上加盖承运日期戳,以示承运。铁路部门对承运后的货物担负保管、装车和发运的责任。

由此可见,整车货物以货物装车作为承运的先决条件,而零担货物并无此限制。因此,零担货物与整车货物相比,其责任期限更长。

托运、承运手续完毕,铁路运单作为运输合同即开始生效。铁路部门按《国际货协》的规定对货物负保管、装车并运送到指定目的地的一切责任。

4) 铁路运输出口货物的报关

一般由发货人委托铁路部门或外运机构在国境站办理报关。在货物发运前,发货人应填制出口货物报关单。铁路车站承运后,应在货物报关单上加盖站章,并与运单一起随货同行,以便国境车站向海关办理申报。

5) 托运所涉及的运输单证

托运所涉及的运输单证主要有运单和运单的随附单证。

(1) 国际铁路联运运单简称运单,是参加联运的发送国铁路部门与发货人之间缔结的运送契约。它规定了参加联运的各国铁路部门和发(收)货人在货物运送上的权利、义务和责任,并且对铁路部门和发(收)货人都具有法律效力。国际铁路联运运单一式五联。

第一联:运单正本(随货物至到站,并连同第五联和货物一起交给收货人)。

第二联:运行报单(随货物至到站,并留存到达路)。

第三联:运单副本(运输合同签订后交给发货人,但不具备法律效力,仅证明货物已由铁路承运)。

第四联:货物交付单(随同货物至到站,并留存到达路)。

第五联：货物到达通知单（随同货物至到站，并连同第一联和货物一起交给收货人）。

（2）对于每份运单，发站应填制补充运行报单。我国铁路补充运行报单分为带号码的和不带号码的两种。带号码的补充运行报单是为发送路准备的，一般填制3份，一份留站存查，另一份报所属铁路局，还有一份随同货物至出口国境站截留。不带号码的补充运行报单是为过境路准备的，而且每过境一个国家的铁路要填制一份。运单和补充运行报单分慢运和快运两种，慢运单据不带红边，而快运单据则带有红边。

（3）国际联运出口货物经由国境站时，需要履行海关、商品检验、卫生检疫等法定手续，为此发货人必须将所需的文件附在运单上。这些文件主要有出口货物报关单、出口货物明细单、出口许可证、品质证明书、商品检验证书、卫生检疫证书、植物检验证书或兽医证明书、装箱单、磅码单等有关单据。

在运单上所附的一切文件，应由发货人记入运单"发货人添附的文件"栏内，并牢固地附在运单上，随货物同行。铁路没有义务检查发货人在运单上所添附的文件是否正确和齐全。

3. 装车发运

货物办理完托运和承运手续后，接下来是装车发运。货物的装车应在保证货物和人身安全的前提下，做到快速进行，以缩短装车作业时间，加速车辆周转和货物运送。按我国铁路的规定，在车站公共装卸场所内的装卸工作由铁路部门负责组织；其他场所如专用线装卸场，则由发货人或收货人负责组织。但某些性质特殊的货物，如易腐货物、未装容器的活动物等，即使在车站的货场内，也均由发货人组织装车或卸车。货物发出后办理的事项如下。

1）登记

发货后，要将发货经办人员的姓名、货物名称、数量、件数、毛重、净重、发站、经由口岸、运输方式、发货日期、运单号、车号及运费等项目详细登记在发运货物登记表内，作为原始资料。

2）通知及上报

如合同有规定，发货后发货人要及时用电传或传真通知收货人；如规定要上报总公司和地方商务主管部门的，应及时上报。总之，要做好必要的通知和报告工作。

3）修正和更改

如果货物发出后发现单证错误或单货不符，要及时电告货物经由口岸的外运分支机构，要求代为修正；如发货后需要变更收货人、到站或其他事项的，要及时按规定通知原发站办理变更。

4. 出口货物在国境站的交接

联运货物在装车发运后，紧接着是在国境站的交接问题。

1）出口货物交接的一般程序

国境站除办理一般车站的事务外，还办理国际铁路联运货物、车辆和列车与邻国铁路的交接、货物的换装或更换轮对、票据文件的翻译及货物运送费用的计算与复核等工作。出口货物在国境站交接的一般程序简述如下。

（1）出口国境站货运调度根据国内前方站列车到达预报，通知交接所和海关做好接车准备工作。

(2) 出口货物列车进站后,铁路会同海关接车,并将列车随带的运送票据送交接所处理,货物列车接受海关的监管和检查。

(3) 交接所实行联合办公,由铁路、海关、外运公司等单位参加,并按照业务分工流水作业,协同工作。铁路主要负责整理、翻译运送票据,编制货物和车辆交接单,作为同邻国铁路办理货物和车辆交接的原始凭证;外运公司主要负责审核货运单证,纠正出口货物单证差错,处理错发错运事故;海关则根据申报,经查验单货相符,符合国家法令政策规定,即准予解除监督,验关放行。最后由双方铁路具体办理货物和车辆的交接手续,并签署交接证件。

以上仅是一般货物的交接过程。对于特殊货物的交接,如鲜活商品、易腐、超重、超限、危险品等货物,则按合同和有关协议的规定,由贸易双方商定具体的交接方法和手续。属于贸易双方自行交接的货物,国境站外运公司则以货运代理的身份参加双方交接。

如果在换装过程中需要鉴定货物品质和数量,应由国内发货单位或委托国境站商检所进行检质、检量,必要时邀请双方检验代表复验。外运公司则按商检部门提供的检验结果,对外签署交接证件。属于需要随车押运的货物,国境站外运公司应负责两国国境站间的押运工作,并按双方实际交接结果对外签署交接证件,作为货物交接凭证和货款结算的依据。

2) 有关联运出口货物交接中的几个问题

(1) 出口货物单证资料的审核。审核出口货物单证是国境站的一项重要工作,它对正确核放货物,纠正单证差错和错发错运事故,保证出口货物顺利交接都具有重要意义。国境站的货运代理审核单证时,依据运单内容,审核出口货物报关单、装箱单、商检证书等记载的项目是否正确、齐全。经核对齐全、无误,方可核放货物,做到差错事故不出国。

如果出口货物报关单项目遗漏或记载错误,或份数不足,应按运单记载订正或补制;运单、出口货物报关单、商检证三者所列项目不符时,有关运单项目的订正或更改由国境站联系发站并按发站通知办理;需要更改、订正商检证、品质证明书或动植物检疫证书时,应由出证单位通知国境站商检或检疫部门办理。海关检验实货,发现货物与单证不符时,则根据合同和有关资料订正,必要时联系发货人解决。

总之,国境站货运代理在订正、补制单证时,只限于代办发货人缮制的单证,而对运单项目及商检证书、品质证明书、检疫证、兽医证等国家行政管理机关出具的证件均不代办或补制。

出口货物单证经复核无误后,应将出口货物报关单、运单及其他随附单证送海关,作为向海关申报和海关审核放行的依据。

(2) 办理报关、报验等法定手续。铁路运输的出口货物的报关一般由发货人委托铁路部门在国境站办理。在货物发运前,发货人应填制出口货物报关单,作为向海关申报的主要依据。

出口货物报关单格式由我国海关总署统一制定。发货人或其代理须按海关规定逐项填写,要求内容准确、详细,并与货物、运单及其他单证记载相符,字迹端正、清晰,不可任意省略或简化。对于填报不清楚或不齐全的报关单,以及未按海关法的有关规定交验进出口许可证等有关单证者,海关将不接受申报;对于申报不实者,海关将按违章案件处理。

铁路车站在承运货物后,即在货物报关单上加盖站章,并与运单一起随货同行,以便国境车站向海关办理申报。需办理检验检疫的货物,要向当地出入境检验检疫部门办理检验检疫手续,取得证书。上述各种证书在发站托运货物时须连同运单、报关单一并随车同行,在国境站由海关执行监管,查证放行。

(3)凭铅封交接与按实物交接。货物的交接可分为凭铅封交接与按实物交接两种情况。

凭铅封交接的货物,根据铅封的站名、号码或发货人简称进行交接。交接时应检查封印是否有效、丢失,印文内容、字迹是否清楚可辨,同交接单记载是否相符,车辆左右侧铅封是否一致等,然后由双方铁路凭完整铅封办理货物交接手续。

按实物交接又可分为按货物重量、按货物件数和按货物现状交接三种方式。按货物重量交接的,如中朝两国铁路间使用敞车、平车和砂石车散装煤、石膏、焦炭、矿石、熟矾土等货物;按货物件数交接的,如中越两国铁路间用敞车类货车装载每批不超过100件的整车货物;按货物现状交接的,一般是针对难以查点件数的货物。

货物的交接使用交付方编制的货物交接单,没有编制货物交接单的货物在国境站不得处理。

(4)铁路联运出口货运事故的处理。联运出口货物在国境站换装交接时,如发现货物短少、残损、污染、湿损、被盗等事故,国境站外运公司或其他货运公司应会同铁路查明原因,分清责任,分别加以处理;属于铁路责任造成的,要提请铁路编制商务记录,并由铁路负责整修,整修所需包装物料,由国境站外运公司根据需要与可能协助解决,但费用由铁路承担;如属发货人责任造成的,在国境站条件允许的情况下,由国境站外运公司组织加工整修,但须由发货人提供包装物料,负担所有的费用和损失。由于技术条件限制,无法在国境站加工整修的货物,应由发货人到国境站指导,或将货物返回发货人处理。

5. 到达交付

国际联运出口货物到站后,铁路应通知运单中所记载的收货人领取货物。在收货人付清运单中所载的一切应付运费后,铁路须将货物连同运单交付收货人,收货人领取货物。收货人只有在货物因毁损、腐坏或其他原因而使质量发生变化,以致部分或全部货物不能按原用途使用时,方可拒绝领取货物。收货人领取货物时,应在运行报单上填记收货日期,并加盖收货戳记。

(二)国际铁路联运进口货物运输流程

国际铁路联运进口货物运输与联运出口货物运输在货物与单据的流转程序上基本相同,只是在流转方向上正好相反。其主要包括联运进口货物在发运前编制运输标志,审核联运进口货物的运输条件,向国境站寄送合同资料,国境站的交接、分拨,进口货物交付给收货人及运到逾期计算等。

1. 运输标志的编制和使用

运输标志又称唛头(Mark),印制在货物外包装上。它的作用是为承运人运送货物提供方便,便于识别货物,便于装卸,便于收货人提货。唛头必须绘制清楚醒目、色泽鲜艳、大小适中,印制在货物外包装显著位置。按照我国规定,联运进口货物在订货工作开始前,由商务部统一编制向国外订货的代号,作为收货人的唛头,各订货单位须按照统一规定的收货人唛头对外签订合同。

国际联运进口货物使用标准的收货人唛头后,就可以在订货卡片、合同、运单的"收货人"栏内用收货人唛头代替收货人实际名称,而不再用文字填写收货人全称及通信地址,从而既加强了保密性,减少了订货合同和运输过程中的翻译工作,又在很大程度上方便了运输,防止了错发错运事故。使用收货人唛头时,须严格按照商务部统一规定,不得颠倒编排顺序,增加内容或任意编造代号唛头。

2. 审核联运进口货物的运输条件

联运进口货物的运输条件是合同不可缺少的重要内容,因此必须认真审核,使之符合国际联运和国内有关规章所规定的条件。其具体审核内容主要包括收货人唛头是否正确、商品名是否准确具体、货物的性质和数量是否符合到站的办理种别、包装是否符合有关规定等。

3. 向国境站货运代理寄送单证,办理委托代理手续

收货人在订立合同后,要及时将包括合同副本及其附件、补充协议书、合同更改书及有关确认函电等在内的资料寄送国境站的外运公司,并办理委托代理手续,作为核放进口货物的依据。

4. 联运进口货物在国境站的交接与分拨

进口货物在国境站的交接程序与出口货物的交接程序基本相同,具体做法是:进口国境站根据邻国国境站货物列车的预报和确报,通知交接所和海关做好检查准备工作;进口货物列车到达后,铁路会同海关接车,然后两国国境站交接所根据交接单办理货物和车辆的现场交接;我国进口国境站交接所通过内部联合办公做好单据核放、货物报关验关工作,然后由铁路负责将货物调往换装线,进行换装作业,并按流向编组向国内发运。

5. 到达取货

联运进口货物到站后,铁路根据运单和随附单证通知收货人提取货物,并核收运杂费。到站铁路负责将货物连同运单及内附单证一并交付给收货人。收货人在接收货物时应会同铁路共同检查货物状态,清点数量,如发现异常情况或货损货差,应要求铁路根据国内规章规定如实地编制商务记录。

二、国际公路联运货物运输程序

国际公路货物运输是指国际货物借助一定的运载工具,沿着公路做跨两个或两个以上国家或地区的移动过程。

国际公路运输的业务程序主要包括发送业务、途中业务和到达业务三部分。其中,发送业务主要包括签订公路货物运输合同,受理托运、检货司磅、保管、组织装车和制票收费等内容;途中业务主要包括途中货物交接、货物整理或换装等;到达业务主要包括货运票据的交接,货物卸车、保管和交付货物等。现将国际公路联运货物运输过程中应注意的事项概括如下。

(一) 签订公路货物运输合同

在国际公路联运业务中,运单即运输合同,运单的签发是运输合同成立的体现。《国际公路货物运输合同公约》中对运单的定义是,运单是运输合同,是承运人收到货物的证据和交货凭证。公路货物运输合同以签发运单来确认,它对发、收货人和承运人都具有法律效力,也是贸易进出口货物通关、交接的重要凭证。公路运输合同自双方当事人签字或盖章时成立。

(二)发运货物

(1)发运的货物要和运单记载的内容一致。

(2)货物的包装要符合运输要求,没有约定或约定不明确的,可以通过协议补充。发货人应根据货物性质和运输要求,按国家规定及国际要求正确使用运输标志和包装储运图示标志。

(3)运输的特殊货物,如需饲养、照料的动植物,精密仪器,珍贵文物等,发货人要派人随车押运。大型特型货物、危险物品是否押运,由发货人与承运人双方协商来定。除此之外,发货人要求押运时,需经承运人同意。

(4)押运人的姓名及其他情况应填在运单上,押运人不能随意更换。有押运人员时,运输途中发生的货损、货差,承运人不负责赔偿损失。

(三)承运与交接货物

(1)承运的货物不得超限超载;运输线路由承运人与发货人共同商定,一旦确定不得随意修改;承运人与发货人共同约定运输期限并在运单上注明,承运人必须在规定时限内到达。

(2)交接货物时,承运人要对实际要运输的货物与运单上记载的进行核对,如不相符,不得办理交接手续;货物到达目的地前,承运人要及时通知收货人做好接货准备,如果是运到国外,则由发货人通知;货物到达后,收货人应凭有效单证接收货物,不得无故拒绝接收;收货人收到货物后,如发现货物与合同内容不符,可提出索赔。

三、国际多式联运的业务流程

由于国际多式联运是依托不同运输方式、跨国跨地区的货物流通业务,如把国际多式联运从货物接收到最后交付这一过程进行分解,大致需要经过受托申请,订立国际多式联运合同,编制国际多式联运计划—空箱发放、提取及运送—出口报关—货物装箱及接收货物—订舱及安排货物运送—办理保险—签发国际多式联运提单,组织完成货物的全程运输—办理运输过程中的海关业务—货物交付—货物事故处理等环节。

(一)托运申请,订立国际多式联运合同,编制国际多式联运计划

国际多式联运经营人接受货主提出的托运申请,双方商定有关事项后,在交给发货人或其代理人的空白场站收据副本上签章,证明接受委托申请,这样国际多式联运合同即订立并开始执行。国际多式联运合同的主要内容有托运人、收货人、国际多式联运经营人,货物的名称、包装、数量、重量等情况,接货的地点和时间,交货的地点和约定的时间,运输方式和运输线路,关系方的责任和义务,解决争议的途径和方法等。

双方就货物的交接方式、时间、地点、付费方式等达成协议后,发货人或其代理填写场站收据,并送至国际多式联运经营人处编号。国际多式联运经营人编号后留下货物托运

联,其他联交还给发货人或其代理。

国际多式联运经营人在合同订立之后,即应制定该合同涉及的集装箱货物的运输计划。该运输计划要求运输线路短、各区段运输工具安全可靠、运输时间能保证、不同运输方式之间良好衔接,从而保证货物从一国境内的接货地安全及时地运到另一国境内的交货地。国际多式联运计划的编制要考虑在保证运输质量的前提下,能节省成本。此外,运输计划的编制要留有余地,工作中应相互联系,避免彼此脱节。除不可抗力外,计划一般不能随意改变。

(二)空箱发放、提取及运送

国际多式联运中使用的集装箱一般由经营人提供。如果双方协议由发货人自行装箱,则国际多式联运经营人应签发提箱单或者将租箱公司或分运人签发的提箱单交给发货人或其代理,由他们在规定的日期到指定的堆场提箱并自行将空箱托运到货物装箱地点,准备装货。

如发货人委托国际多式联运经营人,则经营人办理从堆场到装箱地点的空箱托运(这种情况需加收空箱托运费)。如果是拼箱货(或整箱货但发货人无装箱条件不能自装时),则由国际多式联运经营人将所用空箱调运至接收货物的集装箱货运站,做好装箱准备。

(三)出口报关

如果国际多式联运从港口开始,则在港口报关;若从内陆地区开始,则在附近的内陆地海关办理报关。出口报关事宜一般由发货人或其代理办理,也可委托国际多式联运经营人代为办理(这种情况需加报关手续费,并由发货人负责海关派员所产生的全部费用)。报关时,应提供场站收据、装箱单、出口许可证等有关单据和文件。

(四)货物装箱及接收货物

若是发货人自行装箱,发货人或其代理提取空箱后,在自己的工厂和仓库组织装箱。装箱工作一般在报关后进行,并请海关派员到装箱地点监装和办理加封事宜。如需理货,还应请理货人员到现场理货并与之共同制作装箱单;如是拼箱货物,发货人应负责将货物运至指定的集装箱货运站,由货运站按国际多式联运经营人的指示装箱。

无论装箱工作由谁负责,装箱人均需制作装箱单,并办理海关监装与加封事宜。对于由货主自行装箱的装箱货物,应运至双方协议规定的地点,国际多式联运经营人或其代理人在指定地点接收货物。如是拼箱货,经营人在指定的货运站接收货物。验收货物后,代表国际多式联运经营人接收货物的人应在堆场收据正本上签章并将其交给发货人或其代理人。

(五)订舱及安排货物运送

这里所说的订舱泛指国际多式联运经营人要按照运输计划安排洽定各区段的运输工具,与选定的各实际承运人订立各区段的分运合同。这些合同的订立由经营人本人(派出机构或代表)或委托的代理(在各转接地)办理,也可请前一区段的实际承运人作为代表向后一区段的实际承运人订舱。

(六)办理保险

由于国际多式联运运距长、环节多、风险大,为避免可能发生的货运事故,国际多式联运经营人还可以向保险公司投保。为避免较大的损失,国际多式联运经营人通常向保险公司投保货物责任险和集装箱保险,以防范巨额赔偿风险。

在发货人方面,应投保货物运输险。该保险由发货人自行办理,或由发货人承担费用由经营人作为代理。货物运输保险可以是全程,也可分段投保。

(七)签发国际多式联运提单,组织完成货物的全程运输

国际多式联运经营人接管货物和运费预付情况下收取全程运费后,即签发多式联运单据,表明国际多式联运经营人对全程联运负有责任。对国际多式联运合同当事人来说,国际多式联运单据是国际多式联运经营人收到货物的证据,是合同的证明,也是货物的物权凭证。国际多式联运经营人按国际多式联运单据指明的收货人或被指示的收货人交付货物,收货人凭国际多式联运单据提领货物。

国际多式联运是以至少两种不同运输方式组成的连续运输,不同运输方式之间的转运衔接是保证运输连续性、及时性的关键。国际多式联运经营人作为全程运输的总负责人,通常要与各运输区段实际承运人订立分运输合同,在运输区段发送地以托运人的身份托运货物,在运输区段的目的地又以收货人的身份提领货物。

为了保证各运输区段货物运输的顺利进行,国际多式联运经营人或其代理人在托运货物后要将有关运输单证及时寄给区段目的地代理人。同时,如该实际运输区段不是最后一程运输,国际多式联运经营人的代理人在做好接货准备的同时,还要做好下一程运输的托运准备。此外,国际多式联运经营人要通过网络及通信技术做好货物的跟踪监管工作。

(八)办理运输过程中的海关业务

国际多式联运的全程运输(包括进口国内陆段运输)均应视为国际货物运输,因此运输过程中的海关业务工作主要包括货物及集装箱进口国的通关手续、进口国内陆段保税(海关监管)运输手续及结关等内容。这些涉及海关的手续一般由国际多式联运经营人的派出机构或代理办理,也可由各区段的实际承运人作为国际多式联运经营人的代表代为办理,由此产生的全部费用由发货人或收货人负担。

如果货物在目的港交付,则结关在港口所在地海关进行;如果在内陆地交货,则在口岸办理保税(海关监管)运输手续,海关加封后运往内陆目的地,然后在内陆海关办理结关手续。

国际多式联运若在全程运输中经由第三国,应由国际多式联运经营人或其代理人负责办理过境转关手续。对"国际集装箱海关公约"缔约国之间,转关手续已相当简化,通常只提交相应的转关文件,如过境货物申报单、国际多式联运单据、过境国运输区段单证等,并提交必要的担保和费用,过境国海关可不开箱检查,只做记录而予以放行。

(九)货物交付

当货物运至目的地后,由目的地代理通知收货人提货。按国际多式联运合同规定,国际多式联运经营人或其代理人将货物交付国际多式联运单据指明的收货人或按指示交指定的收货人,即宣告完成全程运输任务。

收货人凭国际多式联运提单提货,国际多式联运经营人或其代理人按合同规定,收取

收货人应付的全部费用，收回提单，签发提货单（交货记录），提货人凭提货单到指定堆场和地点提取货物。如果是整箱提货，则收货人要负责至拆箱地点的运输，并在货物取出后将集装箱运回指定的堆场后，运输合同终止。

（十）货运事故处理

如果全程运输中发生了货物丢失、损害和运输延误，无论是否能确定损害发生的区段，发（收）货人均可向国际多式联运经营人提出索赔。国际多式联运经营人根据提单条款及双方协议确定的责任做出赔偿。如果已对货物及责任投保，则存在要求保险公司赔偿和向保险公司进一步追索的问题。如果受损人和责任人之间不能通过协商取得一致，则需通过在诉讼时效内提起诉讼和仲裁来解决。

第三节　国际多式联运中的责任与赔偿

在国际多式联运过程中，不仅要使用两种或两种以上的运输工具完成各区段的运输，而且要完成各区段不同运输方式之间的衔接、换装工作。因此，发生货损、货差等货运事故的可能性要比单一运输方式下大得多。

一旦发生货运事故，就会产生受损方向责任方要求损害赔偿，责任方根据受损方提出的赔偿要求进行处理的索赔和理赔工作，这其中的关系既涉及货主向国际多式联运经营人的索赔，也涉及国际多式联运经营人向实际承运人的索赔，而且由于货主与实际承运人没有合同关系，因此还涉及货主能否向实际承运人直接索赔的问题。

货物的索赔和理赔是一项十分重要的工作，应根据国家的对外政策、贸易合同、运输合同，并参考国际惯例，正确处理国际多式联运事故。

一、国际多式联运中的责任

国际多式联运的事故处理涉及海运事故处理、水运事故处理、铁路事故处理、公路事故处理等，与传统的分段运输相比有一些新的特点。因此，国际多式联运事故处理应根据货物运输过程中环节作业的特点，有关合同条款、法律、公约等规定，对所发生的事故承担责任。

（一）国际多式联运经营人的责任期间

国际多式联运经营人的责任期间是指国际多式联运经营人履行义务、承担责任的期间。根据《国际多式联运公约》的规定，国际多式联运经营人的责任期间为从接管货物时起至交付货物止，承运人掌管货物的全部时间。国际多式联运经营人接管货物有两种形式：一是从发货人手中接收货物，这是最普遍的形式；二是根据接管货物地点所适用的法律法规，从海关、港口当局或其他第三方手中接收货物，这是比较特殊的形式。

国际多式联运经营人交付货物有三种形式：一是将货物直接交付收货人；二是根据交付货物地点所适用的法律法规，将货物交付海关、港口当局或其他第三方手中；三是按照国际多式联运合同的规定或交货地点的法律法规或特定的行业惯例，将货物存放在合适的地点(收货人支配下)并发出提货通知,即视为已交付收货人。第一种形式是最常用的形式,第二、三种形式在收货人延迟提货的情况下是十分必要的,也是比较合理的。

(二)国际多式联运经营人采用不同责任形式对货损事故的影响

在统一责任制下,国际多式联运经营人要对运输全程负责;各区段的实际承运人要对自己承运的区段负责,无论论事故发生在哪一个区段,都按统一规定的限额进行赔偿。这就会造成在能够确知货损事故发生区段和实际责任人的情况下,国际多式联运经营人按统一限额做出赔偿后,再向实际责任人追偿时得不到与理赔额相同的赔偿,特别是事故发生在海运区段,而事故原因又符合海运公约规定的免责规定时,有可能国际多式联运经营人得不到任何赔偿,造成不应有的损失。

在网状责任制下,国际多式联运经营人对全程运输负责,各区段的实际承运人对自己承运的区段负责,在确知事故发生区段的情况下,国际多式联运经营人或实际承运人都按事故发生区段适用的国际公约或地区法律规定和限额进行赔偿。这样,国际多式联运经营人对货物的赔偿与实际承运人向国际多式联运经营人的赔偿都可以按相同的责任基础和责任限额进行。

二、国际多式联运中的赔偿

国际多式联运经营人的赔偿责任基础是指国际多式联运经营人在按国际多式联运合同完成全程运输(责任期间)的过程中,对发生的哪些事故应承担赔偿责任,以及按照什么原则判断是否应承担责任。

承运人的赔偿责任基础大致可分为过失责任制和严格责任制。过失责任制是指承运人因自己在执行运输合同过程中有过失,并因这些过失造成对货主或其他人的损害而承担损害的赔偿责任。

过失责任制又分为完全过失责任制和不完全过失责任制。完全过失责任制是指不管承运人的过失是什么,只要发生过失并造成损害就要承担责任,如海上运输的《汉堡规则》和航空运输的《海牙议定书》就采取这种责任制。不完全过失责任制是指承运人对有的过失造成的损害承担责任,而对有的过失造成的损害不承担赔偿责任,如海上运输的《海牙规则》所规定的"对管货的过失造成的损害承担责任,对管船的过失造成的损害免责"。

(一)国际多式联运经营人的赔偿责任形式

国际多式联运经营人的赔偿责任形式有责任分担制和单一责任制。其中,单一责任制分为网状责任制和统一责任制,而基于统一责任制自身的局限性,《国际多式联运公约》提出了修正的统一责任制。

1.责任分担制

责任分担制是指国际多式联运经营人和各区段的实际承运人仅对自己承运区段的货物运输负责,各区段承担的赔偿责任和赔偿数额按该区段适用的法律予以确定。在这种责任形式下,没有全程统一的责任人,即国际多式联运经营人不承担全程运输责任,这显然与国际多式联运的特点不符,因此责任分担制在国际多式联运实践中很少被采用。

2.单一责任制

单一责任制即有单一的承运人(国际多式联运经营人)对货物全程负责,而各区段的实际承运人对自己承运的区段负责，即无论损害发生在哪种运输方式或哪一运输区段，托运人或收货人均可向国际多式联运经营人索赔。

（二）索赔时应具备的单证

1. 索赔申请书

索赔申请书表明受损方向责任方提出的赔偿要求，主要内容包括索赔人的名称和地址，运输工具名称、到达日期、启运地及接货地点名称，货物受损情况，索赔日期、索赔金额、索赔理由。

2. 运输合同及合同证明（运单或提单）

运输合同、运单或提单是划分责任方与受损方责任的主要依据，索赔人应出具正本或其影印件。

3. 货物残损单及货物溢短单（理货单、重理单等）

货物残损单及货物溢短单是对货物运输、装卸过程中发生残损所做的实际记录，受损方依据经责任方签署的货物残损单提出索赔。

4. 货物残损检验证明书

货物残损检验证明书是对货物残损原因不明或不易区别时，向检验机构申请的对货物进行检验后出具的单证。

5. 索赔清单

索赔清单上主要列明事故所涉及的金额，通常按货物的到岸价计算。

另外，还应出具商业发票、损害修复用单、装箱单、拆箱单、卸货报告等其他可作为破损事故处理和明确责任方、责任程度的一切商务、运输单证。

受损方为保护自己的利益，应妥善保管、处理和使用这些单证、文件。在发生保险索赔时，应出具保险合同等有关单据。

（三）国际多式联运经营人的赔偿责任限额

国际多式联运经营人的赔偿责任限额指国际多式联运经营人在掌管货物期间对货物灭失、损害和延迟交付进行赔偿的最高限额。对于限额规定有两种形式，一是单一赔偿标准，即只规定单位重量（毛重每千克）货物或每一货损单位（每件或每一基本运输单元）的赔偿限额；另一种是双重赔偿标准，即同时规定单位重量货物或每一货损单位的赔偿限额。

目前航空运输在《统一国际航空运输某些规则的公约》和《蒙特利尔议定书》中、公路运输在《国际公路货运公约》中、铁路运输在《国际铁路货运公约》中及海运在《海牙规则》中均采用单一赔偿标准，而海运在《维斯比规则》《汉堡规则》中则采用双重赔偿标准。国际多式联运在《国际多式联运公约》中采用的是单一赔偿标准与双重赔偿标准相结合的方式。

小提示

1. 对灭失、损坏的货物赔偿责任限额

1）国际多式联运业务包括海运或内河运输

如果国际多式联运业务包括海运或内河运输，如海（水）—空联运、海（水）—公联运或海（水）—铁联运，则采用双重赔偿标准，即国际多式联运经营人对每一件或每一货损单位的赔偿限额为 920 特别提款权（Special Drawing Right,SDR）或毛重每千克 2.75 SDR,两者以较高为准。

2）国际多式联运业务不包括海运或内河运输

如果国际多式联运业务不包括海运或内河运输,如公—铁联运、公—空联运、铁—空联运,则采用单一赔偿标准,即国际多式联运经营人赔偿责任限额按灭失或损坏货物毛重每千克不得超过 8.33 SDR 计算。

2. 对延迟交付的货物赔偿责任限额

国际多式联运经营人对于延迟交货造成损失的赔偿责任限额为延误交付的货物应付运费的 2.5 倍,但不得超过国际多式联运合同规定应付运费的总额。在货物灭失、损坏与延迟交付的同时发生时,赔偿总额以货物全部灭失时应负的责任为限。

本章介绍了国际多式联运业务的主要内容、国际多式联运单证的缮制与流转程序,对国际铁路联运货物运输程序、国际公路联运货物运输程序及国际多式联运责任与赔偿做了较为详细的分析。

 延伸阅读

国际多式联运或将在国家物流枢纽建设中发挥重要作用

近期,随着《国家物流枢纽网络建设实施方案（2019—2020）》的发布,纳入《国家物流枢纽布局和建设规划》的相关城市正积极编制所承载的各种类型的国家物流枢纽方案,国家物流枢纽成为物流领域的新热点和物流业发展的新动向。国家物流枢纽是以"干线＋枢纽＋网络"为基本运行方式的国家层级的物流基础设施,因此,依托枢纽如何打通与其他枢纽（尤其是跨区域枢纽）之间的干线运输通道成为国家枢纽建设的重要任务,以及枢纽建设成功与否的基本标志。

国家物流枢纽是国家顶层的物流网络支点,也是区域性物流服务要素聚集的重要场所和载体,跨区域的运输服务组织是其基本功能。因此,从物流枢纽作为不同运输方式之间的转换场所这一基本特性出发,枢纽之间的干线运输通道的形成,其本质是干线与支线的有机衔接的国际多式联运发展问题。

近年来,为实现降本增效和发挥各种运输方式的作用,加快运输结构的调整和运输服务的升级,国家大力支持国际多式联运的发展,为此出台了大量政策措施加以推进,使得国际多式联运成为物流发展的重要任务和热点所在。

国际多式联运从一般形态看,在完成全过程运输服务中需要将各种运输方式有机衔接起来,以便充分发挥各种运输方式的技术经济特征,实现运输方式的最佳组合,使综合

运输成本得到有效降低,并不断提高运输效率。

在传统运输模式下,由于运输场站等节点设施信息不畅、转换设施功能缺乏,导致不同运输方式之间的换装效率不高,且往往因增加搬运装卸环节,使集疏运效率不高,并增加了运输成本。这就导致在实际操作中国际多式联运干支结合的综合成本和全程一体化服务优势较难发挥,更使得我国国际多式联运在整个运输服务完成量中所占比例大幅低于经济发达的国家。此外,从侧面也可以看出,在现状运输服务环境条件下,国际多式联运的市场竞争力不强,既缺乏成本竞争力,也缺乏效率竞争力。

为发展国际多式联运和发挥不同运输方式衔接对降低运输成本、调整运输结构和提高运输效率的作用,经济发达国家发展了以集装箱为基础的国际多式联运,运载工具和转换装置的单元化、集装化彻底改变了国际贸易格局和水陆、陆陆、空陆等多种形式的国际多式联运。为此,我国应积极借鉴发达国家的经验,加快国际多式联运的发展。

在互联网、大数据、云计算、物联网和人工智能广泛应用于交通运输领域的大背景下,从供给侧结构性改革层面推进国际多式联运发展和规划建设国家物流枢纽,同时依托国家物流枢纽发展国际多式联运,从方式和路径上与经济发达国家既具有相似性,又具有后发的特征和优势。

相似就是依托物流枢纽节点扩大运输服务规模,为开展国际多式联运提供衔接服务需求环境,便于枢纽、联运在服务规模基础上互动发展,打造全国多式联运系统。差异就是我国具备利用信息技术和人工智能技术营造的供需感知、服务组织学习环境,通过变革物流枢纽、多式联运运输服务组织方式、服务业态和互动模式,形成与运输服务需求信息紧密对接的枢纽服务、多式联运服务供给环境,构建智能化、网络化的现代物流服务体系。这一体系由国际多式联运串接、国家物流枢纽承载。如此一来,将极大地提高物流服务效率,以及整体性降低物流成本。

资料来源:http://www.chinawuliu.com.cn/zixun/201905/22/340774.shtml,2019 年 12 月。

本章思考题

一、名词解释

国际多式联运　大陆桥运输

二、简答题

1. 国际多式联运的基本特征有哪些?

2. 签发国际多式联运提单应注意哪些事项?

3. 简述国际多式联运的赔偿责任形式。

第四章

国际物流保险

◆ 学习目标 ◆

（1）了解保险的分类及基本原则。

（2）掌握国际海上货物运输保险、国际货运代理责任保险、国际陆空货物运输保险的基本内容。

◆ 知识要点 ◆

（1）实际全损、推定全损、共同海损、单独海损。

（2）平安险、水渍险、一切险。

【引导案例】

让物流保险为中国物流发展保驾护航

近些年来，中国物流发展迅速，然而物流货运行业规则混乱，广大的货主将货物委托给物流企业以后，这些公司携款逃跑、莫名蒸发的事件频频发生，使货主的利益大幅受损。因此，在下委托之前，应将一系列可发生的情况都考虑周详，其中很重要的一条就是物流保险，事先订立好保险条款，做好保险功课，即使发生事故，也会得到相应的补偿。

1. 物流货运风险无处不在

最近一段时间以来，运输事故频频发生。除了自然灾害，一些意外事故导致的损失也比较频繁，致使货主和运输公司都受到很大的损失。此时，货物运输保险的作用显得越发重要。例如，一辆深圳到沈阳的货车在高速公路上发生火灾事故，导致该货车上价值16万元的五金配件几乎全部损毁。幸好货主在运输之前投保了货物运输险。事故发生后，货主第一时间联系了承保的保险公司并通知了携保的工作人员。通过工作人员与承保公司的沟通，将现场查勘与残值核定都尽快做了处理。由于事故发生原因清晰、资料齐全，该保险公司很快就完成了所有理赔手续,客户五天内就收到了该保险公司转账过来的 156 000 元理赔款。

2. 购买物流保险,确保物流货运安全

中国物流企业的发展,使物流货运过程中充满了各种各样的风险。从国外的经验来看,当企业无法自我承担某些经营风险时,他们就会购买相应的物流保险,将这类风险转嫁给保险公司。例如,许多企业担心暴风或暴雨会导致运输货物受损,他们会选择购买货物运输保险,通过保险理赔减少经济损失;一些出口企业害怕货物走出国门后海上运输风险加大,他们就会购买一份海洋货物运输保险,确保自身销售收入与利润的"安全性"。

购买物流保险是现代化中国物流企业进行风险转移的基本手段之一,国外的企业几乎没有不买保险的,而国内则恰恰相反,许多企业和个人都缺乏最基本的保险常识。

上述火灾事故为广大运输企业和货主敲响了警钟:购买保险非常必要。例如,货物运输保险是任何运输过程中都应该首先考虑的一项基本险种。该险种保障的是物流货运中的货物因遭受自然灾害或意外事故而导致的损失,是保障财产安全的必备"护身符"。

货物运输保险不仅能减轻企业的经济损失,而且能提高投保企业的经营水准。因为保险公司与保险经纪公司要规避风险,就会督促这些企业规范经营模式。例如,客服人员会提醒一些客户注意不要超载货物、注意包装完善、符合国家标准等,也会提醒一些外贸企业规范发货量与发货流程,便于发生意外后能够顺利得到理赔,同时也改善了这些企业的经营模式。

资料来源:http://byt.xiebao18.com/Activities/6-1.html,2019 年 12 月。

思考:

(1) 为什么要购买物流保险?

(2) 国际物流保险的种类有哪些?

第一节 国际物流保险概述

国际物流的开展需要经过多个国家,涉及多种运输方式,经历长距离运输,因此国际物流具有风险大的特点。作为国际物流的市场主体,如货物进出口商、承运人及国际货运代理等都不希望自己的财产因不明原因遭受损失,因此他们会选择通过投保的方式来转移风险。

与国际物流相关的保险种类很多,主要包括货物进出口商投保的国际货物运输保险,承运人投保的集装箱保险、船舶保险、船舶保赔保险,国际货运代理企业投保的国际货运代理责任险及保险人为分散风险而投保的再保险等。

一、保险概述

(一)保险的相关概念

1. 保险的概念

《中华人民共和国保险法》(以下简称《保险法》)对保险的定义是:投保人根据保险合同约定向保险人支付保险费,保险人对于保险合同约定的可能发生的事故因其发生所造成的财产损失承担补偿保险金责任,或者当被保险人死亡、伤残、疾病或者达到合同约定的年龄、期限时承担给付保险金责任的商业保险行为。

2. 保险相关术语

1) 保险合同

保险合同(Insurance Contract)指投保人与保险人约定保险权利义务关系的协议。

2) 保险人、投保人、被保险人

保险人(Insurer)是指与投保人订立保险合同,并按照合同约定承担赔偿或者给付保险金责任的保险公司。

投保人(Insurance Applicant)是指与保险人订立保险合同,并按照合同约定负有支付保险费义务的人。

被保险人(Insured)是指当保险标的发生损失后,经济利益受到损失时,有权向保险人要求损失赔偿的人。

3) 保险标的、保险事故、保险责任、除外责任

(1) 保险标的(Subject-matter Insured)是指作为保险对象的财产及其有关利益。

(2) 保险事故(Peril Insured)是指保险合同约定的保险责任范围内的事故。

(3) 保险责任(Risks Covered)是指保险公司承担赔偿或者给付保险金责任的项目。

(4) 除外责任(Exclusions)是指保险公司不予理赔的项目。

4) 保险期限

保险公司在约定的时间内对约定的保险事故负保险责任,这一约定时间就称为保险期限(Period of Insurance)。

5) 保险费、保险价值、保险金额、保险金

(1) 保险费(Premium)简称保费,是指投保人交付给保险公司的钱。

(2) 保险价值(Insured Value)是指投保人与保险人订立保险合同时,作为确定保险金额基础的保险标的价值。

(3) 保险金额(Insured Amount)是指一个保险合同下保险公司承担赔偿或给付保险金责任的最高限额,即投保人对保险标的实际投保金额,是保险公司收取保险费的计算基础。

(4) 保险金(Insurance Proceeds)是指保险事故发生后被保险人从保险公司领取的钱。

6) 理赔与索赔期限

(1) 理赔(Claim Settlement)是指保险人对发生保险事故进行调查、处理、赔付的行为。

(2) 索赔期限(Period of Claim)又称保险索赔时效,是指被保险货物发生保险责任范围内的风险造成损失时,被保险人向保险人提出索赔的有效期限。

(二) 保险的分类

1. 按保险标的分类

1) 财产保险

财产保险是指以各种有形财产及其相关利益为保险标的的保险,当因保险事故的发

生导致财产损失时,保险人以金钱或实物对被保险人进行补偿。财产保险的种类繁多,如货物运输保险、运输工具保险等。

2) 责任保险

责任保险是以被保险人依法应对第三者承担的民事损害赔偿责任或经过特别约定的合同责任为保险标的的一种保险。投保责任保险后,凡根据法律或合同规定,由于被保险人的疏忽或过失造成他人的财产损失或人身伤害所应负的经济责任,由保险人负责赔偿。常见责任保险如汽车责任保险、国际货运代理责任保险等。

3) 信用保证保险

信用保证保险是一种担保性质的保险,它是以被保证人的信用危险作为保险标的的保险。按照投保人的不同,信用保证保险可分为信用保险和保证保险两种。信用保险是债权人要求保险人担保债务人(被保证人)的信用的一种保险。信用保险的投保人为信用关系中的债权人,由其投保债务人的信用。

例如,国际贸易中的出口信用保险,卖方担心买方不付款或不能如期付款而向保险人投保,保证其在遇到上述情况而受到损失时,保险人能给予赔偿。

保证保险则是债务人(被保证人)根据债权人的要求,请求保险人担保自己的信用的一种保险。保证保险的保险人代被保证人向债权人提供担保,如果由于被保证人不履行合同义务或者有犯罪行为致使债权人受到经济损失,由其负赔偿责任。

4) 人身保险

人身保险是以人的身体或生命为保险标的的保险。人身保险以疾病、伤残、死亡等人身风险为保险事故,被保险人在保险期间因保险事故的发生或生存到保险期满,保险人依照保险合同规定对被保险人给付保险金。因为人的价值无法用货币衡量,所以具体的保险金额根据被保险人的生活需要和投保人所支付的保险费由投保人与保险人协商确定。根据保障范围的不同,人身保险可以区分为人寿保险、意外伤害保险和健康保险。

2. 按风险转嫁方式分类

1) 原保险

原保险是投保人与保险人之间直接签订保险合同而建立保险关系的一种保险。在原保险关系中,保险需求者将其风险转嫁给保险人,当保险标的遭受保险责任范围内的损失时,保险人直接对被保险人承担损失赔偿责任。

2) 再保险

再保险也称分保,是保险人将其所承保风险和责任的一部分或全部转移给其他保险人的一种保险。转让业务的是原保险人,接受分保业务的是再保险人。这种风险转嫁一般是因为原保险人承担的风险责任超过了自己的承保能力,所以选择将风险二次转嫁。

3) 共同保险

共同保险也称共保,是由几个保险人联合直接承保同一标的或同一风险而保险金额不超过保险标的的价值的保险,其赔偿责任按照保险人各自承保的金额比例分摊。

4) 重复保险

重复保险是指投保人以同一保险标的、同一保险利益、同一保险事故分别与两个或两个以上保险人订立保险合同的一种保险。在大多数情况下,重复保险的保险金额总和超过保险价值。

3. 按实施方式分类

1）强制保险

强制保险又称法定保险，是由国家（政府）通过法律或行政手段强制投保的一种保险。强制保险的保险关系不是产生于投保人与保险人之间的合同行为，而是产生于法律或行政法规的效力，如机动车交强险。

2）自愿保险

自愿保险是投保人与保险人双方在平等自愿原则的基础上，通过订立保险合同而建立的保险关系。

（三）保险的基本原则

在规定和维护保险当事人权益关系时，保险合同坚持和贯彻四条重要原则，即可保利益原则、最大诚信原则、近因原则和补偿原则，它们是人们开展保险活动的准则，是处理保险合同双方权利义务关系的基本出发点。这些原则在保险发展过程中逐渐形成并被国际保险业所公认，现已被各国有关法律所吸收。

1. 可保利益原则

可保利益又称保险利益，是指投保人或被保险人对保险标的所拥有的某种法律承认的经济利益。如果保险标的安全，投保人或被保险人的利益可以保全；一旦保险标的受损，被保险人必然会蒙受经济损失。例如，国际货物运输中的货主拥有货物的所有权，其对货物的利益是法律承认的利益，所以货主对货物具有可保利益。

投保人对保险标的具有可保利益是保险合同成立的必要条件，即在签订和履行保险合同的过程中，投保人和被保险人对保险标的必须具有可保利益，否则保险合同无效。各国保险法中规定，可保利益的意义在于防止将保险变成赌博、限制保险赔付的额度及防止诱发道德风险。

2. 最大诚信原则

最大诚信原则又称诚实信用原则，是指投保人或被保险人与保险人在签订和履行保险合同时，必须以最大的诚意履行自己应尽的义务，互不欺骗和隐瞒，恪守合同的认定与承诺，否则导致保险合同无效。

最大诚信原则主要体现在订立合同时的告知义务和在履行合同时的保证义务上。告知义务一方面体现在保险人应以最大诚信来向投保人说明保险合同条款的内容，特别是免责条款；另一方面体现在投保人在保险合同订立前应将其知道的或在通常业务中应当知道的有关影响保险人据以确定保险费率或确定是否承保的重要情况如实告知保险人。

保证义务是指被保险人对保险人做出的在保险期限内对某种特定事项的作为或不作为，或某种状态存在或不存在的担保。如有违反，保险人可宣告保险合同无效。从表现形式上看，保证可分为明示保证和默示保证。明示保证是指在保险合同中记载的保证事项，如货物不装在船舶甲板上、载货船舶不得驶入某些海域等；默示保证是指习惯上认为投保人、被保险人应该保证的某一事项，无须事前明确做出承诺，如载货船舶必须适航、载货船舶不进行非法营运等。

3. 近因原则

由于国际运输复杂多变,风险四布,保险人出于其商业利益的需要,不会将所有可能导致货物损失的原因全部承保,而是设立不同的保险险别,并确定各险别所承保的风险范围。损失发生后,保险人认定直接造成损失或最接近损失后果的原因是否属于其承保范围,进而判断是否承担赔偿责任。近因是指导致损害发生的最直接、最有效、起决定作用的原因,一般是直接原因和主要原因,而不包括间接原因和次要原因。近因原则是当保险标的发生损失时认定保险人保险责任的基本原则。

然而在实际业务中造成损失的原因多种多样,近因认定相对复杂,一般分为两种情况。第一种情况是由单一原因造成的保险标的的损害。这是最简单的一种情况,造成损害的原因只有一个,这个原因就是近因。若这个近因属于承保风险,保险人就对损失予以赔偿;若该近因属于未保风险或除外责任,则保险人不必赔偿。

第二种情况是由多个原因造成的损害。若致损各原因都属于保险责任范围内风险,则保险人必然承担赔偿责任;若致损各原因有的属于保险责任内风险,有的不属于保险责任内风险,则应当判断其作用的主次。若致损最直接、作用最大原因在保险责任之内构成近因,则保险人应当承担保险责任;若最直接、作用最大原因为非保险责任,则保险人不必承担保险责任。

4. 补偿原则

补偿原则又称损失补偿原则,是指当保险事故发生时,保险人给予被保险人的经济赔偿恰好弥补被保险人遭受保险事故的经济损失,即保险人给予被保险人的赔偿数额不能超过被保险人所遭受的经济损失,被保险人不能通过保险赔偿得到额外利益。损失补偿的限度按以实际损失为限、以保险金额为限、以被保险人对保险标的的可保利益为限三个标准确定,当三者不一致时,以最低的为限。补偿原则主要适用于财产保险合同,它体现了保险的经济补偿职能,维护保险双方的正当利益。

补偿原则的派生原则是代位追偿原则和分摊原则。代位追偿权(Subrogation)是指当保险标的发生了保险责任范围内的由第三方责任造成的损失时,保险人向被保险人履行损失赔偿责任后,有权取得被保险人在该项损失中向第三责任方索赔的权利,保险人取得该项权利后,即可站在被保险人的位置向责任方进行追偿。代位追偿原则可以避免被保险人就同一损失分别向第三责任方和保险公司进行追偿,得到双份赔偿,从中获得额外利益。

分摊原则又称重复保险分摊原则(Principle of Contribution of Double Insurance),是指在重复保险的情况下,被保险人所能得到的赔偿金由各保险人采用适当的方法进行分摊,从而使被保险人所得到的总赔偿金不超过实际损失额。重复保险分摊原则同样也是为了防止被保险人就同一损失从多个保险人那里得到超出保险标的的实际损失的赔偿,从而获得额外利益。

二、国际物流保险分类

(一)国际货物运输保险

国际货物运输保险是以运输过程中的各种货物作为保险标的的财产保险。被保险人（贸易中的买方或卖方）向保险人按一定金额投保一定的险别，并交纳保险费；保险人对保险货物在运输过程中发生保险责任范围内的保险事故而造成的损失承担赔偿责任。

根据现代运输业的发展和运输方式的分类，国际货物运输保险分为海上货物运输保险、陆上货物运输保险、航空货物运输保险和邮政包裹运输保险四种。其中，海上货物运输保险历史最悠久，经过百年发展，已日臻完善。陆上、航空、邮包等货物运输保险都是在海上货物运输保险的基础上发展起来的，基本保持了海上货物运输保险的运行原理，只是在承保责任范围等方面有不同之处。

（二）国际货运代理责任保险

国际货运代理责任保险通常是为了弥补国际货物运输方面所带来的风险，这种风险不仅来源于运输本身，而且来源于完成运输的许多环节，如运输合同、仓储合同、保险合同的签订、报关、报检报验、订舱、管货、签发单证、付款及向承运人索赔等。

上述这些经营项目一般都是由国际货运代理来履行的，一个错误的指示、一个错误的地址往往都会给国际货运代理带来非常严重的后果和巨大的经济损失。因此，国际货运代理有必要投保自己的责任险。另外，当国际货运代理以当事人身份出现时，不仅有权要求合理的责任限制，而且其经营风险还可通过投保责任险而获得赔偿。

第二节　国际海上货物运输保险

国际海上货物运输遭遇各种自然灾害和意外事故的可能性较大，不可避免地会造成货物损失。然而为了鼓励海运业发展，《中华人民共和国海商法》（以下简称《海商法》）及《海牙规则》都规定了一系列的承运人免责条款，即承运人可以对多种风险造成的货损不负赔偿责任。这就意味着，在海上运输过程中，一旦由于承运人可以免责的原因造成货物损毁或灭失，货主将得不到任何赔偿。

为了保障在遭受货损后能够及时得到经济补偿，货主应该在货物装运前为货物办理海上货物运输保险。国际海上货物运输保险是国际海上运输投保人按约定向保险人交纳一定保险费，保险人对被保险人遭受保险事故而造成的保险标的损失承担约定的经济补偿责任的一种货物运输保险。

一、国际海上货物运输承保风险

国际海上货物运输保险中保险人所承保的风险是特定范围内的风险，而不是所有发生在海上的风险。国际海上货物运输保险承保的风险是列明风险，分为海上风险（Perils of the Sea）和外来风险（Extraneous Risks）。

（一）海上风险

海上风险又称海难，是指被保险货物及船舶在海上运输过程中所发生的风险。但它不是仅局限于航海过程中的风险，还包括发生在与海上航运相关联的内陆、内河、内湖运输过程中的一些风险。海上风险包括自然灾害（Natural Calamities）和意外事故（Accident），它们均有特定解释。

1. 自然灾害

自然灾害是指自然界力量所造成的灾害，是人力无法抗拒的。根据我国《海洋运输货物保险条款》的规定，自然灾害仅包括恶劣气候、雷电、海啸、地震或火山爆发、洪水五种灾害。根据 1982 年伦敦保险人协会《协会货物条款》的规定，自然灾害包括雷电、地震、火山爆发、浪击落海及海水、湖水、河水进入船舶、驳船、运输工具、集装箱、大型海运箱或储存处所。

恶劣气候一般指海上飓风、大浪引起船舶颠簸、倾斜，并由此造成船舶的船体、机器设备的损坏或由此而引起的船上所载货物相互挤压、碰撞所导致的破碎、渗漏和凹瘪等损失。

雷电指被保险货物在海上或陆上运输过程中，由雷电所直接造成的或由于雷电引起火灾所造成的损害。

海啸指由于海底地壳发生变异，引起剧烈振荡而产生巨大波浪，致使被保险货物遭受损害或灭失。

地震或火山爆发指直接或归因于陆上的地震或火山爆发所引起的被保险货物损失。

洪水指洪水暴发、江河泛滥、潮水上岸及倒灌、暴雨积水使被保险货物被浸泡、冲散、冲毁的损失。

浪击落海指舱面货物受海浪冲击落海而造成的损失，但不包括在恶劣气候下船身晃动而造成货物落海的损失。

海水、湖水、河水进入船舶、驳船、运输工具、集装箱、大型海运箱或储存处所指海水、湖水、河水进入船舶等运输工具或储存处所造成的损失。储存处所可以理解为包括陆上一切永久性的或临时性的、有顶篷或露天的储存处所。

2. 意外事故

意外事故是指由外来的、偶然的、非意料中的原因所造成的事故。根据我国《海洋运输货物保险条款》的规定，意外事故仅包括运输工具搁浅、触礁、沉没、互撞或与流冰或其他物体碰撞及火灾、爆炸等。根据 1982 年伦敦保险人协会《协会货物条款》的规定，意外事故包括船舶、驳船的触礁、搁浅、沉没、倾覆、火灾、爆炸，以及陆地上运输工具的倾覆或出轨。

火灾指在航海中因意外起火失去控制造成船舶及其所载货物被火焚毁、烧焦、烟熏、烧裂等的经济损失，以及由于搬移货物、消防灌水等救火行为造成水渍所致的损失或其他损失。

爆炸指物体内部发生急剧的分解或燃烧，迸发出大量的气体和热力，致使物体本身及周围其他物体遭受猛烈破坏的现象。

倾覆指船舶由于遭受灾害事故而导致船身倾斜，处于非正常状态而不能继续航行。

搁浅指船舶在航行中由于意外或异常的原因，船底与水下障碍物紧密接触，牢牢被搁住，并且持续一定时间失去进退自由的状态。

触礁指船舶在航行中触及海中岩礁或其他障碍物如木桩、渔栅等造成船体破漏或不能移动。

沉没指船舶全部没入水面以下,完全失去了继续航行的能力。

碰撞指载货船舶同水以外的外界物体,如码头、船舶、灯塔、流冰等,发生猛力接触所造成船上货物的损失。

3. 其他海上风险

除了上述自然灾害和意外事故之外,海上风险还包括海盗、抛弃,船长、船员的恶意损害及吊索损害等风险。

(二) 外来风险

外来风险是指海上风险以外的其他外来原因所造成的风险,货物的自然损失和本质缺陷不属于外来风险。

1. 一般外来风险

根据我国《海洋运输货物保险条款》的规定,外来风险通常包括偷窃、短少和提货不着、渗漏、短量、碰损、破碎、钩损、淡水雨淋、生锈、玷污、受潮受热和串味。

2. 特殊外来风险

特殊外来风险是指由社会、政治、国家政策法令及行政措施等特殊外来原因所引起的风险和损失。常规的特殊外来风险有战争、罢工,因船舶中途被扣而导致交不到货及货物被有关当局拒绝进口或没收而导致拒收和进口关税损失等风险。

二、国际海上货物运输承保损失

损失指保险人承保的损失,根据承保风险不同分为海上损失和其他损失。其中海上损失又称海损,一般是指海运保险货物在海洋运输中由于海上风险所造成的损失和灭失;其他损失主要是由于外来风险造成的货物的损失和灭失。海上损失按损失的程度不同分为全部损失和部分损失。

(一) 全部损失

全部损失简称全损,是指海上保险货物遭受承保风险而全部损失。全部损失按照损失的性质不同,可分为实际全损和推定全损。

1. 实际全损

实际全损是指保险标的物在运输途中全部灭失或等同于全部灭失,或者货物实际上已不可能归还被保险人的损失。构成实际全损主要有四种情况。

(1) 保险标的完全灭失,如船舶触礁,船货全部沉入深海;或船上着火,货物全部被烧焦。

(2) 保险标的的丧失已无法挽回。在这种情况下,保险标的仍然存在甚至可能完好,但是被保险人失去了对它的有效占有,如载货船舶被海盗劫走。

(3) 保险标的的已丧失商业价值或失去原有用途,如水泥遭到海水浸泡。

(4) 载货船舶失踪达到一定合理期限(一般为 6 个月)仍没有获知其下落,则船上所载货物被视为实际全损。

2. 推定全损

推定全损又称商业全损,是指保险标的虽然尚未达到全部灭失状态,但是完全灭失将是不可避免的,或者为避免实际全损,抢救、修复、继续运送货物到原定目的地所耗费用将超过其实际价值。

如果发生了推定全损,被保险人要办理委付,即指被保险人在获悉受损情况后,以书面或口头方式向保险人发出委付通知书,声明愿意将保险标的的一切权益,包括财产权及一切由此产生的权利与义务转让给保险人,而要求保险人按全损给予赔偿的一种行为。如果被保险人决定索赔推定全损,则应在合理的时间内及时发出委付通知,明确委付或放弃的意图。

(二)部分损失

部分损失是指保险标的损失没有达到全部损失程度的一种损失,即凡不构成全损的海损均是部分损失。部分损失按其性质可分为共同海损和单独海损。

1. 共同海损

共同海损是指在同一海上航程中,当船、货及其他利益方处于共同危险时,为了共同的利益,由船方有意识地、合理地采取措施所引起的特殊的牺牲和额外的费用。由于牺牲和费用等损失都是为了船货的共同安全而做出的,显然完全由做出牺牲的货主来负担不公平,因此应由得到保全利益的一切船货所有者按其财产价值比例进行分摊。

🐟 **小 提 示**

按照货物险保险条例,无论担保何种货运险险种,由于海上风险而造成的全部损失和共同海损均属保险人的承保范围。对于推定全损的情况,由于货物并未全部灭失,被保险人可以选择按全部损失或按部分损失索赔。倘若按全损处理,则被保险人应向保险人提交委付通知。把残余标的物的所有权交付保险人,经保险人接受后,可按全部损失得到赔偿。

2. 单独海损

单独海损是指除共同海损以外的、由于承保范围内的风险所直接导致的船舶或货物的部分损失。单独海损和共同海损的区别如表 4-1 所示。

表 4-1 单独海损和共同海损的区别

内　　　容	单 独 海 损	共 同 海 损
造成损失的原因	由承保风险直接导致的船、货损失	为了解除船、货共同危险,船方有意采取措施而造成的损失
损失的承担责任	由受损方单独承担	由船舶、货物等各受益方按照获救价值的比例共同分摊,即共同海损分摊

三、国际海上货物运输承保费用

保险人承保的费用不仅指保险人对承保风险所造成的货物自身损失给予赔偿,还对为了避免损失扩大而产生的费用给予赔偿,如施救费用和救助费用。施救费用和救助费用的区别如表 4-2 所示。

表 4-2　施救费用和救助费用的区别

内　　容	施　救　费　用	救　助　费　用
采取行动的主体	被保险人自己（或其雇佣人员、代理人或受让人）	被保险人和保险人以外的第三者
保险人赔偿的前提	不管施救行为是否取得成效	救助行为应取得成效
保险人的赔偿限度	以另一个保险金额为限，即在对被保险货物本身损失赔偿的那个保险金额之外，再给一个保险金额赔偿施救费用	对救助费用的赔偿与对被保险货物本身损失的赔偿合在一起，以一个保险金额为限
是否是共同海损费用	因被保险人为减少自己的货物损失采取施救措施而产生的，与共同海损没有联系	多数情况下是由于作为救助人的其他过往船舶为船货获得共同安全而前来救助并取得成效而产生的，因此多数可列入共同海损费用项目

（一）施救费用

施救费用是指保险标的在遭受保险责任范围内的灾害事故时，被保险人（或其代理人、雇佣人员、受让人）为了避免或减少损失，采取各种抢救与防护措施所支付的合理费用。保险人对施救费用赔偿的条件有 4 项。

（1）施救费用必须是合理的和必要的。

（2）施救费用必须是为防止或减少承保风险造成的损失所采取的措施而支出的费用。

（3）施救费用是由被保险人及其代理人、雇佣人采取措施而支出的费用。

（4）施救费用的赔偿与措施是否成功无关。

（二）救助费用

救助费用是指船舶或货物遭遇海上危险事故时，对于自愿救助的第三者采取的使船舶或货物有效地避免或减少损失的救助行为所支付的酬金。救助费用产生必须具备救助必须是第三人的行为、救助必须是自愿的、救助必须是有实际效果这三个条件。

四、国际海上货物运输保险险种

为满足投保人对保险的不同要求，各国保险组织或保险公司将其承保的风险按范围的不同划分为不同的险别，并以条款的形式分别予以明确。

（一）我国海洋货物运输保险险种

我国海洋货物运输保险主要采用修订于 1981 年 1 月 1 日的中国人民保险公司的"中国保险条款"中的《海洋运输货物保险条款》。

我国海洋运输货物保险险种分为基本险和附加险，其中基本险分为平安险、水渍险和一切险，附加险分为一般附加险和特殊附加险。基本险可以单独投保；而附加险不能单独投保，只有在投保某一种基本险的基础上才能加保附加险。

小提示

货物运输保险的险别分为基本险和附加险。基本险是指可以单独投保和承保的险别;附加险是指不能单独投保和承保的险别,投保人只能在投保基本险的基础上,根据需要选择加以投保。如果附加险的条款和基本险条款发生抵触,对抵触之处的解释以附加险条款为准;如果附加险条款未做规定,则以基本险条款为准。

1. 基本险

1) 平安险

平安险规定的责任范围包括以下 7 项。

(1) 被保险货物在运输途中由于恶劣气候、雷电、海啸、地震、洪水等自然灾害造成整批货物的全部损失或推定全损。

(2) 由于运输工具遭受搁浅、触礁、沉没、互撞、与流冰或其他物体碰撞及失火、爆炸等意外事故造成货物的全部或部分损失。

(3) 在装卸或转运时,由于一件或数件整件货物落海造成的全部或部分损失。

(4) 被保险人对遭受承保责任内危险的货物采取抢救、防止或减少货损的措施而支付的合理费用,但以不超过该批被救货物的保险金额为限。

(5) 运输工具遭遇海难后,在避难港由于卸货所引起的损失,以及在中途港、避难港由于卸货、存仓及运送货物所产生的特别费用。

(6) 共同海损的牺牲、分摊和救助费用。

(7) 运输契约订有"船舶互撞责任"条款,根据该条款规定应由货方偿还船方的损失。

2) 水渍险

水渍险规定的责任范围包括平安险承保的全部责任及被保险货物在运输途中由于恶劣气候、雷电、海啸、地震、洪水等自然灾害所造成的部分损失。

3) 一切险

一切险规定的责任范围包括水渍险承保的全部责任和被保险货物在运输途中由于一般外来风险所致的全部或部分损失。可见,一切险是水渍险和一般附加险的总和。

4) 除外责任

保险人对下列损失不负赔偿责任。

(1) 由被保险人的故意行为或过失所造成的损失,如被保险人参与海运欺诈,故意装运走私货物。

(2) 属于发货人责任所引起的损失,如货物包装本身不符合海运要求。

(3) 在保险责任开始前,被保险货物已存在的品质不良或数量短差所造成的损失。

(4) 被保险货物的自然损耗、本质缺陷、特性如何及市价跌落、运输迟延所引起的损失或费用,如豆类含水量减少而导致货物自然短重。

(5) 海洋运输货物战争险条款和货物运输罢工险条款规定的责任范围和除外责任。

2. 附加险

1) 一般附加险

一般附加险是指承保一般外来风险所造成的全部和部分损失。当投保险别为平安险或水渍险时,可加保一种或多种一般附加险;如已投保了一切险,就不需要再加保一般附加险。保险公司承保的一般附加险有以下 11 种。

(1) 偷窃、提货不着险:承保被保险货物被偷走或窃取及货物抵达目的地后整件未交的损失。

(2) 淡水雨淋险:承保由于淡水、雨淋及冰雪融化所造成的损失。

(3) 短量险:承保货物数量短缺或重量短少的损失。

(4) 混杂、玷污险:承保混进了杂质或被玷污所造成的损失。

(5) 渗漏险:承保流质、半流质、油类等货物因为容器损坏而引起的渗漏损失,或用液体储藏的货物因液体的渗漏而引起的货物腐败等损失。

(6) 碰损和破碎险:承保由于震动、碰撞、挤压等造成货物本身碰损或破碎的损失。

(7) 串味险:承保受其他物品影响串味造成的损失,如把茶叶与樟脑堆放在一起,樟脑串味使茶叶造成的损失。

(8) 受潮受热险:承保因气温突然变化或由于船上通风设备失灵致使船舱内水汽凝结、发潮或发热所造成的损失。

(9) 钩损险:承保袋装、捆装货物在装卸或搬运过程中,由于装卸或搬运人员操作不当、使用钩子将包装钩坏而造成的货物损失,以及对包装进行修补或调换所支付的费用。

(10) 包装破裂险:承保装卸、搬运货物过程中因包装破损造成货物的短少或玷污等损失,以及为继续运输需要对包装进行修补或调换所支付的费用。

(11) 锈损险:承保金属或金属制品等货物在运输过程中发生的锈损。

2) 特殊附加险

特殊附加险能承保特殊外来风险所造成的全部和部分损失。保险公司承保的特别附加险有以下 8 种。

(1) 交货不到险:从被保险货物装上船开始,如果在预定抵达日期起满 6 个月仍不能运到原定目的地交货,则无论何种原因,保险人均按全部损失来赔付。

(2) 进口关税险:针对有些国家和地区对某些货物征收很高的进口关税,而且无论货物抵达时是否完好,一律按发票上载明的价值征收这一情况而设立的特别险别。如果货物发生保险责任范围内的损失,而被保险人仍须按完好货物完税时,保险人对受损货物所缴纳的关税负赔偿责任。

(3) 舱面险:承保装载于舱面的货物因被抛弃或被风浪冲击落水所造成的损失。

(4) 拒收险:承保货物在进口时,无论何种原因在进口港被进口国政府或有关当局拒绝进口或没收所造成的损失。保险人一般按货物的保险价值进行赔偿。

(5) 黄曲霉素险:由于黄曲霉素是一种致癌物质,如果被保险货物在进口地经当地卫生当局检验证明,因含黄曲霉素超标而被拒绝进口、没收或强制改变用途,保险人按照被拒绝进口或被没收部分货物价值或改变用途所造成的损失负责赔偿。

(6) 出口货物到中国香港或中国澳门存仓火险责任扩展条款:承保我国出口到中国香港、中国澳门的货物,如果直接卸到保险单载明的过户银行所指定的仓库,则延长存仓期间的火险责任。

(7) 战争险:负责赔偿由于战争、类似战争行为和敌对行为、武装冲突或海盗行为所致的损失,以及由此引起的捕获、拘留、扣留、禁制、扣押所造成的损失。各种常规武器,如水雷、鱼雷、炸弹所致的损失及由此引起的共同海损的牺牲、分摊和救助费用。

(8) 罢工险:对被保险货物由于罢工者、被迫停工工人、参加工潮、暴动、民动、民众斗争的人员的行动,或任何人的恶意行为所造成的直接损失,保险公司负责赔偿。

小提示

一般货物险的除外责任

无论是平安险、水渍险,还是一切险,根据我国海洋货物运输保险条款的规定,保险人对下列各项损失和费用不负赔偿责任。

(1) 被保险人的故意行为或过失所造成的损失。

(2) 属于发货人所引起的损失。

(3) 在保险责任开始前,被保险货物已存在的品质不良或数量短差所造成的损失。

(4) 被保险货物的自然损耗、本质缺陷、特性及市价跌落、运输延迟所引起的损失或费用。

(5) 海洋运输货物战争险条款和罢工险条款规定的责任范围和除外责任。

由于上述除外责任均是基于被保险人的主观过错、商品本身的潜在缺陷及运输途中必然发生的消耗所造成的损失,因此保险人将这些风险排除在承保范围之外。

(二) 伦敦保险人协会海上货物保险险种

在国际保险市场上,英国伦敦保险人协会所制定的《协会货物条款》对世界各国影响颇大。现在大多数国家办理海上保险业务时都使用《协会货物条款》,在我国的实际业务中一般也可以接受。《协会货物条款》包括六种险别,即 ICC(A)、ICC(B)、ICC(C)、战争险、罢工险及恶意损害险。前三种为基本险,但只有恶意损害险不能单独投保。

1. ICC(A)

ICC(A)采用“一切风险加除外责任”的方法,其承保一切风险,保险责任范围最大。其除外责任包括如下几点。

(1) 一般除外责任包括归因于被保险人故意的不法行为造成的损失或费用;自然渗漏、自然损耗、自然磨损、包装不足或不当所造成的损失或费用;保险标的内在缺陷或特性所造成的损失或费用;直接由于延迟所引起的损失或费用;由于船舶所有人、租船人经营破产或不履行债务所造成的损失或费用;由于使用任何原子或核武器所造成的损失或费用。

(2) 不适航、不适货除外责任是指保险标的在装船时,如被保险人或其受雇人已经知道船舶不适航,以及船舶、装运工具、集装箱等不适货,保险人不负赔偿责任。

(3) 战争除外责任是指由于战争、内战、敌对行为等造成的损失或费用;由于捕获、拘留、扣留等(海盗除外)所造成的损失或费用;由于漂流水雷、鱼雷等造成的损失或费用。

(4) 罢工除外责任是指罢工工人、被迫停工工人造成的损失或费用,以及由于罢工、被迫停工所造成的损失或费用等。

2. ICC(B)

ICC(B)采用"列明风险"的方法,其责任范围比 ICC(A)小,大体相当于水渍险。

ICC(B)承保范围主要包括:火灾、爆炸;船舶或驳船触礁、搁浅、沉没或倾覆;陆上运输工具倾覆或出轨;船舶、驳船或运输工具同水以外的外界物体碰撞;在避难港卸货;地震、火山爆发、雷电;共同海损牺牲;抛货;浪击落海;海水、湖水或河水进入船舶、驳船、运输工具、集装箱、大型海运箱或储存处所;货物在装卸时落海或摔落造成整件的全损。

ICC(B)的除外责任是 ICC(A)的除外责任再加上 ICC(A)承保的"海盗行为"与"恶意损害险"。

3. ICC(C)

ICC(C)采用"列明风险"的方法,其责任范围比 ICC(B)要小得多,它只承保"重大意外事故",而不承保"自然灾害及非重大意外事故"。

ICC(C)承保范围包括:火灾、爆炸;船舶或驳船触礁、搁浅、沉没或倾覆;陆上运输工具倾覆或出轨;船舶、驳船或运输工具同水以外的外界物体碰撞;在避难港卸货;共同海损牺牲;抛货。

ICC(C)的除外责任与 ICC(B)相同。

4. 战争险

战争险承保范围包括:由于战争、内战、敌对行为等造成的损失或费用;由于上述原因引起的捕获、拘留、扣留等所造成的损失或费用;由于漂流水雷、鱼雷等常规武器造成的损失或费用。

战争险的除外责任包括:ICC(A)的除外责任之外,基于航程或冒险的损失或受阻的任何索赔;由于敌对行为使用核武器等所造成的损失。

5. 罢工险

罢工险承保范围包括:由于罢工工人、被迫停工工人等造成的损失或费用;由于罢工、被迫停工等所造成的损失或费用;由于恐怖分子或出于政治动机所造成的人为损失或损害。

罢工险的除外责任包括:ICC(A)的除外责任之外;因罢工、关厂等原因造成的各种劳动力流失、短缺或抵制引起的损失或费用;基于航程或冒险的损失或受阻的任何索赔;由于战争、内战、敌对行为等造成的损失或费用。

6. 恶意损害险

恶意损害险是一种附加险别,承保被保险人以外的其他人(如船长、船员等)的故意破坏行动所致的被保险货物的灭失或损害。这种风险仅在 ICC(A)险中被列为承保风险的范畴,而在 ICC(B)和 ICC(C)险中均列为"除外责任"。

第三节 国际陆空货物运输保险

我国进出口货物运输最常用的保险条款是中国保险条款,该条款按运输方式来分包括海洋运输货物保险条款、陆上运输货物保险条款、航空运输货物保险条款和邮政包裹运输保险条款四大类;对某些特殊商品,还配备有海运冷藏货物、陆运冷藏货物、海运散装桐油及活牲畜、家禽的海陆空运输保险条款。以上八种条款,投保人可按自己货物运输特点选择投保。

陆运、空运、邮运货物保险是在海上货物运输保险的基础上发展起来的。但由于陆运、空运与邮运货物同海运货物可能遭到的风险不尽相同,因此陆运、空运、邮运货物保险与海上货物运输保险的险种及其承保责任范围也有所不同。

一、国际陆上货物运输保险

陆上货物运输保险是以火车和汽车运输过程中的各种货物为保险标的的货物运输险。陆上货物运输保险的基本险别有陆运险和陆运一切险两种。被保险货物在投保陆运险或陆运一切险的基础上,还可以加保一种或若干种附加险,如陆运战争险等。

(一)基本险

1. 陆运险

陆运险与海上货物运输保险中的水渍险相似。保险公司负责赔偿被保险货物在运输途中发生的下列损失或费用:由于暴风、雷电、洪水、地震等自然灾害所造成的全部或部分损失;陆上运输工具火车、汽车等遭受碰撞、倾覆、出轨,或在驳运过程中驳船遭受搁浅、触礁、沉没、碰撞,或遭受隧道坍塌、崖崩或失火、爆炸等意外事故所造成的全部或部分损失;被保险人对遭受承保风险的货物采取抢救,在不超过该批被救助货物保险金额的条件下,防止或减少货损而支付的合理费用。

2. 陆运一切险

陆运一切险与海上货物运输保险中的一切险相似。除包括上述陆运险的责任外,保险公司还负责赔偿被保险货物在运输途中由于一般外来原因造成的短少、短量、偷窃、渗漏、碰损、破碎、钩损、雨淋、生锈、受潮、受热、发霉、串味、玷污等全部或部分损失。

3. 除外责任

上述两个险别的除外责任与海上货物运输保险的除外责任相同。

(二)保险期限

陆上货物运输保险的基本险也采用"仓至仓"条款。保险人负责自被保险货物运离保险单所载明的起运地仓库或储存处所开始运输时生效,包括正常运输过程中的陆上和与其有关的水上驳运在内,直至该项货物运达保险单所载目的地收货人的最后仓库或储存处所或被保险人用作分配、分派的其他储存处所为止。如未运抵上述仓库或储存处所,则以被保险货物运抵最后卸载的车站满60天为止。

(三)陆运战争险

陆运战争险目前仅限于铁路运输,负责范围与海上货物运输保险的战争险基本上是一致的,即直接由于战争、类似战争行为和敌对行为、武装冲突所致的损失和各种常规武器包括地雷、炸弹所致的损失。陆运战争险属于附加险,不能单独投保。陆运战争险的保险期限不采用"仓至仓"条款,而是以货物置于运输工具上为限,这与海上货物运输保险的战争险类似。

二、国际航空货物运输保险

国际航空货物运输保险是以航空运输过程中的各类货物为保险标的货物运输险。国际航空货物运输保险是以飞机为运输工具的货物运输保险,其基本险别有航空运输险和航空运输一切险。此外,在投保航空运输险和航空运输一切险的基础上还可以加保航空运输货物战争险等附加险。

(一) 基本险

1. 航空运输险

航空运输险与海运保险中的"水渍险"大致相同。保险公司负责赔偿被保险货物在运输途中发生的下列损失或费用。其承保范围包括被保险货物在运输途中遭受雷电、火灾、爆炸或由于飞机遭受恶劣气候或其他危难事故而被抛弃,或由于飞机遭受碰撞、倾覆、坠落或失踪意外事故所造成的全部或部分损失;被保险人对遭受承保风险的货物采取抢救,防止或减少货损的措施而支付的合理费用,但以不超过该批被救货物的保险金额为限。

2. 航空运输一切险

航空运输一切险与海上货物运输保险的一切险相似,其承保责任范围除包括上述航空运输险的全部责任外,还对被保险货物在运输途中由于一般外来原因而造成的全部或部分损失负赔偿责任。

3. 除外责任

上述两个险别的除外责任与海上货物运输保险的除外责任相同。

(二) 保险期限

国际航空货物运输保险的基本险也采用"仓至仓"条款,即自被保险货物运离保险单所载明的起运地仓库或储存处所开始运输时生效,在正常运输过程中继续有效,直至该项货物运达保险单所载目的地收货人的最后仓库或储存处所或被保险人用作分配、分派或非正常运输的其他储存处所为止。

如未运抵上述仓库储存处所,则以被保险货物在最后卸离飞机后满30天为止。如在上述30天内被保险的货物需转送到非保险单所载明的目的地,则以该项货物开始转运时终止。

航空运输货物战争险的保险期限,是自货物装上飞机时开始,到卸离飞机为止。

三、国际邮政包裹运输保险

国际邮政包裹运输保险承保通过邮包邮寄的货物,不管是海运、陆运或空运方式都包括在内,在运输过程中因自然灾害、意外事故和外来原因造成的损失。国际邮政包裹运输保险基本险分为邮包险和邮包一切险两种基本险别。此外,还有邮包战争险等附加险。

(一) 基本险

1. 邮包险

邮包险承保责任范围包括:被保险邮包在运输途中由于恶劣气候、雷电、海啸、地震、洪水自然灾害或由于运输工具遭受搁浅、触礁、沉没、碰撞、出轨、坠落、失踪或由于失火、爆炸意外事故所造成的全部或部分损失;被保险人对遭受承保风险的货物采取抢救,防止或减少货损的措施而支付的合理费用,但以不超过该批被救货物的保险金额为限。

2.邮包一切险

邮包一切险的责任范围除包括上述邮包险的全部责任外,还对被保险货物在运输途中由于一般外来原因而造成的全部或部分损失负赔偿责任。

3.除外责任

上述两个险别的除外责任与海上货物运输保险的除外责任相同。

(二)保险期限

国际邮政包裹运输保险责任期间:自被保险邮包离开保险单所载起运地点寄件人的处所运往邮局时开始生效,直至被保险邮包运达保险单所载明的目的地邮局,自邮局签发到货通知书当日午夜起算满 15 天为止,但在此期限内邮包一经递交至收件人的处所时,保险责任即告终止。

邮包战争险的保险责任期间:被保险邮包经邮政机构收讫后自储存处所开始运送时生效,直至该项邮包运达本保险单所载目的地邮局送交收件人为止。

第四节　国际货运代理责任保险

国际货运代理企业的经营风险是客观存在的,必要的防范手段只能在一定程度上减少风险发生的概率,但不能完全避免它的发生。实践中,投保货运代理责任险是转移经营风险较为行之有效的方法,通过这种方式可以转化一些无法预料和无法规避的经营风险,以减少重大或突发风险事件给企业带来的冲击和影响。

国际货运代理责任保险是指国际货运代理人在业务经营过程中对他人承担的赔偿责任由保险公司代为承担的一种责任保险。在西方发达国家,国际货运代理责任保险运用广泛,被称为货运代理企业的"护身符",但在我国却长期处于停滞状态。

一、国际货运代理责任险承保风险

(一)国际货运代理本身的过失

国际货运代理未能履行代理义务或在使用自有运输工具进行运输出现事故的情况下,无权向任何其他人追索,如货运代理员单证缮制错误等。

(二)分包人的过失

在"背对背"签约的情况下,责任的产生往往是由于分包人的行为或遗漏,而国际货运代理没有任何过错。在这种情况下,从理论上说国际货运代理有充分的追索权,但常由于复杂的实际情况使其无法全部甚至部分地从责任人处得到补偿。例如,国际货运代理将报关业务委托给报关行,由于报关行的原因货物无法通关造成损失,国际货运代理有权向报关行索赔,但是如果报关行破产,国际货运代理将得不到补偿。

（三）责任限制不同

国际货运代理发现某分包人的责任小于自己的责任或者没有责任,这就意味着当分包人因为可免责的原因而造成货物损失时,国际货运代理的对外赔付将得不到补偿。

二、国际货运代理责任险承保内容

国际货运代理责任险主要承保因国际货运代理的过失或疏忽所导致的风险和损失。具体来说,国际货运代理责任险的承保范围主要包括以下 4 个方面。

（一）错误与遗漏

虽有指示但未能投保或投保类别有误;迟延报关或报关单内容缮制有误;发运到错误的目的地;选择运输工具有误,选择承运人有误;再次出口未办理退还关税和其他税务的必要手续;保留向船方、港方、国内储运部门、承运单位及有关部门追偿权的遗漏;不顾保单有关说明而产生的遗漏;所交货物违反保单说明等。

（二）仓库保管中的疏忽

在港口或外地中转库(包括国际货运代理自己拥有的仓库或租用、委托暂存其他单位的仓库、场地)监卸、监装和储存保管工作中的疏忽与过失。

（三）货损货差责任不清

在与港口储运部门或内地收货单位各方交接货物时,数量短少、残损责任不清,最后由国际货运代理承担的责任。

（四）迟延或未授权发货

部分货物未发运;港口提货不及时;未能及时通知收货人提货;违反指示交货或未经授权发货;以付款交货条件成交时,交货但未收取货款等。

三、国际货运代理责任险除外责任

国际货运代理责任险只是企业在完善自身风险防范机制基础上的补充,不能将防范和规避风险的全部希望都寄托在保险公司上。因为保险公司也是以盈利为目的的,为了降低和减少其承担的赔付责任,会制定出相应的免赔条款。

下列风险一般不在承保范围内。

（1）对在承保期间以外发生的危险或事故的损失。

（2）索赔时间超过承保条例或法律规定的时效。

（3）保险合同或保险公司条例中所规定的除外条款及不在承保范围内的国际货运代理的损失。

（4）违法行为造成的后果,如出口仿牌货物被海关没收的损失。

（5）蓄意或故意行为而引起的损失。

（6）战争、外敌入侵、敌对行为(无论是否宣战)、内战、反叛、革命、起义、军事或武装侵占、罢工、停业、暴动、骚乱、戒严和没收、充公、征购等的任何后果,以及为执行任何政府、公众或地方权威的指令而造成的任何损失或损害。

（7）任何由核燃料或核燃料爆炸所导致核废料产生的离子辐射或放射性污染所导致、引起或可归咎于此的任何财产灭失、摧毁、毁坏或损失及费用，无论直接或间接都是作为其后果损失。

（8）超出保险合同关于赔偿限额规定的部分。

（9）事先未征求保险公司的意见，擅自赔付对方，也可能从保险公司得不到赔偿或得不到全部赔偿。

四、国际货运代理责任险保险条款

国际货运代理责任险一直以来就是国际货运代理企业所关注的一项内容。许多货运代理企业具有强烈的保险意识，有部分企业在中国香港投保，也有的与联运保赔协会签订了多年的保险业务合同。但国内的保险公司以往却没有针对国际货运行业推出相应的保险业务。经过几年的努力，内地的中国人民保险公司、太平洋保险公司和平安保险公司等已经开始承保货运代理责任险。

为减少、化解国际货物运输代理企业的经营风险，2008 年修订的《中华人民共和国国际货物运输代理业管理规定实施细则》（以下简称《实施细则》）规定，国际货物运输代理企业应投保国际货运代理企业责任险，责任范围包括企业从事货运代理业务应承担的法律责任、错误、疏忽遗漏等责任。

《实施细则》的出台，明确了国际货运代理企业投保责任险的强制性及实行集体投保和管理制度，即国家商务部委托中国国际货运代理协会负责国际货运代理责任保险制度的实施，由中国国际货运代理协会代表行业对外谈判保险价格和条款，落实投保、索赔等服务，对保险公司、保险经纪公司、保险合同范本、保险费率等进行评估。

目前，国内有两种国际货运代理责任保险，国际货运代理企业可根据企业需求，投保"国际货运代理人责任保险条款"或"国际货运代理提单责任保险条款"。依据《中华人民共和国国际货物运输代理业管理规定》及其他相关法律法规设立并独立经营的国际货物运输代理企业及纳入国际货物运输代理备案管理的企业都可以成为该保险的被保险人。"国际货运代理人责任保险条款"和"国际货运代理提单责任保险条款"适用于不同的货运代理企业。

国际货运代理企业既可以作为进出口货物收货人、发货人的代理人，也可以作为独立经营人从事国际货运代理业务。国际货运代理企业以独立经营人身份签发提单的，应投保最低限额为 100 万元人民币的国际货运代理提单责任险，如果提单责任险范围涵盖企业责任险，可不投保企业责任险。

本 章 小 结

本章主要介绍了国际货物运输保险的基础知识，着重阐述了国际海上货物运输保险、国际陆空货物运输保险及国际货运代理责任保险。

延伸阅读

保 险 代 理

自《保险法》颁布实施以来,代理保险业务像雨后春笋,焕发了勃勃生机,显示了强劲的发展势头。广大保险代理人为保险业务的发展、保险代理市场的完善做出了巨大的贡献。在现代保险代理市场上,保险代理已成为世界各国保险企业开发保险业务的主要形式和途径之一。

1. 保险代理的分类

根据我国《保险代理人管理规定(试行)》,保险代理人分为专业代理人、兼业代理人和个人代理人三种。其中,专业代理人是指专门从事代理保险业务的保险代理公司。在保险代理人中,只有它具有独立的法人资格。兼业代理人是指受保险人委托,在从事自身业务的同时,指定专用设备专人为保险人代理保险业务的单位,主要有行业兼业代理、企业兼业代理和金融机构兼业代理、群众团体兼业代理等形式。个人代理人是指根据保险人的委托,在保险人授权的范围内代理保险业务并向保险人收取代理手续费的个人。个人代理人展业方式灵活,被众多寿险公司所广泛采用。

根据我国《保险法》和《保险代理人管理规定(试行)》,从事保险代理业务必须持有国家保险监管机关颁发的保险代理人资格证书,并与保险公司签订代理公司,获得保险代理人展业证书后,方可从事保险代理活动。国家对上述三类不同的保险代理人都分别规定了其各自应具备的条件。

保险代理人因类型不同,业务范围也有所不同。专业代理人的业务范围:代理推销保险产品,代理收取保费,协助保险公司进行损失的勘查和理赔等。

兼业代理人的业务范围是:代理推销保险产品,代理收取保费。

个人代理人的业务范围是:财产保险公司的个人代理人只能代理家庭财产保险和个人所有的经营用运输工具保险及手续三者责任保险等。

人寿保险公司的个人代理能代理个人人身保险、个人人寿保险、个人人身意外伤害保险和个人健康保险等业务。

2. 保险代理的展业规则

为使保险代理人行为规范化,我国保险法律法规对其展业活动规定有一系列的展业规则。其主要内容包括以下三点。

(1)保险代理人只能为经保险监管机关批准设立的保险公司代理保险业务。

(2)代理人寿保险业务的保险代理人也能为一家人寿保险公司代理业务。

(3)保险代理人从事保险代理业务,不得有擅自变更保险条款,提高或降低保险费率,强迫或引诱误导投保人,挪用或侵占保险费等损害保险公司、投保人和被保险人利益的行为;保险代理人向保险公司投保财产保险和人身保险,视为保险公司直接承保业务,保险代理人不得从中提取代理手续费德行。另外,保险公司必须建立健全代理人委托、登记、撤销档案资料,同进度向保险监管机关备案。

3.保险代理的作用

实际上,保险代理制的实施及保险代理人的出现,为完善保险代理市场,沟通保险供求,促进保险代理市场发展发挥了重要作用。其具体可以分为以下四个方面。

(1) 直接为各保险公司收取了大量的保险费,并取得了可观的经济效益。据有关资料介绍,目前我国通过各种保险代理人所获得的保险业务收入占保险业务总收入的 50%左右,而湖北省保险费收入的 60% 则是通过保险代理人所获得的。

(2) 各种保险代理人的展业活动渗透到各行各业,覆盖了城市乡村的各个角落,为社会各层次的保险需求提供了最方便、最快捷、最直接的保险服务,发挥了巨大的社会效益。

(3) 直接、有效地宣传和普及了保险知识,对提高和增强整个社会的保险意识起到了不可替代的作用,进一步促进了我国保险代理市场保险事业的发展。

(4) 保险代理人的运行机制对保险公司,尤其是对国有独资的中保公司的机制转换,有着直接和间接的推动作用,对领导有启发,对员工有触动。另外,保险代理作为一个新兴行业,它的发展能容纳大批人员就业。日本从事保险代理的人约占国民的 1%。随着我国保险事业的不断兴旺发达,保险代理人的队伍将日益扩大,从而在安置就业方面将发挥一定的积极作用。

资料来源:http://byt.xiebao18.com/Activities/12-1.html,2019 年 12 月。

本 章 思 考 题

一、判断题

1. 根据我国《海洋货物运输保险条款》的规定,承保范围最小的基本险别是水渍险。

(　　)

2. 载货船舶遇险,由于急于抛弃货物使船货脱险,在船边或舱面开凿洞口,使船身、甲板等遭受的损失,属于共同海损。

(　　)

3. 我国进口货物大多采用预约保险的办法,进口商和保险公司事先签订预约保险合同,在承保范围内的被保险货物一经启运,保险公司即自动承保。

(　　)

4. 由于载货船船长过失致使船舶发生碰撞造成货损,货物保险人在赔偿货主后,可以向本船承运人进行代位追偿。

(　　)

5. 我国《海洋运输货物保险条款》规定,海洋运输货物保险索赔期限为两年,自被保险货物发生货损之日起计算。

(　　)

6. 国际货运保险中的被保险人应在保险事故发生要求赔偿时具有可保利益。

(　　)

二、案例分析

1. 有一批茶具出口到韩国,分装在两艘货轮驶往目的港,并投保了平安险。海上航行中,一艘货轮遭遇暴风雨袭击,船身颠簸,货物因相互碰撞而发生部分损失;另一艘货轮与流冰碰撞,货物也发生了部分损失。那么保险公司对于这两次的损失是否都应给予赔偿?

2. 某货运代理在码头误将一个 20 英尺集装箱交给拖车公司运往内陆某城市。2 天后货到收货人工厂,拆箱后发现不符,又将货拖回码头。然后把真正属于该收货人的 40 英尺集装箱发运给收货人。两个集装箱对调所产生的额外费用为 6 万元人民币。那么该损失应该由谁来承担? 如果货运代理有投保货运代理责任险,可以从保险公司处获得赔偿吗?

第五章

保税物流运作业务

◆ 学习目标 ◆

(1) 掌握保税物流的概念及其特点。

(2) 熟悉我国的保税制度。

◆ 知识要点 ◆

(1) 保税物流及其特点。

(2) 保税制度的概念及其主要形式。

 【引导案例】

义乌保税物流中心：实现通关更快成本更低 推动外贸发展

西班牙红酒、法国啤酒、土耳其葵花油、马来西亚燕窝、德国蜂蜜、捷克水晶杯……这不是进口商品博览会上看到的场景，更不是超市进口商品区的陈设，眼前的这一幕出现在义乌保税物流中心保税仓库的一角。

自 2014 年 11 月 18 日正式封关运行以来，义乌保税物流中心业务量保持年均翻番增长态势，稳居县级市第一。2018 年，义乌保税物流中心进出口货值 6.8 亿美元。据义乌海关提供的数据显示，2018 年，前 4 个月义乌保税物流中心共接受进口报关单数 2 853 份，同比增长 25.2%；进口额 8 181.12 万美元，同比增长 58.2%。

"义乌保税物流中心（B 型）封关运行，对进口企业是一次升级的好机会。"在义乌中国进口商品城经营红酒的何先生说。以前，公司进口的红酒都是从宁波或上海口岸转到义乌销售，每批货物都得一次清关交税，资金压力很大，限制了企业发展。

如今，随着义乌保税物流中心的投用，何先生资金压力得到有效的缓解，在做进口红酒生意的同时，他还把更多优质的国外日用百货引进来，并享受到了"保税红利"，不需要再一次性把所有货物的关税都交齐。

　　除此之外,为适应不断发展变化的进口趋势,作为监管方的义乌海关不断开拓创新,在充分发挥保税物流中心"保税仓储""分送集报"等功能的基础上,还积极探索了"保税展示交易""一日游"等多项业务,并为中欧班列回程货物通关提供优质服务,助力义乌进出口均衡发展。

　　"以前我们的出口货物要运到杭州、宁波等地的保税物流中心才能提前退税。义乌保税物流中心运行以后,在家门口就能提前退到税,节约了1～2天的时间,物流成本降低了60％。"义乌保税物流中心的设立,让浙江博尼锦纶科技有限公司的业务员马肖安很有获得感。

　　马肖安所说的出口提前退税只是义乌保税物流中心众多功能中的一项。据义乌海关介绍,目前义乌保税物流中心已经开展了保税存储、简单加工、转口贸易、国际中转等诸多基础性业务,并且主动对接上海自贸试验区改革,复制推广了"简化报关单随附单证""批次进出集中申报""保税展示交易"等多项海关监管创新制度。

　　据介绍,义乌保税物流中心是浙江省继杭州、宁波以后的第三个B型保税物流中心,是义乌市国际贸易综合改革试点的重要内容,也是义乌市加快进口贸易发展的重要服务支撑平台,现有贸易企业、物流企业、供应链企业等43家企业入驻,进口的3 000多个货品主要来自40多个国家。

　　随着义乌保税物流中心业务的发展,进口商品种类越来越丰富,科技含量越来越高。面对持续增长的业务量,义乌海关也积极推行商品备案、货物预归类制度及定期核查核销等做法,提高通关效率,并根据企业实际需求,实行"7×24小时"预约通关,确保当日包裹当日出区,大大节约了企业时间成本,得到众企业点赞。

资料来源:义乌商报,2019年5月。

思考:

(1) 简述保税物流在我国的发展现状。

(2) 如何理解保税物流与国际物流、国内物流的关系?

第一节　保 税 物 流

一、保税物流的概念

　　保税物流是指保税业务经营者经海关批准将货物在税收保全状态下从供应地到需求地的有效流动,包括采购、运输、存储、简单加工、增值服务、检测、分销、配送、流转、调拨等环节,以及为实现这一流动而进行的计划、管理、控制过程。

　　保税物流区特指在海关监管区域内,包括保税区、保税仓、海关监管仓等,从事仓储、配送、运输、流通加工、装卸搬运、物流信息、方案设计等相关业务,企业享受海关实行的"境内关外"制度及其他税收、外汇、通关方面的特殊政策。

小提示

　　保税是滞后纳税或滞后核销,是海关对特定区域、特定范围的应税进口货物暂缓征税,当货物离开该特定区域、特定范围时,根据货物的真实流向决定征税与否。对货物的保税可减少经营者的流动资金占用,加速资金的周转。

有些国家的保税区也有类似自由港、出口加工区的作用。我国为吸引外资,引进先进技术和先进的管理方法,增加就业机会,扩大出口贸易,设置的保税区类似于后者,即为外商和国内企业商品提供保税仓库(储存来料/进料加工复出口的国外原料,如塑胶粒)、分拨和投资加工转口或研究开发方便。

二、保税物流的特点

保税物流是物流分类中的一种,符合物流科学的一般规律,但同时具有不同于其他物流类别的典型特点。

(一)系统边界交叉

保税物流货物在地理上是在一国的境内(领土),从移动的范围来看应属于国内物流;但保税物流也具有明显的国际物流的特点,如保税区、保税物流中心及区港联动皆具有"境内关外"的性质。因此,可以认为保税物流是国际物流与国内物流的接力区。

(二)物流要素扩大化

物流要素一般包括运输、仓储、信息服务、配送等,而保税物流除了具有这些基本物流要素之外,还包括海关监管、口岸、保税、报关、退税等关键要素,两者紧密结合而构成完整的保税物流体系。

(三)线性管理

一般贸易货物的通关基本程序包括申报、查验、征税、放行,是"点式"的管理;而保税货物是从入境、储存或加工到复运出口的全过程,货物入关是起点,核销结案是终点,是"线性"的管理过程。

(四)效率瓶颈问题

在海关的监管下进行物流运作是保税物流不同于其他物流的本质所在。海关为了达到监管的效力,严格的流程、复杂的手续、较高的抽查率必不可少,但这与现代物流追求便捷、高效率、低成本的运作要求相背,物流效率与海关监管效力之间存在"二律悖反"。在保税需求日益增长的情况下,海关的监管效率成为保税物流系统效率的瓶颈问题。

(五)平台性

保税物流是加工贸易企业供应物流的末端和销售物流的发端,甚至包括生产物流,如VMI(Vendor Managed Inventory,供应商管理库存)。保税物流的运作效率直接关系到企业正常生产与供应链正常运作,构建通畅、高效率的保税物流系统是海关、政府、物流企业、口岸等高效协作的结果。完善的政策体系、一体化的综合物流服务平台必不可少,如集成商品流、资金流、信息流的物流中心将是保税物流的主要模式之一。

三、保税物流存在的问题及创新

(一)保税物流存在的问题

保税物流与国际物流都是国际供应链的组成部分,在国际供应链中的企业普遍面临更短交货周期、更低利润空间的压力,要求保税物流持续降低运作成本、提高反应速度,对通关速度、服务、效率、便利性、弹性等方面提出了更高的要求。目前我国保税物流实际运作中普遍面临以下问题。

(1)通关效率低。由于业务量每年增加较快,海关一直处于繁忙状态,通关作业需要等待,加上查验设备、计算机系统、转关手续等问题,导致通关时间过长。例如深圳皇岗口岸通关需要 2～4 小时。

(2)物流成本偏高。配送中心、集散中心选择在装运港附近,一般存在租金高、满载率低及配送距离不经济的缺点。

(3)第三方面物流发育程度不高,以传统的运输、仓储、关务为主,实现物流管理外包、高附加服务、物流信息化的企业比例低。

(4)缺少集成服务。海关、检验检疫、税务、保险等部门较为分散,在处理具体问题时导致企业工作效率低下,且费时费力。

(二)保税物流创新

在全球经济一体化、贸易自由化的大环境下,对外贸易、跨国生产和制造体系全球化将进一步发展,并带动国际物流的迅速发展。

保税物流作为国际物流的接力区,其发展必将在国际物流及国内物流的推动下,由被动变主动、由管理变服务,成为推动我国对外贸易、加工贸易深层次发展的重要因素。通过完善政策平台,创新海关监管体系,建设布局合理、功能完善、信息畅通的综合性物流平台,可实现降低保税物流运作成本,提高物流反应速度,以适应经济全球化的发展趋势。

保税物流的创新主要有 3 种方式。

1. 流程再造

通过简化、同步、自动化等方法对各类流程进行改造,如空中报关、"卡车航班"、空陆空接驳联运、就地报关、预约报关等。

2. 规模经济

建设一体化的物流中心,进一步发展制造企业物流外包,提高物流仓储、运输、信息服务的积极规模。

3. 新技术应用

新技术主要包括监控智能化、数据采集自动化、数据传输电子化、业务审批网络化以及建设区域性物流信息平台。

第二节 保税制度

一、保税制度的概念

保税制度是一种国际通行的海关制度,是指经海关批准的境内企业所进口的货物,在海关的监管下,在境内指定的场所储存、加工、装配,并暂缓缴纳各种进口税费的一种海关监管业务制度。

⚓ 小 提 示

保税制度是随着商品经济和国际贸易的发展而产生和发展的。19世纪中后期,一些发达的资本主义国家为发展本国对外贸易,鼓励出口,对生产出口产品的工厂和企业所进口的原材料实行了保税制度。随着殖民扩张,保税制度被引入殖民地国家,在一定程度上促进了殖民地经济的发展。

20世纪,世界各国为促进和鼓励本国对外贸易,特别是出口贸易的发展竞相建立保税制度,其范围也从单纯加工生产的保税扩大到包括商业性质的保税(如转口贸易货物的保税)和进口寄售商品的保税等。

1882年,为方便和扩大外国商人对华出口贸易,当时的中国海关总税务司、英国人R. 赫德在上海筹建保税制度。1888年,第一批保税仓库在上海建立,这是中国保税制度的开始。当时主要是对进口货物的加工、包装等进行保税,随后逐步扩大到其他工业生产性保税和商业性保税。

1949年后,保税制度基本被停用。1978年以后,为适应中国对外经济贸易的发展和改善投资环境的需要,保税制度逐步恢复,并不断扩大业务,实行了一些新的保税形式,保税制度已成为中国发展对外经贸往来,扩大出口创汇,吸引外资的一项重要措施。

二、保税制度的特点

海关根据国家的法律法规、政策和规范性文件对保税货物实施监管的过程,反映出保税制度具有批准保税(或保税备案)、纳税暂缓、监管延伸、核销结关的特点。

(一) 批准保税

进境货物可否保税,要由海关依据国家的有关法律法规和政策来决定。货物经海关批准才能保税进境,这是保税制度的一个十分明显的特点。

海关应当严格按国家法律法规、政策所规定的条件和程序进行审批(备案)。批准保税的条件原则上有3条。

1. 不受管制

不受管制是指申请保税的货物除法律、行政法规另有规定外,一般不受国家贸易许可管制,无须提交相关进出口许可证件。

2. 复运出境

复运出境是指申请保税的货物流向明确,进境储存、加工、装配后的最终流向表明是复运出境,而且申请保税的单证能够证明进出基本是平衡的。

3. 可以监管

可以监管是指申请保税的货物无论在进出口环节还是在境内储存、加工、装配环节,都要符合海关监管要求,必要时海关可要求有关当事人提供担保,以防止因为某种不合理因素造成监管失控。

为了严格审批,海关总署规定了各种保税货物审批的程序和权限。例如,关于保税仓库的审批,规定公共型保税仓库由直属海关受理,报海关总署审批;备料型保税仓库由直属海关审批,报海关总署备案;专用型保税仓库由隶属海关受理,报直属海关审批。

（二）纳税暂缓

办理纳税手续包括办理征税手续和减免税手续。一般进口货物和特定减免税货物都必须在进境地海关或主管地海关办妥纳税手续（包括办妥征税或减免税手续）后才能提取。保税货物在进境地海关凭有关单证册不办理纳税手续就可以提取。但是这不等于说保税货物最终均可以不办理纳税手续。

当保税货物最终不复运出境或改变保税货物特性时,需按货物实际进口申报情况办理相应纳税手续。例如加工贸易保税进口货物,因故不能复出口,经批准内销,海关对不能复出口的成品或节余料件等按有关规定对料件进行补税。至于保税货物转为一般贸易进口,纳税暂缓的特点更加明显。

（三）监管延伸

一般进出口货物,海关监管的时间是自进口货物进境起到办结海关手续提取货物止,出口货物自向海关申报起到装运出境止,海关监管的地点主要在货物进出境口岸的海关监管场所。

保税货物的海关监管无论是时间还是地点上,都必须延伸。从时间上来说,保税货物在进境地被提取,不是海关监管的结束,而是海关监管的开始,一直要监管到储存、加工、装配后复运出境办结海关核销手续或者正式进口海关手续为止。

从地点上来说,保税货物提离进境地口岸海关监管场所后,直至向海关办结出口或内销手续为止,凡是该货物储存、加工、装配的地方,都是海关监管该保税货物的场所。所以,监管延伸也是保税制度的一大特点。

（四）核销结关

一般进出口货物是放行结关。进出口货物收发货人及其代理人向海关申报后,由海关审单、查验、征税、放行,然后提取货物或装运货物。在这里,海关的放行就是一般进出口货物结关的标志。

保税货物进出口报关,海关也加盖"放行章",也执行放行程序。但是,保税货物的这种放行只是单票货物的形式结关,是整个监管过程的一个环节。保税货物只有核销后才能算结关。核销是保税货物监管的最后一道程序,所以核销是保税制度区别于海关一般进出口货物通关制度的一个重要特点。

保税货物的核销,特别是加工生产类保税货物的核销是非常复杂的工作。储存出境类保税货物和特准缓税类保税货物的核销相对来说比较简单,因为这两类保税货物无论是复运出境还是转为进入国内市场,都不改变原来的状态,只要在规定的时间里复运出境或办妥正式进口纳税手续,并且确认复运出境的数量或办妥正式进口纳税手续的数量与原进口数量一致,就可以核销结关。

加工生产类保税货物就不一样了。因为这一类保税货物进境后要进行加工、装配,要改变原进口料件的形态,复出口的商品不再是原进口的商品。这样,海关的核销不仅要确认进出数量是否平衡,单耗真实可靠,而且还要确认成品是否由进口料件生产、有无擅自串（换）料行为。这两个"确认"大大地增加了核销的难度。所以,核销也是保税制度的一个难点。

无论是加工生产类保税货物还是储存出境类和准予缓税类保税货物,在核销的实践中,数量往往不是平衡的。正确处理各种核销中发生数量不平衡的问题也是核销结关的前提之一。

三、我国现行保税制度的主要形式

(一)保税仓库

保税仓库是经海关批准,进口货物可以不办理进口手续和较长时间储存的场所。进口货物再出口而不必纳税,便于货主把握交易时机出售货物,有利于业务的顺利进行和转口贸易的发展。

保税仓库与一般仓库最大的不同点是,保税仓库及所有的货物受海关的监督管理,非经海关批准,货物不得入库和出库。保税仓库的经营者既要向货主负责,又要向海关负责。我国现行海关法令对此有如下的规定。

(1)保税仓库对所存放的货物应有专人负责,要求于每月的前五天内将上月所存货物的收、付、存等情况列表并报送当地海关核查。

(2)保税仓库中不得对所存货物进行加工,如需改变包装、加刷唛码,必须在海关监管下进行。

(3)海关认为必要时,可以会同保税仓库的经理人,双方共同加锁,即实行联锁制度。海关可以随时派员进入仓库检查货物的储存情况和有关账册,必要时派员驻库监管。

(4)保税货物在保税仓库所在地海关入境时,货主或其代理人(如货主委托保税仓库办理的即由保税仓库经理人)填写进口货物报关单(一式三份),加盖"保税仓库货物"印章,并注明此货物系存入保税仓库,向海关申报。经海关查验放行后,一份由海关留存,另两份随货带交保税仓库。保税仓库经理人应于货物入库后即在上述报关单上签收,其中一份留存保税仓库,作为入库的主要凭证;另一份交回海关存查。

(5)货主在保税仓库所在地以外的其他口岸进口货物,应按海关对转口运输货物的规定办理转口手续。货物运抵后再按上述规定办理入库手续。

(6)保税货物复运出口时,货主或其代理人要填写出口货物报关单(一式三份)并交验进口时由海关签印的报关单,向当地海关办理复运出口手续,经海关核查与实货相符后签印,一份留存,一份发还,一份随货带交出境地海关凭以放行货物出境。

(7)存放在保税仓库的保税货物要转为国内市场销售,货主或其代理人必须事先向海关申报,递交进口货物许可证件、进口货物报关单和海关需要的其他单证,并交纳关税和产品(增值)税或工商统一税后,由海关核准并签印放行。保税仓库凭海关核准单证发货,并将原进口货物报关单注销。

(8)对用于中、外国际航行船舶的保税油料和零配件及用于保税期限内免税维修有关外国产品的保税零配件,海关免征关税和产品(增值)税或工商统一税。

(9)对从事来料加工、进料加工备料保税仓库提取的货物,货主应事先将批准文件、合同等有关单证向海关办理备案登记手续,并填写来料加工、进料加工专用报关单和保税仓库领料核准单(一式三份),一份由批准海关备存,一份由领料人留存,一份由海关签盖放行章后交货主。仓库经理人凭海关签印的领料核准单交付有关货物并凭以向海关办理核销手续。

（10）海关对提取用于来料、进料加工的进口货物，按来料加工、进料加工的规定进行管理并按实际加工出口情况确定免税或补税。

（11）保税仓库所存货物储存期限为一年。如因特殊情况可向海关申请延期，但延长期最长不得超过一年。保税货物储存期满既不复运出口又未转为进口的，由海关将货物变卖，所得价款按照《中华人民共和国海关法》（以下简称《海关法》）第21条的规定进行处理，即所得价款在扣除运输、装卸、储存等费用和税款后，尚有余款的，自货物变卖之日起一年内，经收货人申请，予以发还，逾期无人申请的要上缴国库。

（12）保税仓库所存货物在储存期间发生短少，除因不可抗力的原因外，其短少部分应当由保税仓库经理人负交纳税款的责任，并由海关按有关规定处理。保税仓库经理人如有违反海关上述规定的，要按《海关法》的有关规定处理。

鉴于保税仓库的特殊性质，海关代表国家监督管理保税仓库及所存的保税货物，执行行政管理职能。保税仓库的经营者具体经营管理保税货物的服务工作，可以说是海关和经营者共同管理保税仓库。经营者要依靠海关办好保税仓库，因此必须充分协作配合，保税仓库经营者要严格执行海关的法令规定，海关需要的报表应及时报送，海关要检查的账册须完整无误，发生问题应及时向海关报告，请求处理，以利海关监管。

（二）保税工厂

保税工厂是经海关批准对专为生产出口而进口的物料进行保税加工、装配的工厂或企业。这些进口的原材料、元器件、零部件、配套件、辅料和包装物料等在进口加工期间免征进口税，加工成品必须返销境外。特殊情况需部分内销的，须经海关批准并补征关税。这些物料必须在保税工厂内存放和使用，未经海关许可不得随意移出厂外或移作他用。

《中华人民共和国海关对加工贸易保税工厂管理办法》规定了设立保税工厂的条件：凡经国家批准有权经营进出口业务的企业或具有法人资格的承接进口料、件加工复出口的出口生产企业，均可向主管地海关申请建立保税工厂。

保税工厂和保税仓库都可储存货物，但储存在保税工厂的货物可作为原材料进行加工和制造。因此，许多厂商广泛地利用保税工厂对外国材料进行加工和制造，以适应市场的需要，符合进出口的规章和减少关税的负担。外国货物储存在保税工厂的期限为两年，如有特殊需要可以延长。

海关对保税工厂及其进出货物管理制度统称保税工厂制度，其主要内容如下。

1. 保税范围

保税工厂为外商加工、装配成品和为制造出口产品而进口的原材料、元器件、零部件、配套件、辅料、包装物料及加工过程中直接消耗的数量合理的化学物品，准予缓办进口纳税手续，加工后产品出口，按实际加工出口成品所耗用的进口料、件免征关税及增值税，即保税工厂进口的料件可享受全额保税的优惠，待加工成品出口后按实际耗用的进口料件免税。

2. 建厂制度

建立保税工厂必须具有专门加工、制造出口产品的设施，拥有专门储存、堆放进口货物和出口成品的仓库,建立专门记录出口产品生产、销售、库存等情况的账册及有专人负责管理保税货物和保税仓库及有关账册。凡经国家批准有权经营进出口业务的企业或具有法人资格的承接进口料、件加工复出口的出口生产企业,均可向主管地海关申请建立保税工厂。经海关实地调查认定具备建厂条件予以批准后,发放加工贸易保税工厂登记证书。

3. 出入厂制度

保税工厂进口料、件和出口成品时,由经营人或其代理人填写专用进出口货物保管单(一式四份),并在右上角加盖"保税工厂货物"戳记,随附有关单证和来料加工或进料加工登记手册,向进出境地海关报关。经海关审核后,将其中一份寄送主管海关,另一份由海关签印后退回申报人交保税工厂留存备查。保税工厂进口的料、件的登记备案和核销根据贸易性质而定,分别按来料加工或进料加工料件管理的有关规定办理。

(三)保税区

保税区是经海关批准专门划定的实行保税制度的特定地区。进口货物进入保税区内可以免征关税,如复出口,也免征出口税。运入保税区的商品可进行储存、改装、分类、混合、展览、加工和制造等。海关对保税区的监管主要是控制和限制运入保税区内的保税货物销往国内。保税区一般设在港口或邻近港口、国际机场等地方。

设立保税区的目的是吸引外商投资,扩大加工工业和出口加工业的发展,增加外汇收入。因此,国家对保税区除了在关税等税收方面给予优惠外,一般还在仓储、厂房等基本设施方面提供便利。

综合保税区是设立在内陆地区具有保税港区功能的海关特殊监管区域,实行封闭管理是目前我国开放层次最高、政策最优惠、功能最齐全的海关特殊监管区域,是国家开放金融、贸易、投资、服务、运输等领域的试验区和先行区。其功能和税收、外汇政策按照《国务院关于设立洋山保税港区的批复》的有关规定执行,即国外货物入区保税,货物出区进入国内销售按货物进口的有关规定办理报关手续,并按货物实际状态征税;国内货物入区视同出口,实行退税;保税区内企业之间的货物交易不征增值税和消费税。

该区以国际中转、国际采购、国际配送、国际转口贸易和保税加工等功能为主,以商品服务交易、投资融资保险等功能为辅,以法律政务、进出口展示等服务功能为配套,具备生产要素聚散、重要物资中转等功能。

🌿 **小 提 示**

2018 年年底,经国务院批复同意,武汉经开综合保税区正式获批设立。自此,武汉拥有东湖、新港空港、经开三个综合保税区。继西安之后,武汉成为全国第二个拥有三个综合保税区的副省级城市,对外开放优势进一步凸显。

武汉经开综合保税区由原湖北武汉出口加工区整合优化而成,这是全国首批、中部第一个出口加工区,于 2001 年封关运行,位于武汉开发区,规划面积 1.26 平方千米。

原出口加工区以保税加工、保税物流功能为主,处在产业链附加值的最低端。升级为综合保税区后,园区功能更全,政策更完善,区内可以实现研发、检测和销售等功能,延伸到产业两端,提升了附加值,并叠加了保税服务、国际贸易等功能,"买卖全球"将更加便利,可带动地方外向型经济发展。

下一步,武汉经开综合保税区将依托万亿汽车产业集群、武汉跨境电商综合试验区、长江中游国际航运中心等资源优势,拓展国际转口贸易、国际采购分销和配送、国际中转、检测和售后服务维修、商品展示、研发等业务,建设武汉外向型经济发展的重要增长点。

保税区还有保税港、保税物流中心、保税物流园区三种形式。

1. 保税港

保税港是指经国务院批准设立,在港口作业区和与之相连的特定区域内,具有口岸、加工、物流等功能的特殊经济区。保税港享受保税区、出口加工区、保税物流园区、港区的政策。其主要税收政策可概括为境外货物入港区保税;国内货物入港区视同出口,实行退税;港区内企业之间的货物交易不征收增值税和消费税。

保税港兼具保税区、出口加工区、保税物流园区的功能。与保税区相比,保税港"区港一体"的优势得到充分的发挥;与出口加工区相比,保税港具有的物流分拨等功能,使其与境外、区外经济联系更加紧密;与保税物流园区相比,保税港允许开展出口加工业务,使其更具临港加工优势。

🦋 **小 提 示**

重庆市两江新区两路寸滩保税港区(以下简称保税港区)"保税+服务贸易"板块表现亮眼,2019年1—9月跨境电商交易额已突破23亿元。其中,跨境电商进口业务实现交易额20.65亿元,出口业务实现交易额2.57亿元。

依托两江新区、重庆自贸试验区及中新(重庆)示范项目等平台优势,保税港区已成功引进跨境电商平台企业32家,其中不乏天猫、唯品会等跨境电商巨头。如今,保税港区瞄准智能化升级,帮助区内重点跨境电商项目打造智能化分拣打包作业系统,进一步带动了港区跨境电商的高质量发展。

2. 保税物流中心

保税物流中心是指封闭的海关监管区域,并且具备口岸功能。保税物流中心可分为A型和B型两种。

1) A型保税物流中心

A型保税物流中心是指经海关批准,由中国境内企业法人经营、专门从事保税仓储物流业务的海关监管场所。

A型保税物流中心按照服务范围可分为公用型物流中心和自用型物流中心。公用型物流中心是指由专门从事仓储物流业务的中国境内企业法人经营,向社会提供保税仓储物流综合服务的海关监管场所;自用型物流中心是指中国境内企业法人经营,仅向本企业或者本企业集团内部成员提供保税仓储物流服务的海关监管场所。

2) B型保税物流中心

B型保税物流中心是指经海关批准,由中国境内一家企业法人经营,多家企业进入并从事保税仓储物流业务的海关集中监管场所。

保税物流中心经营企业法人注册资本不低于5 000万元人民币,并且要具备对中心内企业进行日常管理的能力。其主要功能有保税仓储、国际物流配送、简单加工和增值服务、检验检测、进出口贸易和转口贸易、商品展示、物流信息处理、出口退税等。

各地的保税物流中心为当地的出口加工的生产制造企业和进出口的贸易型企业的出口退税、保税等方面发挥了重要作用,同时发挥了保税物流中心的集聚效应,有利于吸引当地和国外物流企业入驻园区,促进物流业的国际化和现代化。

🐟 小 提 示

成都保税物流中心(B型)

时间:2014年。

功能:出口退税,进口免税,中心内交易免税,保税物流中心内企业之间的货物交易不征增值税和消费税,保税仓储期限长,仓储货物可进行简单加工,仓储货物保税。

覆盖地域:四川省。

主要经营产品:高附加值原材料、电子产品、其他工业制品等。

物流推动力:成都空港保税物流中心作为四川省重要的对外开放平台,可有效带动空港周边物流产业发展,为高新技术产业的高附加值原材料、制成品带来良好的保税物流环境,进一步整合周边物流、仓储、监管、加工、生产型服务、进出口贸易等资源,促进供应链完善,加快产业结构优化。

成都空港保税物流中心运行后,具备保税存储进出口货物、流通性简单加工和增值服务,成为成都航空枢纽、物流枢纽的重要环节。成都保税物流中心在有效整合国际物流和国内物流资源的基础上进一步提升了成都的城市竞争力,强化了吸引外资的能力。

据了解,四川已有英特尔、德州仪器、大众、丰田、沃尔沃、微软、富士康、戴尔、仁宝、纬创等250余家世界500强企业落户。成都空港保税物流中心在四川推广上海自贸试验区先进经验,加强四川吸引利用外资的能力,为四川建设内陆开放高地创造了有利条件。

3. 保税物流园区

保税物流园区(区港联动)是指保税区在海港区划出的特定区域,实行保税区的政策,以发展仓储和物流产业为主,按"境内关外"定位,海关实行封闭管理的特殊监管区域。在该区域内,海关通过区域化、网络化、电子化的通关模式,在全封闭的监管条件下,最大限度地简化通关手续。通过保税区与港口之间的"无缝对接",实现货物在境内外的快速集拼和快速流动。

保税物流园区是保税区的升级版,相较于保税区,保税物流园区的政策优惠更为显著,功能优势更为突出,货物进出也更为便捷。

🐟 小 提 示

国家级保税物流园区是指经国务院批准,在保税区规划面积或者毗邻保税区的特定港区内设立的、专门发展现代国际物流业的海关特殊监管区域。保税物流园区比照保税区、保税港区、出口加工区的相关政策。

保税物流园区其实在于区港联动,是在保税区与港区之间划出专门的区域,并赋予特殊的功能政策,专门发展仓储和物流产业,以达到吸引外资、推动区域经济发展、增强国际竞争力和扩大外贸出口的目的。目前它是中国法律框架下自由贸易区的初级形式。

2003年国务院特批上海外高桥保税物流园区为全国第一家保税物流园区,2004年国务院批准设立了七家国家级保税物流园区,2007年又批准了一家。现共有九家国家级保税物流园区,分别是上海外高桥保税物流园区、天津保税物流园区、大连保税物流园区、青岛保税物流园区、厦门象屿保税物流园区、深圳盐田港保税物流园区、张家港保税物流园区、宁波保税物流园区、广州保税物流园区。

(四)保税集团

保税集团是指经海关批准,由一个具有进出口经营权的企业负责,同一个关区内,组织关区内同行业若干个加工企业,对进口料、件进行多层次、多道工序连续加工,并享受全部保税的企业联合体。

保税集团是经海关批准,由多数企业组成承接进口保税的料件进行多次保税加工生产的保税管理形式,即对经批准为加工出口产品而进口的物料,海关免征关税。这些保税货物被准许在境内加工成初级产品或半成品,然后转厂进行深度加工,如此反复多次转厂深加工直至产品最终出口。对每一次的加工和转厂深加工,海关均予保税。

保税集团的特点是海关对转厂加工、多层次深加工、多道生产工序的进口料件实行多次保税,从而有利于鼓励和促进深加工出口,扩大出口创汇,提高出口商品的档次,增加外汇收入。

本章主要介绍了保税物流及其特点,以及我国的保税制度及其主要形式,有利于国际物流从业人员很好地掌握国家税收政策,有效地降低物流成本。

延伸阅读

海关总署持续优化口岸营商环境:通关更快 成本更低

党中央、国务院高度重视优化口岸营商环境工作。习近平总书记强调,要改善贸易自由化便利化条件,切实解决进口环节制度性成本高、检验检疫和通关流程烦琐、企业投诉无门等突出问题。全国海关认真落实中央决策部署,持续深化"放管服"改革,大幅精简监管证件,简化通关流程,提升通关效率,降低通关费用,加快提升跨境贸易便利化水平,持续优化口岸营商环境,取得积极成效。

据海关总署测算,在2018年进出口整体通关时间压缩逾五成基础上,2019年3月进口整体通关时间压缩为42.08小时,较2018年12月又缩短0.42小时;出口整体通关时间为4.43小时,又缩短0.33小时。

1. 减单证，联网核查更方便

"真是太方便了，现在原产地证书实现了自助打印，不用再去海关作业现场取证，给我们节省了不少时间和成本！"北京大源非织造股份有限公司销售部的田经理坐在位于门头沟区的办公室里，用普通A4纸打印出北京海关改革后的第一份原产地证书，标志着北京地区跨境贸易便利化水平又有了进一步的提升。

"以前，我们公司为了拿到原产地证书，一星期平均要去海关的业务现场三趟。公司在门头沟区，离海关最近的原产地签证点也有25千米。现在，原产地证书实现了自主打印，仅往返车费一项，每周就能节省好几百元。"田经理说。

海关总署相关负责人介绍，自2018年11月1日起，全国海关已经将进出口环节验核的监管证件由86种减至46种，并原则上全部实现联网核查。2019年1月1日起，商务部、海关总署发布公告，取消汽车零部件自动进口许可证。2019年3月25日起，海关总署在北京、天津、上海、江苏、广东、重庆等省市开展原产地证书自助打印改革试点。

对不同类型的单证，能减则减，不能减的则实行电子化管理。海关总署全面推广电子报关委托，不再要求企业在申报环节提交纸质报关委托书。目前，进口申报环节企业无需向海关提交装箱清单，出口申报环节企业无须向海关提交发票、装箱清单。在上海、天津等地，企业需在进出口环节提交验核的证件数量较去年同期缩减一半，除安全保密等特殊情况外，全部实现了联网比对核查。

上海海关所属浦江海关是上海海运货物的集中申报地，目前对进出口通关环节涉及的35种监管证件，企业可选择无纸化模式提交，占监管证件总量的四分之三以上。"通过这些便利化措施，企业足不出户，在办公室敲敲键盘、点点鼠标就可以完成业务流程，企业人力资源得到释放，进一步增强了获得感。"上海某国际物流有限公司相关负责人说。

2. 早申报，货物通关"抢"时间

一架运载澳大利亚鲍鱼的飞机平稳降落在深圳宝安国际机场，深圳海关根据预先收到的报关信息，确认单货一致后予以放行。随后，物流公司立即把这批鲍鱼配送到深圳市内的各大生鲜市场。从飞机落地到物流公司提货，全程仅需50分钟。进口鲜活货物中午境外装机，傍晚就能送上百姓的餐桌。

以往，通关时间长主要长在通关准备时间上。为此，海关总署推广应用进出口"提前申报"，完善管理模式，并进一步明确，在该模式下，由于装运、配载等原因造成货物变更运输工具的，不予记录报关差错；主动报告并经海关认定为主动披露的，可从轻、减轻处罚或依法免予处罚。这一系列改革举措，为企业第一时间办结通关手续"抢"出了时间。

"提前申报，至少帮助企业将原先的通关时间压缩一半以上。"深圳某生鲜商品进口公司相关负责人介绍，目前从境外运抵深圳机场的海鲜类货物以澳大利亚龙虾、鲍鱼和东南亚地区的虾、蟹为主，提前申报模式实施后，大大提高了相关企业的备货积极性。"去年一年，我们公司鲜活产品进口数量增长1.5倍以上。"

海关总署牵头，联合相关部门优化国际贸易"单一窗口"建设。2019年1月1日起，国际航行船舶通过"单一窗口"实现了"一单多报"。杭州海关所属舟山海关监管一科科长陈新建说："实行'一单多报'后，企业的船舶进出境网上通关申报内容由原先的1 113项数据压缩到371项，减少数据录入三分之二，舟山口岸实现船舶进出境全流程通关手续办理累计时间由原先的 16 小时压缩至 2 小时,通关时间压缩八成以上。"

3.降成本,收费清单全公开

成都蓉欧联合供应链管理有限公司凭关税保证保险保单在成都海关开通了汇总征税业务,全面享受此项政策红利。仅这一份保单就为企业节约了 1 000 万元流动资金。

2018 年 9 月 1 日,海关总署在北京等 10 个直属海关启动关税保证保险试点。10 月 31 日,关税保证保险试点扩大至全国。2019 年 1 月 1 日起,海关总署进一步扩大关税保证保险通关业务试点范围。除了失信企业之外,任何类型、任何规模的企业均可办理该业务。

"相比以往银行保函和保证金模式,关税保证保险具备两大特点:一是办理手续简单,不需要占用企业大量资金;二是时效快,保险公司和海关电子联网,从申请开始最快三天取得保单。"成都海关相关负责人介绍,关税保证保险特别适合对通关时效要求较高、在银行授信额度不足或暂未获批银行授信,但又不希望占用自有资金作为保证金质押的企业使用。

统计显示,关税保证保险试点以来,全国合计 1 463 家企业参与,累计购买保单 10 306 份,保险金额 339.6 亿元。

此外,海关总署会同交通运输部、市场监管总局加强对口岸收费目录清单制度执行情况的监督检查,依法查处各类违法违规收费行为。

2019 年 3 月 20 日起,马士基、地中海、中远海等 23 家船公司进一步下调收费标准。4 月 1 日起,全国范围内港口设施保安费下调 20%,货物港务费下调 15%。

海关总署相关负责人表示,将继续配合财政部并会同地方政府做好口岸经营服务性收费清理规范工作,严格执行行政事业性收费清单管理制度,口岸收费目录清单向社会公开,今后未经国务院批准,一律不得新设涉及进出口环节的收费项目。

资料来源:http://www.customs.gov.cn/customs/302249/mtjj35/2390198/index.html,2019 年 12 月。

本 章 思 考 题

一、名词解释

保税物流 保税制度 保税集团 保税物流中心

二、简答题

1.保税物流的特点是什么?

2.我国保税制度的主要形式有哪些?

3.保税物流创新的形式有哪些?

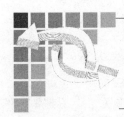

第六章

国际货物的报关与检验检疫

◆ 学习目标 ◆

（1）了解报关、检验检疫的基本概念。

（2）掌握基本的报关程序。

（3）掌握检验检疫的基本工作流程。

◆ 知识要点 ◆

（1）通关程序及注意事项。

（2）检验检疫的目的和任务。

 【引导案例】

贸易战加速中国"大进口"，跨境电商迎来大机遇

2018年是中国对外开放40周年，在全球化的浪潮中，中国外贸总量在全球贸易中的占比由1978年的0.8%发展到2017年的14.3%，成为货物贸易第一大国。

中国已成为120多个国家的最大采购来源，同时也已成为全球数一数二的消费大国。2015年，中国游客境外消费1.2万亿元人民币，其中，仅购买奢侈品就花费910亿美元。中国游客的境外消费金额还在持续上升中。

中国的奇迹得益于全球化进程。从中国屡次主动扩大进口，改善国内消费环境和产能结构可以看出，受益于全球化的中国正在回馈全球化。

如何扩大进口？从国家层面来说，正通过降低进口关税等一系列促进贸易便利化的政策，努力增加市场需求集中的特色优势产品进口。

2017年11月，中国大幅降低187个8位税号的消费品关税，平均税率由17.3%下降到7.7%。2018年2月，中国商务部宣布成立中国国际进口博览会局,首届中国国际进口博览会于2018年年底在中国上海举办。

对企业来说,"大进口"时代来临后的机会何在?全球企业,尤其是中小企业,如何抓住中国扩大进口带来的红利?阿里巴巴这样的全球跨境贸易电子平台,如何赋能海外中小企业帮助它们扩大对中国的出口?

1."全球买全球卖"的新贸易时代

2018年3月底,天猫也提出了大进口战略,要在全球各地建采购中心,帮助海外企业进入中国市场。

在传统贸易领域,"全球买全球卖"的趋势同样明显。典型代表是美国苹果公司,它在加利福尼亚州开发专利芯片和操作系统,由中国生产商把韩国生产的部件组装成成品。

同时,跨境电商成为主流的全球贸易方式,驱动新全球化更加普惠。未来将不存在Made in China或Made in USA,未来的制造业是Made in Internet。在这个新的全球贸易时代,无论线上或线下,进口和出口的界限逐渐模糊。对企业来说,进口和出口都是在全球进行经济资源配置的重要手段。自由的全球买和全球卖,能让企业高效低成本地匹配到全球最优质的经济资源。对国家来说,进口和出口协同发展,有助于在全球供应链体系下建立起话语权。

中国正在积极融入全球供应链网络,密切加强交通枢纽、物流通道、信息平台等基础设施建设,推进与"一带一路"沿线国家的互联互通。同时,国家也在鼓励企业设立境外分销和服务网络、物流配送中心、海外仓等,建立本地化的供应链体系。

这个体系既可帮助中国商品出口国外后快速落地分发,也可帮助海外企业更快地连接到中国国内的供应链和消费市场。随着国家和企业的协同发力,中国也有希望建立起基于供应链的全球贸易新规则。

2.新外贸的四大特征

中国不仅有庞大的消费市场,旺盛的进口需求,更有强大的进口供应链体系。尤其是在电商领域,中国已经搭建出一个完善的全球进口供应链体系。可以说,在国家和企业的协同发力下,中国已经拥有一个具备竞争力的全球供应链体系。

未来,全球越来越多的各国中小企业会通过跨境电商模式,轻松完成向中国出口。这些中小企业借助电子商务,站在与大企业同样的起跑线上,成为国际贸易的活跃参与方,进入全球价值链和国际市场。

总体来看,全球跨境电商平台的发展降低了国际贸易的成本和门槛,贸易主体、贸易形态、商业模式、组织方式都发生了重大变革。即使最小的企业,也可以借助跨境电商平台实现同其他国家客户和供应商的联系。这为中小企业的发展创造了历史性机遇,促进了世界经济贸易的普惠发展。

新外贸时代正在来临。这是一种全新的外贸模式,依托于新技术革新下的电子商务平台,利用大数据和贸易综合服务,形成跨境贸易中的信息互通、服务共享、信用透明,形成"全球买和全球卖"的贸易大生态。

新外贸时代有四大特征:一是利用新技术高效互动,二是贸易全流程的在线化,三是注重沉淀信用数据,四是实现全球贸易网络的联通。其中,技术变革是向新外贸转型的基础条件,它使得贸易双方能够打破时间、空间和文化距离;外贸综合服务线上化、数字化是向新外贸转型的主要手段,贸易双方可以在线上查询信息,海关可以通过电商完成支付、物流和通关等工作;数据应用是新外贸时代的核心特征,平台通过积累贸易双方的身份信息、行为模式和能力数据,搭建信用体系,以更好地匹配供需,优化服务;而全球贸易网络的互联互通是新外贸转型的最终目标。

我们正在努力做的就是将中国跨境贸易电商平台和综合服务能力介绍到其他国家,给各国中小企业提供市场、平台和能力,形成"全球买,全球卖"的贸易网络大生态。

资料来源:http://www.100ec.cn/detail-6445940.html,2019 年 12 月。

思考:

(1) 如何理解"全球买,全球卖"的新贸易时代?

(2) 面对新外贸时代,我们应该如何筹划和布局?

第一节　报　　关

一、报关的含义

报关是指进出境运输工具负责人、进出口货物收发货人、进出境物品的所有人或者其他的代理人向海关办理运输工具、货物、物品进出境手续及相关手续的全过程。

其中,进出境运输工具负责人、进出口货物收发货人、进出境物品的所有人报关行为的承担者是报关的主体,即报关人。所以,报关人既包括法人和其他组织,也包括自然人。例如,进出口企业、报关企业即属于报关法人,物品的所有人即是报关自然人。报关的对象是进出境运输工具、货物和物品。报关的内容是办理运输工具、货物、物品进出境手续及相关手续。

二、报关的范围

按照法律规定,所有进出境运输工具、货物、物品都需要办理报关手续。报关的具体范围如下。

(一)进出境运输工具

进出境运输工具是指用以载运人员、货物、物品进出境,并在国际运营的各种境内或境外船舶、车辆、航空器和驮畜等。

(二)进出境货物

进出境货物是指一般进出口货物,保税货物、暂准进出境货物、特定减免税货物,过境、转运和通运货物及其他进出境货物。另外,一些特殊货物,如通过电缆、管道输送进出境的水、电之类,以及无形的货物,如附着在货品载体上的软件等,也属于需要报关的范围。

(三)进出境物品

进出境物品是指进出境的行李物品、邮递物品和其他物品,以进出境人员携带、托运等方式进出境的物品为行李物品,以邮递方式进出境的物品为邮资物品,其他物品主要包括享有外交特权和豁免的外国机构或者人员的公务用品或自用物品及通过国际速递进出境的部分快件等。

三、报关的分类

(一) 按照报关的对象分类

按照报关的对象分类,报关可以分为运输工具报关、物品报关和货物报关。

(1) 进出境运输工具作为货物、人员及其携带物品进出境的载体,其报关主要是向海关直接交验随附的、符合国际商业运输惯例、能反映运输工具进出合法性及其所承运货物、物品情况的合法证件、清单和其他运输单证,报关手续较为简单。

(2) 进出境物品因其非贸易性质,且一般限于自用、数量小,故报关手续比较简单。

(3) 进出境货物的报关较为复杂,为此,海关根据对进出境货物的监管要求,制定了一系列报关管理规范,并要求必须由具备一定的专业知识和技能且经海关注册的专业人员代表报关单位专门办理。

(二) 按照报关的目的分类

按照报关的目的分类,报关主要可以分为进境报关和出境报关两类。

由于海关对运输工具、货物、物品的进境和出境有不同的管理要求,因此,运输工具、货物、物品根据进境或出境的目的分别形成了一套进境报关和出境报关手续。

另外,由于运输或其他方面的需要,有些海关监管货物需要办理从一设关地点至另一个设关地点的海关手续,在实践中产生了"转关"的需要,转关货物也需办理相关的报关手续。

(三) 按照报关的行为性质分类

按照报关的行为性质进行分类,报关可以分为自理报关和代理报关两类。

我国《海关法》第九条规定:"进出口货物,除另有规定的外,可以由进出口货物收发货人自行办理报关纳税手续,也可以由进出口货物收发货人委托海关准予注册登记的报关企业办理报关纳税手续。"根据这一规定,进出口货物的报关又可分为自理报关和代理报关两类。

1. 自理报关

进出口货物收发货人自行办理报关业务称为自理报关。根据我国海关目前的规定,出口货物收发货人必须依法向海关注册登记后方能办理报关业务。

2. 代理报关

代理报关是指接受进出口货物收发货人的委托代理其办理报关手续的行为。我国海关法律把有权接受他人委托办理报关纳税手续的企业称为报关企业。报关企业从事代理报关业务必须依法取得报关企业注册登记许可,并向海关注册登记。

不同报关单位的主营业务及报关范围如表 6-1 所示。

表 6-1　不同报关单位的主营业务及报关范围

报关类别	报关单位	主营业务	报关范围
自理报关	自理报关单位(进出口货物收发货人)	对外贸易经营	办理自营进出口货物的报关手续
代理报关	专业报关企业	报关纳税服务	受各进出口收发货人的委托办理报关手续
	代理报关企业	国际货物运输代理或国际运输工具代理	在本企业承揽的承运范围内受各进出口收发货人的委托办理报关手续

　　根据代理报关法律行为责任的承担不同,代理报关又分为直接代理报关和间接代理报关。直接代理报关是指报关企业接受委托人(进出口货物收发货人)的委托,以委托人的名义办理报关手续的行为。间接代理报关是指报关企业接受委托人的委托以报关企业自身的名义向海关办理报关纳税手续的行为。

　　在直接代理报关中,代理人代理行为的法律后果直接作用于被代理人;而在间接代理报关中,报关企业应当承担进出口货物收发货人自己报关时所应承担的相同的法律责任。直接代理报关与间接代理报关的区别如表 6-2 所示。

表 6-2　直接代理报关和间接代理报关的区别

代理报关	行为方式	法律责任
直接代理报关	接受委托人(进出口货物收发货人)的委托,以委托人的名义办理报关手续	法律后果直接作用于被代理人,报关企业承担相应的法律责任
间接代理报关	接受委托人的委托,以报关企业自身的名义向海关办理报关手续	法律后果直接作用于代理人,即报关企业;报关企业承担进出口货物收发货人自己报关时所应承担的相同的法律责任

　　目前,我国报关企业大都采取直接代理形式代理报关,间接代理报关只适用于经营快件业务的国际货物运输代理企业。

四、报关的基本内容

(一)进出境运输工具报关的基本内容

　　根据我国《海关法》的有关规定,所有进出我国关境的运输工具必须经由设有海关的港口、空港、车站、国界孔道、国际邮件互换局(站)及其他可办理海关业务的场所申报进出境。进出境申报是运输工具报关的主要内容。根据海关监管的要求,进出境运输工具负责人或其代理人在运输工具进入或驶离我国关境时应如实向海关申报运输工具所载旅客人数、进出口货物数量、装卸时间等基本情况。

　　进出境运输工具负责人或其代理人就以上情况向海关申报后,有时还需应海关的要求配合海关查验,经海关审核确认符合海关监管要求的可以上下旅客、装卸货物。

(二)进出境货物报关的基本内容

　　根据海关规定,进出境货物的报关业务应由报关单位所属的已在海关备案,专门负责报关业务的人员办理。进出境货物的报关业务包括:按照规定填制报关单,如实申报进出口货物的商品编码、实际成交价格、原产地及相应优惠贸易协定代码,并办理提交报关单证等与申报有关的事宜;申请办理缴纳税费和退税、补税事宜;申请办理加工贸易合同备案、变更和核销及保税监管等事宜;申请办理进出口货物减税、免税等事宜;办理进出口货物的查验、结关等事宜;办理应当由报关单位办理的其他事宜。

(三)进出境物品报关的基本内容

我国《海关法》规定,个人携带进出境的行李物品、邮寄进出境的物品应当以自用合理数量为限。所谓自用合理数量,对于行李物品,"自用"指的是进出境旅客本人自用、馈赠亲友而非出售或出租,"合理数量"是指海关根据进出境旅客旅行目的和居留时间所规定的正常数量;对于邮递物品,则指的是海关对进出境邮递物品规定的征、免税限值。自用合理数量原则是海关对进出境物品监管的基本原则,也是对进出境物品报关的基本要求。

1.进出境行李物品的报关

我国海关规定,进出境旅客在向海关申报时,可以在分别以红色和绿色作为标记的两种通道中进行选择。带有绿色标志的通道适用于携运物品在数量和价值上均不超过免税限额,且无国家限制或禁止进出境物品的旅客;带有红色标志的通道则适用于携运绿色通道运用物品以外的物品的旅客。

选择红色通道的旅客,必须填写进出境旅客行李物品申报单或海关规定的其他申报单证,在进出境地向海关做出书面申报。

2.进出境邮递物品的报关

进出境邮递物品的申报方式由其特殊的邮递运输方式决定。我国是《万国邮政公约》的签约国,根据《万国邮政公约》的规定,进出口邮包必须由寄件人填写报税单(小包邮件填写绿色标签),列明所寄物品的名称、价值、数量,向邮包寄达国家的海关申报。进出境邮递物品的报税单和绿色标签随同物品通过邮政企业呈递给海关。

 小贴士

报关与通关及报检(报验)的区别与联系

通关、报检是进出境活动中常用的概念,它们与报关有着密切的联系与明显的区别。

通关是指进出境运输工具的负责人、进出口货物收发货人及其代理人、进出境物品的所有人向海关办理报关对象进出境手续,海关对其提交的单证和进出境申请书依法进行审核、查验、征缴税费、批准进出境放行的全过程。

报关与通关的工作对象是相同的,但活动视角不同,报关是从被管理者角度考察活动,通关是从管理者角度考察活动。活动内容不同,报关只限于被管理者向海关办理报关对象的进出境手续;通关还包括海关对报关对象依法进行监管,批准其进出境的管理过程。

报检是指国家出入境检验检疫局根据国家相关法规对国际货物买卖中买方交付的货物的质量、数量、包装、安全、卫生、病虫害进行检验检疫并出具商检证书的活动。它与报关的区别是管理机构不同(国家出入境检验检疫局、海关)、目的不同(进出境手续,确定货物的质量、数量、包装、安全、卫生、病虫害情况)、时间不同(报检早于报关)。其联系是提交的商检证书是报关的前提。

第二节　出入境检验检疫

我国出入境检验检疫产生于 19 世纪后期,迄今已有 100 多年历史。当前我国出入境检验检疫工作的主管机关是国家质量监督检验检疫总局。我国出入境检验检疫机构具有公认的法律制度。我国出入境检验检疫从其业务内容划分,包括进出口商品检验、进出境动植物检疫及国境卫生检疫。这些检验检疫业务对保证国民经济的发展、消除国际贸易中的技术壁垒、保护消费者的利益和贯彻我国的对外交往政策都有非常重要的作用。

一、出入境检验检疫的法律地位

世界各国的法律法规和国际通行法、有关规则、协定等都赋予检验检疫机构以公认的法律地位;国际贸易合同中对检验检疫一般也有明确的条款规定,使检验检疫工作受到法律保护,所签发的证件具有法律效力。

我国出入境检验检疫的法律地位主要是由以下 4 个方面所决定。

(1) 国家以法律形式从根本上确定了中国出入境检验检疫的法律地位。由于出入境检验检疫在国家涉外经济贸易中的地位十分重要,我国先后制定了《中华人民共和国进出口商品检验法》《中华人民共和国进出境动植物检疫法》《中华人民共和国国境卫生检疫法》《中华人民共和国食品卫生法》等法律,分别规定了出入境检验、检疫的目的和任务、责任范围、授权执法机关和管理权限、检验检疫的执行程序、执法监督和法律责任等重要内容,从根本上确定了出入境检验检疫工作的法律地位。

(2) 检验检疫机构作为行政执法机构,确立了它在法律上的执法主体地位。上述四部关于检验检疫的法律中,分别对此做出了明确规定。国务院成立进出口商品检验部门、进出境动植物检疫部门和出入境卫生检疫部门,作为授权执行有关法律和主管各方面工作的主管机关,确立了它们在法律上的行政执法主体地位。随着国家出入境检验检疫体制改革,我国实行商检、动植检和卫检机构体制合一,成立了国家检验检疫机构,即国家质量监督检验检疫总局(以下简称国家质检总局),继承了原来商检、动植检和卫检机构的执法授权,成为四部法律共同的授权执法部门。

(3) 我国出入境检验检疫法规已形成相对完整的法律体系,奠定了依法施检的执法基础。在上述四部检验检疫法律和国务院的实施条例公布后,各种配套法规,规范性程序文件,检验检测技术标准,检疫对象的消毒、灭菌、除虫等无害化处理规范等,经过具体化和修改补充,已基本完整齐备;检验检疫机构经过精减,健全内部管理的各项责任制度,也已基本适应了执法需要,对于保证检验检疫的正常开展和有序进行具有极其重要的意义。此外,我国出入境检验检疫的法律体系还要适应有关国际条约。

(4) 我国检验检疫法律具有完备的监管程序,保证了法律的有效实施。其中,最主要的是货物的进出口和出入境都要通过海关最后一道监管措施,未经检验检疫并取得有效证件和放行单据的无法通过关境,人员的出入境则由边防机构的监管把关来保证检疫程序的有效实施。

二、出入境检验检疫的主要目的、任务和作用

出入境检验检疫是随着国际贸易和人员的往来而产生的,在不同的历史时期,因受历史条件的局限性制约,出入境检验检疫的主要目的、任务和作用也不相同。

(一)出入境检验检疫的主要目的和任务

当前我国出入境检验检疫的主要目的和任务如下。

(1) 对进出口商品进行检验、鉴定和监督管理,保证进出口商品符合质量(标准)要求,维护对外贸易有关各方的合法权益,促进对外经济贸易的顺利发展。

(2) 对出入境动植物及其产品,包括其运输工具、包装材料进行检疫和监督管理,防止危害动植物的病菌、害虫、杂草种子及其他有害生物由国外传入或由国内传出,保护本国农、林、渔、牧业生产和国际生态环境及人类的健康。

(3) 对出入境人员、交通工具、运输设备及可能传播传染病的行李、货物、邮包等物品实施国境卫生检疫和口岸卫生监督,防止传染病由国外传入或者由国内传出,保护人类健康。

(二)出入境检验检疫的作用

当前,出入境检验检疫对保证国民经济的发展、消除国际贸易中的技术壁垒、保护消费者的利益和贯彻我国的对外交往政策都有非常重要的作用,其主要体现在以下五个方面。

(1) 出入境检验检疫是国家主权的体现。我国关于应验对象的强制性制度是国家主权的具体体现。出入境检验检疫机构作为涉外经济执法机构,根据法律授权,代表国家行使检验检疫职能。

(2) 出入境检验检疫是国家管理职能的体现。出入境检验检疫机构对出入境货物、包装和运输工具的检验检疫和注册登记与监督管理都具有相当的强制性,是国家监督管理职能的具体体现。

(3) 出入境检验检疫是维护国家根本经济权益与安全的重要的技术贸易壁垒的措施,是保证我国对外贸易顺利进行和持续发展的需要。其具体表现为:对进出口商品的检验检疫和监督认证是为了满足进口国的各种规定要求;对进出口商品的官方检验检疫和监督认证是突破国外贸易技术壁垒和建立国家技术保护屏障的重要手段;加强对重要出口商品质量的强制性检验是为了促进提高中国产品质量及其在国际市场上的竞争能力,以利于扩大出口;加强对进口商品的检验是为了保障国内生产安全与人民身体健康,维护国家对外贸易的合法权益。

在国际贸易中,对外贸易、运输、保险双方往往要求由官方或权威的非当事人对进出口商品的质量、重量、包装、装运技术条件提供检验合格证明,作为出口商品交货、结算、计费、计税和进口商品处理质量与残短索赔问题的有效凭证。

(4) 出入境动植物检疫对保护农林牧渔业生产安全、促进农畜产品的对外贸易和保

护人体健康具有十分重要的意义。

(5) 国境卫生检疫对防止检疫传染病的传播、保护人体健康是一个十分重要的屏障。

三、出入境检验检疫工作的主要内容

我国出入境检验检疫机构的工作内容,从其业务内容划分,包括进出口商品检验、进出境动植物检疫及国境卫生检疫。其主要内容概括起来一共有以下13个方面。

(一) 法定检验检疫

1. 法定检验检疫的概念

法定检验检疫又称强制性检验检疫,是指出入境检验检疫机构依照国家法律、行政法规和规定对必须检验检疫的出入境货物、交通运输工具、人员及其事项等依照规定的程序实施强制性的措施。

国家质检总局及其各地的检验检疫分支机构依法对指定的进出口商品实施法定检验,检验的内容包括商品的质量、规格、重量、数量、包装及安全卫生等项目。经检验合格并签发证书以后,方准出口或进口。未经检验检疫的,出入境检验检疫机构责令其停止销售、使用或者出口,没收非法所得和违法销售、使用或者出口的商品,并处违法销售、使用或者出口的商品货值金额等值以上三倍以下罚款。

2. 法定检验检疫的范围

必须实施法定检验检疫的范围如下。

(1) 凡列入《出入境检验检疫机构实施检验检疫的进出境商品目录》的进出口商品和其他法律、法规规定必须经检验的进出口商品,必须经过出入境检验检疫部门或其指定的检验机构进行检验。

(2) 对进出口食品的卫生检验和进出境动植物的检疫。

(3) 对装运出口易腐烂变质食品、冷冻品的船舱、集装箱等运载工具的适载检验。

(4) 对出口危险货物包装容器的性能检验和使用鉴定。

(5) 对有关国际条约规定或其他法律、行政法规规定必须经检验检疫机构检验的进出口商品实施检验检疫。

(6) 国际货物销售合同规定由检验检疫机构实施出入境检验时,当事人应及时提出申请,由检验检疫机构按照合同规定对货物实施检验并出具检验证书。

(二) 进出口商品检验

进出口商品检验是指确定列入《出入境检验检疫机构实施检验检疫的进出境商品目录》的进出口商品是否符合国家技术规范的强制性要求的合格评定活动。

凡列入《出入境检验检疫机构实施检验检疫的进出境商品目录》的进出口商品和其他法律、法规规定必须经检验的进出口商品,必须经过出入境检验检疫部门或其指定的检验机构检验。检验检疫机构根据需要对检验合格的进出口商品可以加施检验检疫标志或封识。

(三) 动植物检疫

(1) 检验检疫机构依法实施动植物检疫的情形包括五种,即进出境、过境的动植物、

动植物产品和其他检疫物;装载动植物、动植物产品和其他检疫物的装载容器、包装物、铺垫材料;来自动植物疫区的运输工具;进境拆解的废旧船舶;有关法律、法规、国际条约规定或者贸易合同约定应当实施进出境动植物检疫的其他货物、物品。

（2）对于国家列明的禁止进境物做退回或销毁处理。

（3）对进境动物、动物产品、植物种子、种苗及其他繁殖材料实行进境检疫许可制度,在签订合同之前先办理检疫审批。

（4）对出境动植物、动植物产品或其他检疫物,检验检疫机构对其生产、加工、存放过程实施检疫监管。

（5）对过境运输的动植物、动植物产品和其他检疫物实行检疫监管。

（6）对携带、邮寄动植物、动植物产品和其他检疫物的进境实行检疫监管。

（7）对来自疫区的运输工具,口岸检验检疫机构实施现场检疫和有关消毒处理。

（四）卫生检疫与处理

我国关于卫生检疫与处理的内容和规定如下。

（1）出入境检验检疫部门对出入境的人员、交通工具、集装箱、行李、货物、邮包等实施医学检查和卫生检查。

（2）检验检疫机构对未染有检疫传染病或者已实施卫生处理的交通工具签发入境或者出境检疫证。

（3）检验检疫机构对入境、出境人员实施传染病监测,有权要求出入境人员填写健康申明卡,出示预防接种证书、健康证书或其他有关证件。

（4）对患有鼠疫、霍乱、黄热病的出入境人员,应实施隔离留验。

（5）对患有艾滋病、性病、麻风病、精神病、开放性肺结核的外国人员应阻止其入境。

（6）对患有监测传染病的出入境人员,视情况分别采取留验、发就诊方便卡等措施。

（7）对国境口岸和停留在国境口岸的入出境交通工具的卫生状况实施卫生监督。

（8）对发现的患有检疫传染病、监测传染病、疑似检疫传染病的入境人员实施隔离、留验和就地诊验等医学措施。

（9）对来自疫区、被传染病污染、发现传染病媒介的出入境交通工具、集装箱、行李、货物、邮包等物品进行消毒、除鼠、除虫等卫生处理。

（五）进口废物原料、旧机电产品装运前的检验

1. 进口废物原料装运前检验的主要内容和规定

（1）对国家允许作为原料进口的废物,实施装运前检验制度,防止境外有害废物向我国转运。进口废物前,进口单位应先取得国家环保总局签发的进口废物批准证书。

（2）收货人与发货人签订的废物原料进口贸易合同中,必须订明所进口的废物原料须符合中国环境保护控制标准的要求,并约定由出入境检验检疫机构或国家质检总局认可的检验机构实施装运前检验,检验合格后方可装运。

2. 旧机电产品装运前检验的主要内容和规定

进口旧机电产品的收货人或其代理人应在合同签署前向国家质检总局或收货人所在地直属检验检疫局办理备案手续。

对按规定应当实施装运前预检验的由检验检疫机构或国家质检总局认可的装运前预检检验机构实施装运前检验,检验合格后方可装运。运抵口岸后,检验检疫机构仍将按规定实施到货检验。

(六) 进口商品认证管理

进口商品认证管理包括国家对涉及人类健康和动植物生命和健康,以及环境保护和公共安全的产品实行强制性认证制度;列入《中华人民共和国实施强制性产品认证的产品目录》内的商品,必须经过指定的认证机构认证合格、取得指定认证机构颁发的认证证书并加施认证标志后,方可进口。

(七) 出口商品质量许可和卫生注册管理

出口商品质量许可是指国家对重要出口商品实行质量许可制度,出入境检验检疫部门单独或会同有关主管部门共同负责发放出口商品质量许可证的工作,未获得质量许可证书的商品不准出口。

检验检疫部门已对机械、电子、轻工、机电、玩具、医疗器械、煤炭等类商品实施出口产品质量许可制度。国内生产企业或其代理人可向当地出入境检验检疫机构申请出口质量许可证书。对于实施质量许可制度的出口商品实行验证管理。

卫生注册管理是指国家对出口的食品及其生产企业实施卫生注册登记制度。实施卫生注册登记制度的出口食品生产企业应向检验检疫机构申请卫生注册登记,取得登记证书后,方可生产、加工、储存出口食品。

(八) 出口危险货物运输包装检验

我国对出口商品的运输包装进行性能检验,未经检验或检验不合格的,不准用于盛装出口商品。生产危险货物出口包装容器的企业,必须向检验检疫机构申请包装容器的性能鉴定。生产危险货物的企业,必须向检验检疫机构申请危险货物包装容器的使用鉴定。

(九) 外商投资财产鉴定

外商投资财产鉴定包括价值鉴定,损失鉴定,品种、质量、数量鉴定等。各地检验检疫机构凭财产关系人或代理人及经济利益有关各方的申请,或司法、仲裁、验资等机构的指定或委托,办理外商投资财产的鉴定工作。

(十) 货物装载和残损鉴定

用船舶和集装箱装运粮油食品、冷冻品等易腐食品出口的,应向口岸检验检疫机构申请检验船舱和集装箱,经检验符合装运技术条件并发给证书后,方准装运;对外贸易关系人及仲裁、司法等机构,对海运进口商品可向检验检疫机构申请办理监视、残损鉴定、监视卸载、海损鉴定、验残等残损鉴定工作。

(十一) 进出口商品质量认证

检验检疫机构根据国家统一的认证制度,对有关的进出口商品实施认证管理。

(十二) 涉外检验检疫、鉴定、认证机构审核认可和监督涉外检验检疫、鉴定、认证机构审核认可

对从事进出口商品检验、鉴定、认证业务的中外合资、合作机构、公司及中资企业,对

其经营活动实行统一监督管理。对于境内外检验鉴定认证公司设在各地的办事处实行备案管理。

（十三）与外国和国际组织开展合作

负责对外签订政府部门间的检验检疫合作协议、认证认可合作协议、检验检疫协议执行议定书等并组织实施;承担国际组织在标准与一致化和检验检疫领域的联络点工作等。

第三节　一般进出口货物的基本报关程序

海关的监管分为前期管理阶段、进出口管理阶段和后续管理阶段。一般进出口货物报关程序没有前期管理阶段和后续管理阶段,只有进出口阶段,其由 4 个环节构成,即进出口申报、配合查验、缴纳税费、提取或装运货物。

所有的进出境货物报关程序都有进出口阶段,因此一般进出口货物的报关程序除缴纳税费环节外也适用于其他所有进出境货物的报关。

一、进出口申报

（一）进出口申报概述

1. 申报的含义

申报也可以理解为狭义的报关,是指货物、运输工具和物品的所有人或其代理人在货物、运输工具、物品进出境时,向海关呈送规定的单证(可以书面或者电子数据交换方式)并申请查验、放行的手续。《海关法》规定,进出口货物,除另有规定外,可以由进出口货物收发货人自行办理报关及纳税手续,也可以由进出口货物收发货人委托海关准予注册登记的报关企业办理报关及纳税手续。

申报与否,包括是否如实申报,是区别走私与非走私的重要界限之一。因此,海关法律对货物、运输工具的申报,包括申报的单证、申报时间、申报内容都做了明确的规定,把申报制度以法律的形式固定下来。

2. 申报前的准备工作

（1）进口须接到进口提货通知,出口须备齐出口货物。

（2）委托报关者须办理报关委托,代理报关者须接受报关委托。

（3）准备报关单证,包括基本单证、特殊单证、预备单证。

（4）填制报关单及其他报关单证。

（5）报关单预录入。报关单预录入是指在实行报关自动化系统处理进（出）口货物报关单的海关,报关单位或报关人将报关单上申报的数据、内容录入电子计算机,并将数据、内容传送到海关报关自动化系统的工作。

以上工作办妥后,便可向海关递交报关单证,开始报关工作。

（二）进出口货物申报地点、日期、期限及滞报金

1. 申报地点

进口货物应当由收货人或其代理人在货物的进境地海关申报,出口货物应当由发货

人或其代理人在货物的出境地海关申报。

经收发货人申请,海关同意,进口货物的收货人或其代理人可以在设有海关的货物指运地申报,出口货物的发货人或其代理人可以在设有海关的货物起运地申报。

以保税货物、特定减免税货物和暂准进境货物申报进境的货物,因故改变使用目的从而改变货物性质转为一般进口时,进口货物的收货人或其代理人应当在货物所在地的主管海关申报。

2. 申报日期

进出口货物收发货人或其代理人的申报数据自被海关接受之日起,其申报的数据就产生法律效力,即进出口货物收发货人或其代理人应当向海关承担"如实申报""如期申报"等法律责任。因此,海关接受申报数据的日期非常重要。

申报日期是指申报数据被海关接受的日期。无论以电子数据报关单方式申报还是以纸质报关单方式申报,海关接受申报数据的日期即为接受申报的日期。采用先电子数据报关单申报,后提交纸质报关单,或者仅以电子数据报关单方式申报的,申报日期为海关计算机系统接受申报数据时记录的日期,该日期将反馈给原数据发送单位,或公布于海关业务现场,或通过公共信息系统发布。

电子数据报关单经过海关计算机检查被退回的,视为海关不接受申报,进出口货物收发货人或其代理人应当按照要求修改后重新申报,申报日期为海关接受重新申报的日期。海关已接受申报的报关单电子数据送人工审核后,需要对部分内容修改的,进出口货物收发货人或其代理人应当按照海关规定进行修改并重新发送,申报日期仍为海关原接受申报的日期。

先纸质报关单申报,后补报电子数据,或只提供纸质报关单申报的,海关工作人员在报关单上做登记处理的日期为海关接受申报的日期。

3. 申报期限

进口货物的申报期限为自装载货物的运输工具申报进境之日起 14 日内。申报期限的最后一天是法定节假日或休息日的,顺延至法定节假日或休息日后的第一个工作日。进口货物自装载货物的运输工具申报进境之日起超过 3 个月仍未向海关申报的,货物由海关提取并依法变卖。对属于不宜长期保存的货物,海关可以根据实际情况提前处理。

出口货物的申报期限为货物运抵海关监管区后、装货的 24 小时以前。

经海关批准准予集中申报的,进口货物自装载货物的运输工具申报进境之日起 14 日内,出口货物在运抵海关监管区后、装货的 24 小时前,按中华人民共和国海关进出口货物集中申报清单(以下简称集中申报清单)格式录入数据向海关申报。自海关审结集中申报清单电子数据之日起 3 日内,持集中申报清单及随附单证到货物所在地海关办理交单验放手续。在次月 10 日(保税货物在次月底)之前,对一个月内以集中申报清单申报的数据进行归并,填制进出口货物报关单到海关办理集中申报手续。

经电缆、管道或其他特殊方式进出境的货物,进出口货物收发货人或其代理人应当按照海关的规定定期申报。

4. 滞报金

进口货物收货人未按规定期限向海关申报产生滞报的,由海关按规定征收滞报金。

　　进口货物滞报金应当按日计征,起始日和截止日均计入滞报期间。

　　进口货物收货人在向海关传送报关单电子数据申报后,未在规定期限或核准的期限内提交纸质报关单,海关予以撤销电子数据报关单处理,进口货物收货人重新向海关申报。产生滞报的,滞报金的征收以自运输工具申报进境之日起第15日为起始日,以海关重新接受申报之日为截止日。

　　进口货物收货人申报并经海关依法审核,必须撤销原电子数据报关单重新申报。产生滞报的,经进口货物收货人申请并经海关审核同意,滞报金的征收以撤销原电子数据报关单之日起第15日为起始日,以海关重新接受申报之日为截止日。

　　进口货物因收货人在运输工具申报进境之日起超过3个月未向海关申报,被海关提取做变卖处理后,收货人申请发还余款的,滞报金的征收以自运输工具申报进境之日起第15日为起始日,以该3个月期限的最后一日为截止日。滞报金的日征收金额为进口货物完税价格的0.05%,以人民币“元”为计征单位,不足人民币1元的部分免征。

　　征收滞报金的计算公式为

$$滞报金 = 进口货物完税价格 \times 0.05\% \times 滞报期间(滞报天数)$$

　　滞报金的起征点为人民币50元。

　　滞报金的计征起始日如遇法定节假日,则顺延至其后第一个工作日。

　　根据海关规定,因不可抗力等特殊情况产生的滞报可以向海关申请减免滞报金。

 **案例分析**

　　西安某公司以每千克28美元CIF从法国进口某货物100千克,该票货物由法国巴黎的戴高乐机场启运,3月13日运至北京的首都机场,3月15日转机运至西安。该公司4月3日去西安海关申报。

　　请问:该公司是否应该缴纳滞报金？如果需要缴纳,应缴纳多少？

　　分析:

　　在该案例中,运输工具从北京入境,指运地是西安,属于转关运输的范畴。《海关法》规定,转关运输滞报金起算日期有两个:一是运输工具申报进境之日起第15日,二是货物运抵指运地之日起第15日。两个条件只要达到一个,即征收滞报金;如果两个条件均达到,则要征收两次滞报金。

　　在该案例中,如果以运输工具申报入境之日起算,3月28日开始征收滞报金,滞报6天;如果以货物运抵指运地之日起算,3月30日开始征收滞报金,滞报4天。该公司于4月3日去西安海关申报,两个条件都满足,因此要征收两次滞报金。

　　根据《海关法》规定,滞报金的日征收金额为进口货物的到岸价格的0.05%。

　　应缴纳的滞报金为

$$28 \times 100 \times 0.05\% \times (6+4) = 14(美元)$$

(三) 申报程序

1. 准备申报单证

准备申报单证是报关员开始进行申报工作的第一步,是整个报关工作能否顺利进行的关键一步。申报单证可以分为主要单证和随附单证两大类,其中,随附单证包括基本单证和特殊单证,如图 6-1 所示。

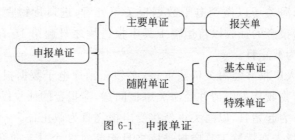

图 6-1　申报单证

报关单是由报关员按照海关规定格式填制的申报单证,是指进出口货物报关单或者带有进出口货物报关单性质的单或证,如保税区、出口加工区进出境备案清单,ATA 单证册,过境货物报关单,转关运输申报单,快件报关单等。任何货物的申报都必须有报关单证。

 小贴士

ATA 单证册

ATA 单证册是一本国际通用的海关通关文件,它是世界海关组织为暂时进出境货物而专门创设的。ATA 由法文 AdmissionTemporaire 和英文 Temporary Admission 的首字母缩合而成,表示暂准进口。ATA 单证册也被称为货物通关护照。

ATA 单证册制度旨在统一和简化货物暂准进出口的海关手续,为暂时进出境货物在全球范围内的流动提供最大限度的通关便利,促进国际经贸、科技、文化、体育的交流和发展。

基本单证是指进出口货物的货运单据和商业单据,主要有进口提货单据、出口装货单据、商业发票、装箱单等。一般来说,任何货物的申报都必须有基本单证。

特殊单证主要有进出口许可证件、加工贸易登记手册(包括纸质手册、电子手册和电子账册)、特定减免税证明、作为有些货物进出境证明的原进出口货物报关单证、出口收汇核销单、原产地证明书、贸易合同等。

某些货物的申报必须有特殊单证,如租赁贸易货物进口申报必须有贸易合同,其他货物进口申报则不一定需要贸易合同。所以,贸易合同对于租赁贸易货物申报来说是一种特殊单证。

进出口货物收发货人或其代理人应向报关员提供基本单证和特殊单证,报关员审核这些单证后据此填制报关单。

准备申报单证的原则是:基本单证、特殊单证必须齐全、有效、合法;填制报关单(证)必须真实、准确、完整;报关单(证)与随附单证数据必须一致。

2. 申报前看货取样

《海关法》规定,进口货物的收货人经海关同意,可以在申报前查看货物或者提取货样。需要依法检验的货物,应当在检验合格后提取货样。

 小贴士

申报前看货取样的原因

进口货物的收货人在办理海关手续时,应当承担如实申报的义务,包括准确归类,正确填报数量、规格等有关项目,但由于境外发货人在传递信息资料或装运环节上的问题有可能造成境内收货人单证不全,不能准确把握进境货物的真实状况,即使通过函电等方式也无法予以确认,致使所到货物不能及时、准确申报。在这种情况下,就有必要实行看货取样。

收货人申报前向海关提出查看货物、提取货物样品的申请应具备一定的条件,如果货物进境已有走私违法嫌疑并被海关发现,海关将不予同意。同时,只有在通过外观无法确定货物的归类等情况下,海关才会同意收货人提取货样。法律对收货人借查看货物或提取货物样品之机进行的各种活动也有严格的规定。

涉及动植物及其产品及其他须依法提供检疫证明的货物,如需提取货样,应当按照国家的有关法律规定,事先取得主管部门签发的书面批准证明。提取货样后,到场监管的海关工作人员与进口货物的收货人在海关开具取样记录并在取样清单上签字确认。

3. 如实申报

《海关法》规定,进口货物的收货人、出口货物的发货人应当向海关如实申报。

如实申报是指进出口货物收发货人在向海关申请办理货物通关手续时,按规定的格式(报关单),真实、准确地填报与货物有关的各项内容。

从法律意义上来说,申报对收发货人意味着向海关报告进出口货物的情况,申请按其填报的内容办理相关的通关手续,并承诺履行该项海关手续对货物及收发货人所规定的一切义务。收发货人在申报时必须向海关提供一切辨认货物及货物适用的管理法规所必需的法律要件,并对这些法律要件的真实性、完整性和准确性负全部责任。

4. 选择申报的方式

办理进出口货物的海关申报手续,应当采用纸质报关单或电子数据报关单的形式,电子数据报关单与纸质报关单具有相同的法律效力。随着我国电子通关工程的不断完善,电子数据报关已成为主要的申报方式。

 小贴士

通关作业无纸化改革

2016 年 1 月,中国海关共审结通关作业无纸化报关单 45 826 份,占同期报关单总量的 97.6%,环比增加 0.2 个百分点。目前已完成企业无纸化电子签约 9.8 万家,其中认证企业无纸化签约 11 007 家,一般信用企业无纸化签约 8.7 万家。

进出口货物收发货人或其代理人将报关单内容录入海关电子计算机系统,生成电子数据报关单。进出口货物收发货人或其代理人在委托录入或自行录入报关单数据的计算机上接收到海关发送的接受申报信息,即表示电子申报成功;接收到海关发送的不接受申报信息后,则应当根据信息提示修改报关单内容后重新申报。

海关审结电子数据报关单后,进出口货物收发货人或其代理人应当自接到海关现场交单或放行交单通知之日起 10 日内,持打印的纸质报关单,备齐规定的随附单证并签名盖章到货物所在地海关提交书面单证,办理相关海关手续。

对采用电子数据报关单向海关申报的报关单位来说,更应注意因数据申报不实而引起的有关法律责任。因此,报关单位在报关数据发送前,应认真核查所申报的内容是否规范、准确,随附的单据、资料是否与所申报的内容相符,交验的各种单证是否正确、齐全、有效。

5. 修改申报内容或撤销申报

海关接受进出口货物申报后,电子数据和纸质的进出口货物报关单不得修改或者撤销;确有正当理由的,经海关审核批准,可以修改或撤销。

修改和撤销申报有两种情况。

第一种情况是进出口货物收发货人要求修改或撤销。进出口货物收发货人或其代理人确有如下正当理由的,可以向原接受申报的海关申请修改或者撤销进出口货物报关单。

(1) 由于报关人员操作或书写失误造成所申报的报关单内容有误,并且未发现有走私违规或者其他违法嫌疑的。

(2) 出口货物放行后,由于装运、配载等原因造成原申报货物部分或全部退关、变更运输工具的。

(3) 进出口货物在装载、运输、存储过程中因溢短装、不可抗力的灭失、短损等原因造成原申报数据与实际货物不符的。

(4) 根据贸易惯例先行采用暂时价格成交、实际结算时按商检品质认定或国际市场实际价格付款方式需要修改申报内容的。

(5) 由于计算机、网络系统等方面的原因导致电子数据申报错误的。

(6) 其他特殊情况经海关核准同意的。

海关已经决定布控、查验的,以及涉及有关案件的进出口货物的报关单在"办结"前不得修改或者撤销。

进出口货物收发货人或其代理人申请修改或者撤销进出口货物报关单的,应当向海关提交进出口货物报关单修改/撤销申请表,并相应提交可以证明进出口实际情况的合同、发票、装箱单等相关单证,外汇管理、国税、检验检疫、银行等有关部门出具的单证,应税货物的海关专用缴款书,用于办理收付汇和出口退税的进出口货物报关单证明联等海关出具的相关单证。

因修改或者撤销进出口货物报关单导致需要变更、补办进出口许可证件的,进出口货物收发货人或其代理人应当向海关提交相应的进出口许可证件。

第二种情况是海关发现报关单需要进行修改和撤销。

海关发现进出口货物报关单需要进行修改或者撤销,但进出口货物收发货人或者其代理人未提出申请的,海关应当通知进出口货物收发货人或者其代理人。海关在进出口货物收发货人或者其代理人填写的进出口货物报关单修改/撤销确认书对进出口货物报关单修改或者撤销的内容进行确认后，对进出口货物报关单进行修改或者撤销。

同样，因修改或者撤销进出口货物报关单导致需要变更、补办进出口许可证件的，进出口货物收发货人或其代理人应当向海关提交相应的进出口许可证件。

二、配合查验

（一）海关查验

1. 海关查验的含义

进出口货物在通过申报环节后即进入查验环节。海关查验（Inspection）也称验关，是指海关接受报关员的申报后，对进口或出口的货物进行实际的核对和检查，以确定货物的自然属性，货物的数量、规格、价格、金额、标记唛码、包装式样及原产地是否与报关单所列一致，对货物进行实际检查的行政执法行为。

海关通过查验，核实有无伪报、瞒报和申报不实等走私违法事情，为后期的征税、统计和后续管理提供可靠的监管依据。海关查验是海关为完成国家赋予的职责而应具备的一种权力，任何国家的海关都有查验权。海关查验货物时，进口货物的收货人、出口货物的发货人应当到场，并负责搬移货物，开拆和重封货物的包装。

海关通过查验，检查报关单位是否伪报、瞒报、申报不实，同时也为海关的征税、统计、后续管理提供可靠的资料。

2. 查验地点

查验应当在海关监管区内实施。

因货物易受温度、静电、粉尘等自然因素影响，不宜在海关监管区内实施查验，或者因其他特殊原因，需要在海关监管区外查验的，经进出口货物收发货人或其代理人书面申请，海关可以派员到海关监管区外实施查验。

3. 查验时间

当海关决定查验时，即将查验的决定以书面通知的形式通知进出口货物收发货人或其代理人，约定查验时间。查验时间一般约定在海关正常的工作时间内。

在一些进出口业务繁忙的口岸，海关也可接受进出口货物收发货人或其代理人的请求，在海关正常工作时间以外安排实施查验。对于危险品或者鲜活、易腐、易烂、易失效、易变质等不宜长期保存的货物以及因其他特殊情况需要"紧急验放"的货物，经进出口货物收发货人或其代理人申请，海关可以优先实施查验。

4. 查验方法

海关实施查验可以彻底查验，也可以抽查。彻底查验是指对一票货物逐件开拆包装、验核货物实际状况；抽查是指按照一定比例有选择地对一票货物中的部分货物验核实际状况。查验操作可以分为人工查验和设备查验。

（1）人工查验包括外形查验和开箱查验。外形查验是指对外部特征直观、易于判断基本属性的货物的包装、运输标志和外观等状况进行验核，开箱查验是指将货物从集装箱、货柜车箱等箱体中取出并拆除外包装后对货物实际状况进行验核。

（2）设备查验是指以技术检查设备为主对货物实际状况进行验核。海关可以根据货物情况及实际执法需要确定具体的查验方式。

5. 复验

海关可以对已查验货物进行复验。有下列情形之一的,海关可以复验。

(1) 经初次查验未能查明货物的真实属性,需要对已查验货物的某些性状做进一步确认的。

(2) 货物涉嫌走私违规,需要重新查验的。

(3) 进出口货物收发货人对海关查验结论有异议,提出复验要求并经海关同意的。

(4) 其他海关认为必要的情形。

已经参加过查验的查验人员不得参加对同一票货物的复验。

6. 径行开验

径行开验指海关在进出口货物收发货人或其代理人不在场的情况下,对进出口货物进行开拆包装查验。

有下列情形之一的,海关可以径行开验。

(1) 进出口货物有违法嫌疑的。

(2) 经海关通知查验,进出口货物收发货人或其代理人届时未到场的。

海关径行开验时,存放货物的海关监管场所经营人、运输工具负责人应当到场协助,并在查验记录下签名确认。

(二) 配合海关查验

海关查验货物时,进出口货物收发货人或其代理人应当到场,配合海关查验。

进出口货物收发货人或其代理人配合海关查验应当做好如下工作。

(1) 负责按照海关要求搬移货物、开拆包装,以及重新封装货物。

(2) 预先了解和熟悉所申报货物的情况,如实回答查验人员的询问并提供必要的资料。

(3) 协助海关提取需要做进一步检验、化验或鉴定的货样,收取海关出具的取样清单。

(4) 查验结束后,认真阅读查验人员填写的海关进出境货物查验记录单。

🍁 **小贴士**

进出口货物收发货人或其代理人应注意以下情况的记录是否符合实际:开箱的具体情况、货物残损情况及造成残损的原因、提取货样的情况、查验结论。

查验记录准确清楚的,配合查验人员应签名确认。如不签名的,海关查验人员在查验记录中予以注明,并由货物所在监管场所的经营人签名证明。

(三) 货物损坏赔偿

因进出口货物所具有的特殊属性,容易因开启、搬运不当等原因导致货物损毁,需要海关查验人员在查验过程中予以特别注意的,进出口货物收发货人或其代理人应当在海关实施查验前申明。

在查验过程中,或者证实海关在径行开验过程中,因为海关查验人员的责任造成被查验货物损坏的,进出口货物的收发货人或其代理人可以要求海关赔偿。海关赔偿的范围仅限于在实施查验过程中,由于查验人员的责任造成被查验货物损坏的直接经济损失。直接经济损失的金额根据被损坏货物及其部件的受损程度确定,或者根据修理费确定。

1. 要求海关赔偿查验中被损坏货物的具体操作

(1) 要求海关出具中华人民共和国海关查验货物、物品损坏报关书,以确认货物损坏情况。

(2) 持中华人民共和国海关查验货物、物品损坏报告书向海关提出赔偿请求,并确定赔偿金额。

(3) 在规定期限内向海关领取赔偿金。

进出口货物收发货人或其代理人在海关查验货物时对货物是否受损未提出异议,事后发现货物有损坏的,海关不负赔偿责任。

2. 不属于海关赔偿范围的情况

(1) 进出口货物的收发货人或其代理人搬移、开拆、封装货物或保管不善造成的损失。

(2) 易腐、易失效货物在海关正常工作程序所需时间内(含扣留或代管期间)所发生的变质或失效。

(3) 海关正常查验时产生的不可避免的磨损。

(4) 在海关查验之前已发生的损坏和海关查验之后发生的损坏。

(5) 由于不可抗拒的原因造成货物的损坏、损失。

三、缴纳税费

缴纳税费的具体操作步骤如下。

(1) 进出口货物收发货人或其代理人将报关单及随附单证提交给货物进出境地指定海关,海关对报关单进行审核,对需要查验的货物先由海关查验,然后核对计算机计算的税费,开具税款缴款书和收费票据。

(2) 进出口货物收发货人或其代理人在规定时间内,持缴款书或收费票据向指定银行办理税费交付手续;在中国电子口岸网上缴税和付费的海关,进出口货物收发货人或其代理人可以通过电子口岸接收海关发出的税款缴款书和收费票据,在网上向指定银行进行电子支付税费。

(3) 一旦收到银行缴款成功的信息,即可报请海关办理货物放行手续。

四、提取或装运货物

(一) 海关进出境现场放行和货物结关

1. 海关进出境现场放行

海关进出境现场放行是指海关接受进出口货物的申报、审核电子数据报关单和纸质报关单及随附单证、查验货物、征免税费或接受担保以后,对进出口货物做出结束海关进出境现场监管决定,允许进出口货物离开海关监管现场的工作环节。

海关进出境现场放行一般由海关在进口货物提货凭证或者出口货物装货凭证上加盖

海关放行章。进出口货物收发货人或其代理人签收进口提货凭证或者出口装货凭证,凭以提取进口货物或将出口货物装运到运输工具上离境。

 小贴士

海关不予放行的情况

海关不予放行的情况如下。

(1) 违反海关法和其他进出境管理的法律、法规进出境的。

(2) 单证不齐或未办纳税手续,且又未提供担保的。

(3) 包装不良。

(4) 尚有其他未了事情尚待处理的。

(5) 根据海关总署指示,不准放行的。

实行无纸通关申报方式的海关,当海关做出现场放行决定时,通过计算机将海关决定放行的信息发送给进出口货物收发货人或其代理人和海关监管货物保管人。进出口货物收发货人或其代理人从计算机上自行打印海关通知放行的凭证,凭以提取进口货物或将出口货物装运到运输工具上离境。

2. 货物结关

货物结关是进出境货物办结海关手续的简称。进出境货物由收货人、发货人或其代理人向海关办理完所有的海关手续,履行了法律规定的与进出口有关的一切义务,就办结了海关手续,海关不再进行监管。

3. 需要注意的问题

海关进出境现场放行需要注意两个情况。

(1) 货物已经结关,对于一般进出口货物,放行时进出口货物收发货人或其代理人已经办理了所有海关手续,因此海关进出境现场放行即等于结关。

(2) 货物尚未结关,对于保税货物、特定减免税货物、暂准进出境货物、部分其他进出境货物,放行时进出境货物收发货人或其代理人并未全部办完所有的海关手续,海关在一定期限内还需进行监管,所以该类货物的海关进出境现场放行不等于结关。

(二) 提取货物或装运货物

进口货物收货人或其代理人签收海关加盖海关放行章戳记的进口提货凭证,凭以到货物进境地的港区、机场、车站、邮局等地的海关监管仓库办理提取进口货物的手续。

出口货物发货人或其代理人签收海关加盖海关放行章戳记的出口装货凭证,凭以到货物出境地的港区、机场、车站、邮局等地的海关监管仓库办理将货物装上运输工具离境的手续。

(三) 申请签发报关单证明联

进出口货物收发货人或其代理人办理完提取进口货物或装运出口货物的手续以后,如需要海关签发有关货物的进口、出口报关单证明联的,均可向海关提出申请。

1．报关单证明联的种类

常见的报关单证明联主要有以下三种。

1）进口付汇证明联

对需要在银行或国家外汇管理部门办理进口付汇核销的进口货物，报关员应当向海关申请签发进口货物报关单付汇证明联。海关经审核，对符合条件的，即在进口货物报关单上签名，加盖海关验讫章，作为进口付汇证明联签发给报关员。同时，通过电子口岸执法系统向银行和国家外汇管理部门发送证明联电子数据。

2）出口收汇证明联

对需要在银行或国家外汇管理部门办理出口收汇核销的出口货物，报关员应当向海关申请签发出口货物报关单收汇证明联。海关经审核，对符合条件的，即在出口货物报关单上签名，加盖海关验讫章，作为出口收汇证明联签发给报关员。同时，通过电子口岸执法系统向银行和国家外汇管理部门发送证明联电子数据。

3）出口退税证明联

对需要在国家税务机构办理出口退税的出口货物，报关员应当向海关申请签发出口货物报关单退税证明联。海关经审核，对符合条件的予以签发并在证明联上签名，加盖海关验讫章，交给报关员。同时，通过电子口岸执法系统向国家税务机构发送证明联电子数据。

 小贴士

海关签发报关单证明联的原因

海关签发的进出口货物报关单证明联是海关在核实货物实际出入境后，按报关单格式提供的证明，是企业向税务、外汇管理部门办结有关手续的证明文件，即外汇管理局、国税局进行进口付汇核销监管、出口收汇核销管理、出口退税管理的主要凭证之一。其具体有出口退税专用报关单、出口结汇专用报关单、进口付汇专用报关单三种。

海关签发进出口货物报关单证明联有利于配合外汇管理局加强外汇管理，保持国际收支平衡；有利于配合国税局正确执行国家对出口产品的退税政策。

2．办理其他证明手续

1）出口收汇核销单

对需要办理出口收汇核销的出口货物，出口货物的发货人或其代理人应当在申报时向海关提交由国家外汇管理部门核发的出口收汇核销单。海关放行货物后，在出口收汇核销单上签章。出口货物发货人凭出口货物报关单收汇证明联和出口收汇核销单办理出口收汇核销手续。

2）进口货物证明书

对进口汽车、摩托车等，进口货物的发货人或其代理人应当向海关申请签发进口货物证明书，进口货物收货人凭以向国家交通管理部门办理汽车、摩托车的牌照申领手续。

海关放行汽车、摩托车后，签发进口货物证明书；同时，将进口货物证明书上的内容通过计算机发送给海关总署，再传输给国家交通管理部门。其他进口货物如需申领进口货物证明书的收货人或其代理人也可向海关提出申请。

第四节　出入境检验检疫的一般工作流程

出入境检验检疫的工作流程一般可概括为 4 个环节：受理报检—检验检疫和鉴定—检验检疫收费—签证、放行。这里主要以出入境货物的检验检疫为例，对检验检疫的工作程序进行介绍。

一、受理报检

检验检疫机构接受申请人报检是检验检疫工作的开始。检验检疫机构根据我国《出入境检验检疫报检规定》，负责受理报检范围内的各类报检工作。

（一）需要报检的范围

需要报检的范围如下。

（1）法律、行政法规规定必须由出入境检验检疫机构实施检验检疫的。

（2）输入国家或地区规定必须凭检验检疫机构出具的证书方准入境的。

（3）有关国际条约规定必须经检验检疫的。

（4）申请签发普惠制原产地证或一般原产地证的。

（5）对外贸易关系人申请的鉴定业务和委托检验。

（6）对外贸易合同、信用证规定由检疫机构或官方机构出具证书的。

（7）未列入《出入境检验检疫机构实施检验检疫的进出境商品目录》的入境货物，经收、用货单位验收发现质量不合格或残损，需检验检疫局出证索赔的。

（8）涉及出入境检验检疫内容的司法和行政机关委托的鉴定业务。

（二）报检人报检时必须履行的手续

不同类型的货物，如一般货物、动植物及一些有特殊规定的检验检疫货物，其报检要求是不同的。报检人报检时必须履行的手续主要有三项，即填写报检单、提供相应的单证、按规定缴纳检验检疫费。

二、检验检疫和鉴定

在检验检疫和鉴定环节，报检人应事先约定抽样、检验检疫和鉴定的时间，并须预留足够的取采样、检验检疫和鉴定的工作日，同时须提供进行采样、检验检疫和鉴定等必要的工作条件。

（一）抽样

凡需检验检疫并出具结果的出入境货物，一般需检验检疫人员到现场抽取样品。所抽取的样品必须具有代表性、准确性、科学性。抽取后的样品必须及时封识送检，以免发生意外，并及时填写现场记录。

检验检疫机构样品抽取的方法：进出口合同中规定了抽样方法的，按合同规定的标准或方法抽取;合同没有规定抽样方法的,按有关标准进行抽样。

(二)制样

凡所抽取样品经过加工方能进行检验的称为制样。制样一般在检验检疫机构的实验室内进行,无制样条件的可在社会认可的实验室进行。

样品及制样的小样经检验检疫后重新封识,超过样品保存期后销毁,需留中间样品的按规定定期保存。

(三)实施检验检疫

对出入境应检对象,检验检疫人员通过感官的、物理的、化学的、微生物的方法进行检验检疫,以判定所检对象的各项指标是否符合合同及买方所在国(地区)官方机构的有关规定。

(四)隔离检验检疫

入境的动物必须在入境口岸进行隔离检验检疫。对需要隔离检验检疫的出境动物先确定隔离场,由检验检疫人员进行临诊检查和实验室检验检疫。

入境植物需隔离检验检疫的应在口岸检验检疫机构指定的场所进行。入境的种子、种苗和其他繁殖材料,根据引进种子、种苗检疫审批单的审批意见,需要隔离检验检疫的,在口岸检验检疫机构指定的植物检验检疫隔离苗圃或隔离种植地种植。

(五)鉴定业务

除国家法律、行政法规规定必须经检验检疫机构检验检疫的对象外,检验检疫机构可根据对外贸易关系人、国外机构的委托,执法司法仲裁机构的委托或指定等,对出入境货物、动植物及其包装、运载工具和装运技术条件等进行检验检疫或鉴定,并签发有关证书,作为办理出入境货物交接、计费、通关、计纳税、索赔、仲裁等事项的有关凭证。

(六)卫生除害处理

按照《中华人民共和国国境卫生检疫法》及其实施细则、《中华人民共和国食品卫生法》《中华人民共和国进出境动植物检疫法》及其实施条例的有关规定,检验检疫机构所涉及的卫生除害处理的范围和对象是非常广泛的,包括出入境的货物、动植物、运输工具、交通工具的卫生除害处理及公共场所、病源地和疫源地的卫生除害处理等。

三、检验检疫收费

检验检疫收费包括出入境检验检疫费,考核、注册、认可认证、签证、审批、查验费,出入境动植物实验室检疫项目费,鉴定业务费,检疫处理费等。收费对象是向出入境检验检疫机构申请检验、检疫、鉴定等业务的货主或其代理人。收费基本上采取预收费或月底结算两种收费方式。对预收费者,申请人取证(单)时,根据检验检疫结果多退少补。检验检疫收费的一般规定如下。

(1)出入境检验检疫费不足最低限额时,按最低额收取,以人民币计算到"元",元以下四舍五入。

(2)收费标准中以货值为基础计费的,以出入境货物的贸易信用证、发票、合同所列货物总值或海关估价为基础计收。

检验检疫机构对出入境货物的计费以"一批"为一个计算单位。"一批"是指同一品名,在同一时间以同一运输工具,来自或运往同一地点,同一收货、发货人的货物。列车多车厢运输,满足以上条件的,按一批计;单一集装箱多种品名货物拼装,满足以上条件的按一批计。

同批货物涉及多项检验检疫业务的,应根据检验检疫业务工作的实际情况,以检验检疫为一项,数/重量为一项,包装鉴定为一项,实验室检验为一项,财产鉴定为一项,安全检测为一项,检疫处理为一项,分别计算,累计收费。其中,货物检验检疫费项按品质检验、卫生检疫分别计算,累计收费。

检验检疫机构对法定检验检疫的出入境货物,按照有关检验检疫操作规程或检验检疫条款规定,抽样检验代表全批的,均按全批收费。

自检验检疫机构开具收费通知单之日起 20 日内,出入境关系人应缴清全部费用,逾期未缴的,自第 21 日起,每日加收未缴纳部分 0.5％的滞纳金。

四、签证、放行

签证、放行是检验检疫机构检验检疫工作的最后一个环节。

(一) 签证

出入境检验检疫机构根据我国法律规定行使出入境检验检疫行政职能,按照有关国际贸易各方签订的契约规定或其政府的有关法规及国际惯例、条约的规定从事检验检疫工作,并据此签发证书。

凡法律、行政法规、规章或国际公约规定须经检验检疫机构检验检疫的出境货物,检验检疫合格的,签发出境货物通关单,作为海关核放货物的依据。同时,国外要求签发有关检验检疫证书的,检验检疫机构根据对外贸易关系人的申请,经检验检疫合格的,签发相应的检验检疫证书;经检验检疫不合格的,签发出境货物不合格通知单。

凡法律、行政法规、规章或国际公约规定须经检验检疫机构检验检疫的入境货物,检验检疫机构接受报检后,先签发入境货物通知单,海关据以验放货物。然后,经检验检疫机构检验检疫合格的,签发入境货物检验检疫情况通知单;不合格的,对外签发检验检疫证书,供有关方面对外索赔。需异地实施检验检疫的,口岸检验检疫机构办理异地检验检疫手续。

1. 检验检疫证单的法律效力

检验检疫证单的法律效力主要体现在以下七个方面。

(1) 检验检疫证单是出入境货物通关的重要凭证。

(2) 检验检疫证单是海关征收和减免关税的有效凭证。

(3) 检验检疫证单是履行交接、结算及进口国准入的有效证件。

(4) 检验检疫证单是议付货款的有效证件。

(5) 检验检疫证单是明确责任的有效证件。

(6) 检验检疫证单是办理索赔、仲裁及诉讼的有效证件。

(7) 检验检疫证单是办理验资的有效证明文件。

2. 检验检疫证单的类型

检验检疫证单的类型主要有 3 种。

（1）证书类检验检疫证单。证书类检验检疫证单包括品质、规格、数量、重量、包装等检验证书，食品卫生证书，健康证书，兽医卫生证书，动物卫生证书，植物检疫证书，船舶入境卫生检疫证，除鼠证书/免予除鼠证书，运输工具检疫证书，熏蒸/消毒证书等。

（2）凭单类检验检疫证单。凭单类检验检疫证单主要包括入境货物报检单、出境货物运输包装性能检验结果单、出境危险货物包装容器使用鉴定结果单、集装箱检验检疫结果单、入境货物检验检疫情况通知单、出境货物不合格通知单等。

（3）国家质检总局印制的其他证单。国家质检总局印制的其他证单包括进境动植物检疫许可证、国境口岸储存场地卫生许可证、口岸食品生产经营单位卫生许可证、出入境特殊物品卫生检疫审批单等。

3. 检验检疫证单的申请、签发与更改

出入境检验检疫证书的签发程序包括审核、制证、校对、签署和盖章、发证/放行等环节。抽样记录、检验检疫结果记录、拟稿等环节在各检验检疫施检部门完成，其他各环节均在检务部门完成，包括审核证书及其全套单据，缮制各种证单，经过校对证单，签署和盖章后发证。

检验检疫证书使用按照国家质检总局制定或批准的格式，分别使用英文、中文、中英文合璧签发。报检人有特殊要求使用其他语种签证的，应由申请人提出申请，经审批后予以签发。一般情况下，检验检疫机构只签发一份正本。特殊情况下，合同或信用证要求两份或两份以上正本，且难以更改合同或信用证的，经审批同意，可以签发，但应在第二份证书上注明"本证书是×××号证书正本的重本"。

报检人应交齐检验检疫费，在证单签署后 30 天内领取证单。报检人员在领取证单时应出示报检凭证并签字，注明领证时间，核对证单是否正确，防止错领、冒领。

在检验检疫机构签发检验检疫证单后，报检人要求更改或补充内容的，应向原证书签发检验检疫机构提出申请，经检验检疫机构核实批准后，按规定予以办理。任何单位或个人不得擅自更改检验检疫证书内容，伪造或变更检验检疫证书属于违法行为。

检验检疫机构发出证书后，因交接、索赔、结汇等各种需要，或报检人要求补充检验项目，或发现该批货物的其他缺陷或产生缺陷的原因等，为了进一步说明这些情况，检验检疫机构可在原证书的基础上酌情补充证书的内容，对原证书的不充分或遗漏部分做进一步说明或评定。

报检人需要补充证书内容时，应办理申请手续，填写更改申请单，并出具书面证明材料，说明要求补充的理由，经检验检疫机构核准后据实签发补充证书。检验检疫机构按规定在补充证书上注明"本证书是×××证书的补充证书"字样。补充证书与原证书同时使用时有效。

在检验检疫证书签发后，报检人要求更改证单内容的，经审批同意后方可办理更改手续。

4. 检验检疫证单的有效期

（1）检验检疫机构签发的证单一般以验讫日期作为签发日期。

（2）出境货物的出运期限及有关检验检疫证单的有效期：一般货物为 60 天；植物和植物产品为 21 天，北方冬季可适当延长至 35 天；鲜活类货物为 14 天。

（3）交通工具卫生证书用于船舶的有效期为 12 个月，用于飞机、列车的有效期为 6 个月。

（4）国际旅行健康证明书有效期为 12 个月，预防接种证书的有效时限参照有关标准执行。

（5）换证凭单以标明的检验检疫有效期为准。

（6）信用证要求装运港装船时检验，签发证单日期为提单日期 3 天内（含提单日）。

（二）放行

放行是检验检疫机构对列入法定检验检疫的出入境货物出具规定的证件，表示准予出入境并由海关监管验放的一种行政执法行为。凡列入《出入境检验检疫机构实施检验检疫的进出境商品目录》的进出境商品，必须经出入境检验检疫机构实施检验检疫，海关凭出入境检验检疫机构签发的入境货物通关单或出境货物通关单验放。

海关只受理报关地出入境检验检疫机构签发的入境货物通关单或出境货物通关单。对出入境运输工具，符合卫生检疫要求的，检验检疫机构签发运输工具检验检疫证书并予以放行；经卫生处理的，签发检验检疫证书并予以放行。

本 章 小 结

国际货物的报关和检验检疫是国际物流的重要环节。本章对报关和检验检疫的基本理论进行了介绍，重点阐述了报关的程序和检验检疫的工作流程。

延伸阅读

厦门检验检疫局发布 2017 年度十大维权案例

当好"国门卫士"，守好国门安全。2018 年 3 月 14 日，厦门检验检疫局召开新闻发布会，通报了厦门辖区部分民生消费品质量状况和 2017 年度厦门检验检疫局十大维权案例。

1."洋垃圾"进境被截

案例回放：2017 年 8 月，厦门检验检疫局工作人员查验一批来自阿尔巴尼亚的锌矿（共 51 个货柜，重 1 415.5 吨，货值 12.7 万美元）时发现，该批货物潮湿，呈褐红色，与锌矿正常形态不同，因此立即封存送检。经实验室检测，确定为含锌物料经湿法冶炼过程产生的冶炼渣。该批货物涉嫌未如实申报，厦门检验检疫局依法立案调查，并移交海关做退运处理。

专家解读："洋垃圾"是社会上的俗称，其指进口固体废物，也可指以走私、夹带、邮寄等方式进口国家禁止进口的固体废物或未经许可擅自进口属于限制进口的固体废物。该批锌矿含有矿渣、矿灰及残渣，且混有有毒有害物质，属于国家禁止进口固体废物。

2. 使用不锈钢西餐餐具小心"中毒"

案例回放：2017 年 7 月，一批来自德国不锈钢西餐餐具(共 24 箱 98 套，货值 4 000 欧元)被厦门检验检疫局退运。经实验室检测，该 24 件套餐具中刀子的铬(Cr)迁移量为 3.44mg/kg，超过《食品安全国家标准 食品接触用金属材料及制品》(GB 4806.9—2016)标准中理化指标要求的 72%。工作人员对该批餐具出具检验检疫处理通知书做退运处理。

专家解读：铬广泛存在于自然环境中，是人体必需的微量元素，同时也是一种毒性很大的重金属，摄入过量会对人体产生危害。

3. 桶装面暗藏活蛇 "偷渡"蛇被抓

案例回放：2017 年 8 月 9 日，厦门检验检疫局工作人员截获四条活体有毒黄环林蛇，该邮包来自中国台湾地区，申报为"方便面"，检疫人员在查验桶装泡面时发现四条分装在白色布袋中的活蛇。工作人员依法将毒蛇隔离封存饲养，并对查验现场进行消毒处理。

专家解读：活体动物属于明令禁止携带、邮寄进境，活体黄环林蛇一旦从包装物中逃逸，5 分钟之内即可消遁，遗毒四播且极难寻踪，具有较强攻击性，极有可能发生伤人事故，甚至危及人的生命。

4. 泰国斗鱼"战败"厦门口岸

案例回放：2017 年 11 月 19 日，厦门检验检疫局工作人员从来自泰国旅客的行李中现场截获活体泰国斗鱼 81 尾，以及用于饲养泰国斗鱼的水藻 4 瓶和植株 1 袋，这在厦门口岸尚属首次。该旅客未向检验检疫部门申报，且不能提供相关检疫审批证明，厦门局依法对该批斗鱼予以销毁处理。

专家解读：泰国斗鱼又名五彩博鱼，体长 4～6 厘米，鱼体五彩斑斓，以好斗闻名。这些斗鱼来源、品种及卫生状况不明，检疫风险高，一旦在我国境内定殖、扩散，将给生态、农业等领域带来难以估算的安全隐患。

5. 婴幼儿辅食营养素"不达标"被拒国门

案例回放：2017 年 7 月，两批从厦门口岸进口的婴幼儿辅助米粉(共计 434 箱，1 205 千克)分别检出锌含量为 0.11mg/100kJ，维生素 A 含量为 10.4μgRE/100kJ，均低于《食品安全国家标准 婴幼儿谷类辅助食品》(GB 10769—2010)中基本营养成分指标要求。厦门检验检疫局工作人员第一时间对两批货物进行封存，并对不合格的食品依法不予准入。

专家解读：6 个月以上婴幼儿除食用乳粉外，添加婴幼儿辅助食品来补充能量和营养素是健康成长的关键一环。为确保产品安全性及满足婴幼儿营养需要，我国专门制定了相应的食品安全国家标准。产品的各项指标都必须严格符合标准要求，高于或低于限量均视为不合格。

6. "加料"日本牙膏不可用

案例回放：2017 年 7 月，厦门检验检疫局对日本输华牙膏开展排查，发现 6 批牙膏存在日文标签中成分标注不符合我国国家标准的情况：日文标签中标注有成分苄索氯铵，该成分在中文标签中被标注为另一种物质苯扎氯铵。工作人员立即启动应急预案，督促进口企业召回 5 批相关产品，对 1 批产品未准入境，并立案调查。

专家解读：牙膏是消费者必备的生活用品，其品质直接关系消费者的身心健康。按照《牙膏用原料规范》(GB 22115—2008)的规定，苯扎氯铵为牙膏中允许使用的防腐剂，最大使用量为0.1%;苄索氯铵又名苄乙铵,因其具有较强的抗菌活性,作为防腐剂、杀菌剂应用广泛,但其在牙膏中属于禁用成分。

7. 掺假蜂蜜打"飞的"被截

案例回放:2017年5月,厦门检验检疫局工作人员从进口的7批蜂蜜检验监管中发现涉嫌掺杂使假情况。这7批次蜂蜜共计83.52千克,货值1 788.8美元,经抽样进行碳-4植物糖检测,含量超过7%,涉嫌掺假,故依法对上述不合格蜂蜜进行销毁处理。

专家解读:碳-4植物糖是玉米、甘蔗等碳-4植物在酶的作用下生产的糖。植物的光合作用分为碳3循环和碳4循环,而蜂蜜的花源大多是碳-3植物,所以人为的添加玉米、甘蔗等碳-4植物糖就可以通过检测蜂蜜中的碳-4植物糖含量来鉴别真假。7%是经过大量实验得出的经验值,超过7%就视为掺假。

8. HPV疫苗闯关被截

案例回放:2017年12月8日,厦门检验检疫局工作人员从马来西亚入境旅客行李中截获201支非法携带入境的HPV(Human Papilloma Virus,人乳头瘤病毒)疫苗,其中4价疫苗150支,9价疫苗51支,这是厦门口岸首次在旅客携带物中截获HPV疫苗。厦门检验检疫局依法对疫苗做截留销毁处理。

专家解读:HPV疫苗能够有效预防女性宫颈癌前病变,但其对温度有严格要求,需全程冷链运输储存。该批疫苗仅用布制袋包裹,未采取任何低温冷链运输措施,疫苗易变性失活,且该批疫苗来源不明,质量无法保证,一旦流入市场,可能对使用者健康安全造成极大威胁。

9. 警惕"香甜"进口葡萄酒

案例回放:2017年3月,厦门检验检疫局工作人员对一批产自葡萄牙的干红葡萄酒(5 472箱,重24.6吨,货值3.6万欧元)实施监督抽检,检出糖精钠超标。工作人员按有关规定出具检验检疫处理通知单,监督企业限期完成对上述货物的销毁处理。

专家解读:根据我国食品安全国家标准《食品安全国家标准 食品添加剂使用标准》(GB 2760—2014)规定,葡萄酒中不得使用甜味剂糖精钠。葡萄酒以鲜葡萄或葡萄汁为原料酿造,可添加微量抗菌抗氧化试剂,添加糖精钠不符合国家标准要求。食用过量含糖精钠的食品,会对人体的肝脏和神经系统造成危害。

10. 挽回短重经济损失

案例回放:2017年1月22日,"INDIGO SW"轮自印度尼西亚装载铜精矿靠泊厦门港区东渡码头泊位,该批次铜精矿提单重量为11 000吨。但经厦门检验检疫局工作人员检验鉴定,其实际重量仅为10 760.400吨,短重率21.78‰,短重货值高达48.75万美元。工作人员依法出具重量证书,帮助企业对外索赔成功,为企业挽回了经济损失。

专家解读:经了解,该批次货物提单数在装货港印度尼西亚是以水尺计重结果确定,印度尼西亚港口风浪较大,海况不符合水尺计重工作的基本要求,直接导致水尺计重结果与实际不符。鉴于我国每年进口散装货物日益增多,且铜精矿属高货值货物,厦门检验检疫局提醒国内收货人选择与信誉好、操作规范的国外公司进行合作;必要时可以向检验检疫机构申请实施装运前检验,从源头控制短重现象。

资料来源:http://www.cqn.com.cn/zj/content/2018-03/15/content_5552190.htm,2019年12月。

一、判断题

1. 我国的关境大于国境。 （　　）

2. 海关查验货物认为必要时,可以径行提取货样。 （　　）

3. 法定检验检疫又称强制性检验检疫。 （　　）

4. 某商品其海关监管条件为 D,表示该商品须由海关与检验检疫联合监管。 （　　）

5. 不符合安全条件的危险品包装容器不可以装运危险货物。 （　　）

6. 生羊皮的检验检疫监管类别是 M.P/N.Q,说明该种货物进境时需实施品质检验和动植物检疫。 （　　）

7. 某公司进口成套设备,其零配件的 H.S 编码不在《出入境检验检疫机构实施检验检疫的进出境商品目录》内,该公司不须向检验检疫机构报检。 （　　）

8. 边境贸易中入境展览物为旧机电产品的应该按旧机电产品备案登记手续来办理相关证明或声明。 （　　）

二、简答题

1. 报关的含义是什么? 报关的范围包括哪些?

2. 简述检验检疫的主要目的、作用与任务。

第七章

国际海上货运代理

【引导案例】

中国航运稳步向好 企业家信心得到恢复

2019年10月8日，上海国际航运研究中心发布2019年第三季度中国航运景气报告。报告显示，中国航运企业经营基本保持稳定，中国航运景气指数为108.74点，小幅上涨且依然保持在微景气区间；中国航运信心指数大涨至108.34点，再次恢复至景气区间，中国航运企业家的经营信心得到恢复。

1. 船舶运输企业经营信心回升

2019年第三季度，船舶运输企业景气指数为115.13点，较上季度上升12点；船舶运输企业信心指数为104.20点，较上季度大幅上升了16.8点，由相对不景气区间上升至微景气区间，船舶运输企业总体营运状况稳定。

从各项经营指标来看，船舶运输企业运力投放继续增加，舱位利用率持续向好,运费收入不断增加。尽管营运成本出现一定上升,但是企业盈利大幅向好,流动资金也更加宽裕,企业融资难度继续降低,贷款负债有所减少,劳动力需求开始好转。但是船舶运力投资意愿不足,船东对船舶运力的投资持谨慎态度。

干散货运输企业景气度大好。2019 年第三季度,干散货运输企业的景气指数为 124.83 点,较上季度上升 24.64 点,由微景气区间上升至较为景气区间;干散货运输企业的信心指数为 162.38 点,较上季度大幅上涨 55.53 点,进入较强景气区间。

干散货运输企业经营指标几乎全面向好。虽然营运成本持续走高,但企业运力投放有所增加,同时舱位利用率仍大幅提高,海运运费收入水平也不断上涨,企业的盈利情况明显增加。流动资金更加充裕,企业融资相对容易,贷款负债持续减少,劳动力需求相对稳健,船东的运力投资意愿回升,处于微景气区间。

集装箱运输企业重回景气区间。2019 年第三季度,集装箱运输企业的景气指数为 111.81 点,较上季度上涨 17.54 点,回升至相对景气区间;集装箱运输企业的信心指数为 76.00 点,较上季度小幅增长 0.05 点,继续处在不景气区间,集装箱运输企业总体营运状况好转。

从各项经营指标来看,受企业运力投放大幅减少的影响,企业舱位利用率略微提升,运价水平也出现上涨。同时,由于营运成本大幅降低,企业盈利不断增长。企业流动资金仍然相对宽裕,企业融资更加容易,贷款负债大幅减少,但是劳动力需求出现下滑,企业运力投资意愿也有所下降。

2. 中国港口企业信心大幅提升

第三季度,中国港口企业的景气指数为 104.17 点,与上季度基本持平,继续保持在微景气区间,港口企业经营状况总体保持稳定;中国港口企业的信心指数为 113.33 点,较上季度大幅上涨 23.15 点,再次进入相对景气区间。

从各项经营指标来看,港口企业的吞吐量继续保持增长,泊位利用率转而上升,尽管港口收费价格下降且营运成本持续增加,但企业盈利仍有所上升,企业流动资金依旧充足,企业融资难度持续下降,新增泊位与机械投资意愿增加,但企业资产负债有所增加,劳动力需求继续减少。

3. 航运服务企业保持在微景气区间

第三季度,中国航运服务企业的景气指数为 104.80 点,较上季度上升 4.29 点,继续保持在微景气区间;中国航运服务企业的信心指数为 108.88 点,较上季度上涨 12.05 点,从微弱不景气区间回升至微景气区间,航运服务企业运行状况总体保持稳定。

从各项经营指标来看,航运服务企业业务预订量与业务量都在不断增加,尽管业务成本持高不下,但业务收费价格上涨,使得企业盈利大幅增加,流动资金更加充裕,劳动力需求势头良好,但企业融资开始困难,贷款拖欠持续增加,企业固定资产投资意愿持续走低。

资料来源:http://news.sol.com.cn/html/2019-10-10/A97E2B48D45E798BD.shtml,2019 年 12 月。

思考:

(1) 试分析中国航运发展前景。

(2) 制约我国航运发展的因素有哪些?

第一节　国际海上货运基础知识

　　海上货运是指使用船舶通过海上航道在不同国家和地区的港口之间运送货物的一种方式,是国际物流中最主要的运输方式,是历史悠久的国际贸易货物运输方式。由于国际贸易是进行世界范围的商品交换,因此地理条件决定了海洋运输的重要作用。

一、国际海上货运概述

(一)国际海上货运的特点

与其他国际货运方式相比,国际海上货运主要有下列特点。

1. 天然航道

国际海上货运借助天然航道进行,不受道路、轨道的限制,通过能力更强。随着政治、经贸环境及自然条件的变化,可随时调整和改变航线完成运输任务。

2. 载运量大

随着国际航运业的发展,现代化的造船技术日益精湛,船舶日趋大型化。超巨型油轮已达60万吨,第五代集装箱船的载箱能力已超过5 000个标准集装箱。

3. 运费低廉

国际海上货运航道为天然形成,港口设施一般为国家所建,经营海上货运业务的公司可以大量节省用于基础设施的投资。船舶运载量大,使用时间长,运输里程远,单位运输成本较低,为低值大宗货物的运输提供了有利条件。但国际海上货运也存在不足之处,如易受气候和自然条件的影响,风险较大,运输的速度相对较慢。因此,对于不宜经受长期运输的货物及急用和易受气候条件影响的货物,一般不宜使用国际海上货运方式运输。

4. 运输的国际性

国际海上货运一般是一种国际贸易,它的生产过程涉及不同的国家地区的个人和组织。国际海上货运还受到国际法和国际管理的约束,也受到各国政治、法律的约束和影响。

5. 速度慢、风险大

国际海上货运是各种运输方式中速度最慢的运输方式。由于国际海上货运是在海上,受自然条件的影响比较大,如台风可以把一艘运输船卷入海底,风险比较大,还有诸如海盗的侵袭,风险也不小。

(二)国际海上货运的方式

当前国际上普遍采用的海上货运运营方式可分为两大类,即班轮运输和租船运输。

1. 班轮运输

班轮运输又称定期船运输,是指船公司将船舶按事先制订的船期表,在特定的航线上,以既定的挂靠港口顺序,为非特定的众多货主提供经常性的货物运输服务,并按照运价本的规定计收运费的营运方式。班轮运输的特点如下。

（1）货主分散且不确定，货物一般是件杂货和集装箱，对货量没有要求，货主按需订舱，特别适合小批量货物的运输需要。

（2）船舶技术性能较好，设备较齐全，船员技术素质较高并且管理制度较完善，既能满足普通件杂货的运输要求，又能满足危险货物、超限货物、鲜活易腐货物等特殊货物的运输需求，并且能较好地保证货运质量。

（3）承运人和货主之间在货物装船之前通常不书面签订运输合同，而是将货物装船后承运人签发的提单作为两者之间运输合同的证明，即承运人与货主之间的权利、义务和责任豁免通常以提单背面条款为依据并受国际公约制约。

（4）通常要求托运人送货至承运人指定的码头仓库交货，收货人在承运人指定的码头仓库提货，承运人负责货物装卸作业及理舱作业。

（5）"四固定"。一是固定船期表，即船舶按照预先公布的船期来运营，能够按时将货物从起运港发送并迅速运抵目的港。因此，货主可以在预知船舶离港时间和抵港时间的基础上组织、安排货源，保障收货人及时收货；二是固定航线，有利于船公司发挥航线优势及稳定货源；三是固定挂靠港口，为多港卸货的货主提供便利；四是固定运费率，且运费率透明，有利于班轮运输市场的良性竞争。

2. 租船运输

租船运输又称不定期船运输，没有预定的船期表、航线、港口，船舶按租船人和船东双方签订的租船合同规定的条款完成运输服务。根据协议，船东将船舶出租给租船人使用，完成特定的货运任务，并按商定运价收取运费。

采用租船运输的货物主要是低价值的大宗货物，如煤炭、矿砂、粮食、化肥、水泥、木材、石油等；一般都是整船装运，运量大，租船运输的运量占全部海上货运量的80%左右；运价比较低，并且运价随市场行情的变化波动。租船方式主要有航次租船、定期租船和光船租船三种。

1）航次租船

航次租船又称为定程租船，是以航程为基础的租船方式。在这种租船方式下，船方必须按租船合同规定的航程完成货物运输服务，并负责船舶的经营管理及船舶在航行中的一切开支费用，租船人按约定支付运费。

航次租船的合同中规定装卸期限或装卸率，并计算滞期和速遣费。航次租船又可以分为单程租船、往返租船、连续航次租船、航次期租船、包运合同租船几种。

（1）单程租船。单程租船也称为单航次租船，即所租船舶只装运一个航次，航程终了时租船合同即告终止。运费按租船市场行情由双方议定，其计算方法一般是按运费率乘以装货或卸货数量或按照整船包干运费计算。

（2）往返租船。往返租船也称为来回航次租船，即租船合同规定在完成一个航次任务后接着再装运一个回程货载，有时按来回货物不同分别计算运费。

（3）连续航次租船。连续航次租船即在同样的航线上连续装运几个航次。货运量较大，一个航次运不完时，可以采用这种租船方式，这种情况下，平均航次船舶租金要比单航次租金低。

(4) 航次期租船。航次期租船也称为期租航次租船,船舶的租赁采用航次租船方式,但租金以航次所需的时间(天)为计算标准。这种租船方式不计滞期、速遣费用,船方不负责货物运输的经营管理。

(5) 包运合同租船。船东在约定的期限内,派若干条船,按照同样的租船条件,将一大批货物由一个港口运到另一个港口,航程次数不做具体规定,合同针对待运的货物。这种租船方式可以减轻租船压力,对船东来说营运比较灵活,可以用自有船舶来承运,也可以租用其他船舶完成规定的货运任务;可以用一条船多次往返运输,也可以用几条船同时运输。包运合同运输的货物通常是大宗低价值散货。

2) 定期租船

定期租船简称期租是指以租赁期限为基础的租船方式。在租期内,租船人按约定支付租金以取得船舶的使用权,同时负责船舶的调度和经营管理。期租租金一般规定以船舶的每载重吨每月若干金额计算。租期可以长可以短,短时几个月,长则可以达到五年以上,甚至直到船舶报废为止。

期租的对象是整船,不规定船舶的航线和挂靠港口,只规定航行区域范围。因此,租船人可以根据货运需要选择航线、挂靠港口,便于船舶的使用和营运。期租对船舶装运的货物也不做具体规定,可以选装任何适运的货物;租船人有船舶调度权并负责船舶的营运,支付船用燃料、各项港口费用、捐税、货物装卸等费用。不规定滞期速遣条款。

3) 光船租船

光船租船也是一种期租船,不同的是船东不提供船员,只把一条空船交给租方使用,由租方自行配备船员,负责船舶的经营管理和航行各项事宜。对船东来说,一般不放心把船交给租船人支配;对租船方来说,雇佣和管理船员工作很复杂,租船人也很少采用这种方式。因此,光船租船形式在租船市场上很少采用。

二、国际海上货运有关单证

(一)国际海上货运相关运输单证简介

1. 托运单

托运单(Booking Note,B/N)又称订舱单,出口人委托货运代理订舱配载或办理出口代运委托单,或出口人向船公司或船舶代理人办理订舱委托单,由出口人根据贸易合同和信用证内容填制。

托运单的主要内容包括托运人名称,收货人名称,货物的名称、重量、尺码、件数、包装式样、标志及号码,目的港,装船期限,信用证有效期,能否分运或转运,对运输的要求及对签发提单的要求等。

2. 装货单

装货单(Shipping Order,S/O)又称关单,俗称下货纸。装货单是由托运人按照订舱单的内容填制,交船公司或其代理人签章后,据以要求船公司将承运货物装船的凭证。

装货单内容包括托运人名称、承运船舶、卸货港、有关货物的名称、标志、件数、重量等详细情况,装船日期及装舱位置,货物实收时的情况及理货人员签名等。

　　装货单是国际航运业通用的货运单证,通常为一式三联。第一联是装货单正本(Original);第二联是收货单,习惯上称为大副收据(Mate Receipt);第三联是留底(Counter Foil),用于缮制装货清单(Loading List)。

　　除上述三联外,根据业务需要,还可增加若干份副本(Copy),如外代留底联、运费计算联、理货公司留底联、货运代理留底联等。

3. 收货单

　　收货单(Mate Receipt,M/R)是货物装船后,承运船舶的大副签发给托运人或其代理人,表示已收到货物,并已将货物装船的货物收据。习惯上收货单也称为大副收据。收货单是装货三联单中的一联,其记载内容与装货单相同。

4. 装货清单

　　装货清单(Loading List,L/L)是由承运人或其代理人根据装货单的留底联制作,按到港先后,把性质接近的货物加以归类后制成一张装货单的汇总清单。

5. 载货清单

　　载货清单(Manifest,M/F)又称舱单,是按卸货港逐票罗列全船载运货物的汇总清单,是在货物装船完毕后,由船公司或其在装货港的代理人根据提单编制的,编妥后再送交船长签认。

6. 载货运费清单

　　载货运费清单(Freight Manifest,F/M)又称运费舱单,是由船公司或其在装货港的代理编制的。

7. 货物积载计划

　　货物积载计划(Stowage Plan)是船方大副在装货前根据装货清单按货物装运要求和船舶性能绘制的一个计划受载图,又称为货物积载图。货物装船后根据实际装舱情况绘制的图表称为实际积载图。

8. 提单

　　货物实际装船完毕后,经船方在收货单上签字,表明货物已装船,发货人据经船方签署的收货单(大副收据)交船公司或其代理公司换取已装船提单(Bill of Lading,B/L)。

9. 提货单

　　提货单(Delivery Order,D/O)又称小提单,是收货人向船公司提取货物的凭证。收货人或其代理人向船公司在卸货港的代理人交出正本提单后,船公司或其代理人核对提单和其他装货单证的内容是否相符,并将船名、货物名称、件数、重量、包装标志、提单号、收货人名称等记载在提货单上,由船公司或其代理人签字交给收货人到现场提货。

(二)海上货运提单

　　提单是由船长或承运人或承运人的代理人签发,证明收到特定货物,允许将货物运至特定目的地并交付于收货人的凭证。

1. 海上货运提单的作用

　　(1) 提单是运输合同的证明。提单是承运人与托运人之间原已存在海上货运合同的证明。在承运人签发提单前,托运人与承运人之间就货物的名称、数量及运费等达成的协议就是货运合同,它包括托运单、运价表、船期表和托运人应了解的承运人的各种习惯做法等。

承运人签发提单只是履行合同的一个环节,提单并不会因此成为运输合同。在托运人和承运人之间,如果提单上的条款和规定与原运输合同有抵触,应以原合同为准。

(2) 提单是货物收据。提单是承运人接收货物或将货物装船后向托运人出具的货物收据。提单作为货物收据,对承托双方具有"初步证据"的效力。这种证据效力是相对的,如果实际证实承运人确实未收到货物或所收到的货物与提单记载不符,仍可否定提单的证据效力。

但是,当提单已转让给包括收货人在内的第三方时,提单在承运人和第三方之间就具有了"最终证据"的效力,即使承运人能举证确实未收到货物或所收到的货物与提单记载不符,承运人也必须对其与事实不符的记载负责。

(3) 提单是物权凭证。提单是货物所有权的凭证,是票证化了的货物。一定情况下,谁拥有提单,谁就拥有该提单所载货物的所有权,并享有物主应享有的一切权利。

提单这种物权凭证的属性大大增强了提单的效用,使得国际市场上货物的转卖更为方便。只要在载货船舶到达目的港交货之前直接转让提单,货物所有权就可随即转让。当提单被转让后,承运人与包括收货人在内的提单受让人之间的权利、义务将按提单规定而确定。在发生货损货差时,收货人可以直接依靠提单对承运人投诉,而不需经过该提单签订者——托运人的授权。

2. 提单的分类

按货物是否已装船,提单可以分为已装船提单和收货代运提单两类。

(1) 已装船提单是指提单载明的全部货物装船后才签发的提单,提单上须注明船名和装船日期。在件杂货运输方式下,只有在货物装船后,托运人或其代理人才能取得船方签发的大副收据,然后凭以向船舶代理人换取提单。由于这种已装船提单对收货人按时收货有保障,因此议付银行往往根据信用证有关规定,要求提供已装船提单方准予结汇。

(2) 收货待运提单是指承运人已接收提单载明的全部货物,但尚未装船时所签发的提单。因此,提单上没有装船日期,甚至连船名都没有。在集装箱运输方式下,根据不同的运输条款,承运人在托运人仓库或集装箱货运站或集装箱码头堆场接收货物后,即签发场站收据,托运人或其代理人凭以向船舶代理人换取提单,这种提单就是收货待运提单。

由于签发收货待运提单时货物尚未装船,无法估计货物到卸货港的具体日期,因此买方往往不愿意接受收货待运提单。其正规的做法是,待货物装船后,凭收货待运提单换取已装船提单,或由承运人在收货待运提单上加注船名和装船日期,并签字盖章使之成为已装船提单。但实务中,通常是在货物装船后,直接凭场站收据换取已装船提单。

按提单抬头,提单可以分为记名提单、指示提单及不记名提单三类。

(1) 记名提单又称收货人抬头提单,是指在提单"收货人"一栏内具体填写某一特定的人或公司名称的提单。承运人出具这种提单后,只能将货物交给提单上指定的收货人,除非承运人接到托运人的指示,才可将货物交给提单指定以外的人。

（2）指示提单是指在提单"收货人"一栏隐去了具体特定的人或公司的名称，只是注明"TO ORDER OF ××"或"TO ORDER"字样交付货物的提单。前者凭记名人指示交货，按照发出指示的人不同可分为托运人指示、收货人指示和银行指示等；后者凭不记名人指示交货，一般应视为托运人指示。

指示提单可以通过空白背书和记名背书两种背书方式进行转让。空白背书时背书人（提单转让人）只需在提单背面签字盖章；而记名背书除了由背书人签字盖章外，还须注明被背书人（提单受让人）的名称。记名背书后，只有提单受让人才可凭提单提货。

（3）不记名提单是指只在提单"收货人"一栏填写"TO BEARER"（货交提单持有人）的提单，这种提单可以不经背书进行转让。

按有无影响结汇的批注，提单可以分为清洁提单（Clean B/L）和不清洁提单（Foul B/L）。

（1）清洁提单是指未被承运人加注或即使加注也不影响结汇的提单。如果货物在装船时或被承运人接收时表面状况良好，不短少，承运人则在其出具的大副收据或场站收据上不加任何不良批注，从而使据此签发的提单为清洁提单。银行在办理结汇时，规定必须提交清洁提单。

（2）不清洁提单是指承运人在提单上加注有碍结汇批注的提单。如果托运人交付的货物表面状况不良，承运人为分清责任，有必要在提单上做出相应的批注，这种提单就是不清洁提单。

按收费方式，提单可以分为运费预付提单（Freight Prepaid B/L）和运费到付提单（Freight Collect B/L）。

（1）运费预付提单是指托运人在装港付讫运费的情况下承运人所签发的提单。以CIF、CFR（Cost and Freight，成本加运费）贸易条件成交的货物，由卖方租船或订舱，并承担相应的运输费用，因此其运费是预付的。这种提单正面须载明"FREIGHT PREPAID"（运费预付）的字样。

（2）运费到付提单是指货物到达目的港后支付运费的提单。这种提单正面须载明"FREIGHT COLLECT"（运费到付）的字样，以明确收货人具有支付运费的义务。以FOB贸易条件成交的货物，通常由买方租船或订舱，并承担相应的运输费用，因此其运费为到付的。

按不同的运输方式，提单可以分为直达提单（Direct B/L）、转船提单或联运提单（Transshipments B/L or Through B/L）和多式联运提单（Combined B/L or Multimodal Transport B/L）三类。

（1）直达提单是指货物从装货港装船后，中途不经转船而直接抵目的港卸货的提单。

（2）转船提单或联运提单是指在装货港装货的船舶不直接驶达货物的目的港，而需要在中途港换装其他船舶抵目的港，由承运人为这种货物运输签发的提单。

（3）多式联运提单是指货物由两种及以上运输方式共同完成全程运输时所签发的提单。这种提单一般由承担海运区段运输的承运人签发，也可由经营多式联运的无船承运人（Non-Vessel Operative Common Carrier，NVOCC）签发，主要适用于集装箱运输。

　　按船舶的经营方式,提单可以分为班轮提单(Liner B/L)和租船提单(Charter Party B/L)两类。

　　(1) 班轮提单是指经营班轮运输的船公司或其代理人签发的提单。这种提单除正面项目和条款外,背面还列有关于承运人与托运人的权利和义务等运输条款。

　　(2) 租船提单是指根据租船合同签发的一种提单。这种提单在出租人与承租人之间不具有约束力,出租人与承租人之间的权利、义务仍依据租船合同确定。但是,当此提单转让给出租人和承租人以外的第三方后,提单签发者、出租人与第三方之间的权利、义务将依据提单而确定。此时,出租人同时受租船合同和其所签发的提单的约束。

　　如果出租人根据提单对第三方提单持有人所承担的责任超过其根据租船合同所应承担的责任,则船东可就其额外承担的责任向承租人追偿。出租人与承租人之间的权利、义务关系不会因为出租人签发提单而改变。

　　由于上述提单受租船合同的约束,并非一个独立完整的文件,因此当信用证规定可接受此种提单时,货物卖方在转让该提单的同时,还应附有一份租船合同副本,以供第三方提单持有人了解约束自己的租船合同的全部内容。

3. 海上货运提单流转程序

　　(1) 出口商订立 CIF 合同,以信用证方式付款。

　　(2) 出口商(一般通过货运代理)向船公司订舱配载。

　　(3) 货运代理向船公司,一般向船舶代理递送 S/O,船舶代理代理船公司签发 S/O。

　　(4) 货运代理将货物发运到港,办理报验、报关手续。

　　(5) 货运代理根据 S/O 预制提单由委托人(出口公司)确认。

　　(6) 货物装船后船舶大副签 M/R 转船舶代理。

　　(7) 船舶代理根据 M/R 签提单,如 M/R 签有残短批注,则由货运代理向船舶代理人出具保函,即托运人承担货到国外发生残短的风险而签具已装船清洁提单(委托人先行向货运代理出具同样内容保函)。

　　(8) 货运代理取得清洁提单后尽快送达托运人。

　　(9) 出口人持提单及信用证规定的其他单据(如商业发票、保险单等)到议付银行议付,转让提单,同时取得货款。

　　(10) 议付银行将提单等整套单证寄交给开证银行。

　　(11) 开证银行在确认所有单证满足信用证有关要求后,由进口商向开证银行支付货款后取得提单。

　　(12) 船开后,船舶代理人向船公司国外代理寄送提单副本等货运单证。

　　(13) 卸货港代理在船到后向收货人(进口商)发到货通知。

　　(14) 进口商凭正本提单背书后向船舶代理人换取 D/O。

　　(15) 进口商凭 D/O 向卸货港提取货物。

　　(16) 正本提单由承运人收回。

(三) 海上货运提单的内容与条款

　　提单的内容与条款一般包括正面内容和背面条款,按照规定,一般都印有以下内容。

1. 提单正面内容

1) 必要记载事项

根据我国《海商法》第七十三条,提单正面内容一般包括下列各项。

(1) 货物的品名、标志、包数或者件数、重量或体积,以及运输危险货物时对危险性质的说明(Description of the goods, mark, number of packages or piece, weight or quantity, and statement, if applicable, as to the dangerous nature of the goods)。

(2) 承运人的名称和主营业场所(Name and principal place of business of the carrier)。

(3) 船舶名称(Name of the ship)。

(4) 托运人的名称(Name of the shipper)。

(5) 收货人的名称(Name of the consignee)。

(6) 装货港和在装货港接收货物的日期(Port of loading and the date on which the good were taken over by the carrier at the port of loading)。

(7) 卸货港(Port of discharge)。

(8) 多式联运提单增列接收货物地点和交付货物地点(Place where the goods were taken over and the place where the goods are to be delivered in case of a multimodal transport bill of loading)。

(9) 提单的签发日期、地点和份数(Date and place of issue of the bill of loading and the number of originals issued)。

(10) 运费的支付(Payment of freight)。

(11) 承运人或者其代表的签字(Signature of the carrier or of a person acting on his behalf)。

2) 一般记载事项

(1) 一般记载事项属于承运人因业务需要而记载的事项:航次序号、船长姓名、运费的支付时间和地点、汇率、提单编号及通知人等。

(2) 区分承运人与托运人之间的责任而记载的事项:数量争议的批注;为了减轻或免除承运人的责任而加注的内容;为了扩大或强调提单上已印妥的免责条款;对于一些易于受损的特种货物,承运人在提单上加盖的以对此种损害免除责任为内容的印章等。

(3) 承运人免责和托运人做承诺的条款。根据我国《海商法》第七十七条规定:除非承运人按有关规定做出保留外,承运人或者代其签发提单的人签发的提单,是承运人已经按照提单所载状况收到货物或者货物已经装船的初步证据;承运人向善意受让提单的包括收货人在内的第三人提出的与提单所载状况不同的证据,不予承认。

2. 提单背面条款

1) 定义条款

定义条款(Definition)是对提单中有关用语的含义和范围做出明确规定的条款。例如,货方(Merchant)包括托运人(Shipper)、受货人(Receiver)、发货人(Consignor)、收货人(Consignee)、提单持有人(Holder of B/L)及货物所有人(Owner of The Goods)。

2) 首要条款

首要条款(Paramount Clause)是指列在提单条款第一条的,按照承运人自己的意志,用以明确本提单受某一国际公约制约或适用某国海商法或海上运输法律的条款。一旦提单的首要条款表明了该提单受到哪一个法律或规定制约,即使在这一法律或规定的非缔约国签发的提单依旧适用该法律或规定。

3) 管辖权条款

管辖权条款(Jurisdiction Clause)是指规定双方发生争议时由哪国行使管辖权,即由哪国法院审理,或规定法院解决争议适用的法律的条款。提单一般都有此种条款,并且通常规定对提单产生的争议由船东所在国法院行使管辖权。

4) 承运人责任条款

承运人责任条款(Carriers Responsibility)是指提单上规定承运人在货物运送中应负的责任和免责事项的条款。该条款一般规定按某种法律或某个公约为依据,如果提单已订有首要条款,就无须另订承运人的责任条款。

5) 承运人的责任期间条款

承运人的责任期间条款(Period of Responsibility)是指有关于承运人对货物运输承担责任的起止时间条款。

《海牙规则》第一条定义条款中对于货物运输(Carriage of Goods)的定义为"包括自货物装上船舶开始至卸离船舶为止的一段时间"。上述责任期间的规定,与现行班轮运输"仓库收货、集中装船"和"集中卸货、仓库交付"的货物交接做法不相适应。所以,一些国家的法律,如美国的《哈特法》(Harter Act)则规定:"承运人的责任期间为自收货之时起,至交货之时为止。"《汉堡规则》则规定:"承运人的责任期间,包括在装货港、在运输途中以及在卸货港,货物在承运人掌管下的全部期间。"

我国《海商法》规定的承运人责任期间,集装箱货物同《汉堡规则》,而件杂货则同《海牙规则》。

6) 装货、卸货和交货条款

装货、卸货和交货条款(Loading,Discharging and Delivery)是指对托运人在装货港提供货物,以及收货人在卸货港提取货物的义务所做的规定。该条款一般规定货方应以船舶所能装卸的最快速度昼夜无间断地提供或提取货物;否则,货方对违反这一规定所引起的一切费用,如装卸工人待时费、船舶的港口使用费及滞期费的损失承担赔偿责任。

7) 运费和其他费用条款

运费和其他费用(Freight and Other Charges)条款规定:托运人或收货人应按提单正面记载的金额、货币名称、计算方法、支付方式和时间支付运费,货物装船后至交货期间发生的并应由托运人承担的其他费用,以及运费收取后不再退还等规定。该条款还规定,装运的货物如果是易腐货物、低值货物、活动物(活牲畜)、甲板货,以及卸货港承运人无代理人的货物时产生的运费及有关费用应预付。

该条款通常还规定,托运人负有支付运费的绝对义务,即使船舶或货物在航行过程中灭失或受损,货方仍应向承运人支付全额运费。

8) 自由转船条款

转运、换船、联运和转船条款(Forwarding,Substitute of Vessel,Through Cargo and Trans Shipment)(简称自由转船条款)规定,如有需要,承运人为了完成货物运输可以任意采取一切合理措施,任意改变航线,改变港口或将货物交由承运人自有的或属于他人的船舶,或经铁路或以其他运输工具直接或间接地运往目的港,或运到目的港以远、转船、收运、卸岸、在岸上或水面上储存及重新装船运送,以上费用均由承运人负担,但风险则由货方承担。

9）选港条款

选港（Option）条款也称选港交货（Optional Delivery）条款。该条款通常规定,只有当承运人与托运人在货物装船前有约定,并在提单上注明时,收货人方可选择卸货港。也就是说,收货人应在船舶驶抵提单中注明的可选择的港口中第一个港口若干小时之前,将其所选的港口书面通知承运人在上述第一个港口的代理人;否则,承运人有权将货物卸于该港或其他供选择的任一港口,运输合同视为已经履行。

10）承运人的赔偿责任限额条款

承运人的赔偿责任限额条款（Limit of Liability）规定了提单下承运人对于货物灭失、损害等情况的最高赔偿额,对超过限额的部分不予负责。提单应按适用的国内法或国际公约规定承运人对货物的灭失或损坏的赔偿责任限额,条款中的最高赔偿限额不得低于提单所适用的国际公约或国内法律,即首要条款规定内容。

11）危险货物条款

危险货物条款（Dangerous Goods）规定了托运人必须将货物的危险性质事先告知承运人,并在货物外包装上表明危险品标志和标签。如果托运人未遵从此项条款规定,则不得装运;否则,承运人有权为了船货的安全对货物采取措施。托运人、收货人应对未按上述要求装运的危险品,使承运人遭受的任何灭失或损害负责。当托运人按条款的规定装运的危险品危及船舶或货物安全时,承运人仍有权将其变为无害、抛弃或卸船,或以其他方式予以处置。

12）活动物或植物和舱面货条款

由于《海牙规则》对舱面货（Deck Cargo）和活动物（Live Animal）不视为海上运输的货物,因此承运人一般将甲板上积载的舱面货视为装在甲板下的。因此,该项条款一般规定,关于活动物或植物和舱面货的收受、装载、运输、保管和卸载均由托运人承担风险,如果货物在甲板上运输过程中出现灭失或损坏等情况,承运人不负赔偿责任。

13）共同海损条款

共同海损条款（General Average Clause）规定了在发生共同海损时适用的理算规则。国际上一般采用1974年《约克-安特卫普理算规则》,在我国一般按照1975年北京理算规则。

第二节　国际海上货运代理实务

国际海上货运代理分为出口国发货人代理和进口国收货人代理;既可以是班轮运输方式下的货运代理,也可以是航次租船方式下的货运代理;既可以是代理人型货运代理只赚取佣金,也可以是当事人型货运代理签发提单并赚取运费差价。

一、班轮运输代理程序

(一)班轮运输操作流程

班轮运输操作流程如下。

(1)船公司以船期表将船舶行使航线、挂港、船名、装港、船期、结载日期通过装货经纪人即指定的货运代理或者船舶代理传达给出/口商,或者直接刊登在公报上,以招揽货源,满足满舱满载的需要。

(2)货运代理人或出口商向船舶代理人或船公司托运,递交装货单(S/O),提出货物装运申请。

(3)船舶代理人或船公司接受承运,指定船名签发 S/O,将留底联留下后退还给托运人。

(4)货运代理将货物送到装货码头,办理商检及海关申报手续,海关放行时在装货单上加盖海关放行章。托运人将放行的 S/O 交港口货运部门。

(5)船舶代理人编制货物装货清单(L/L)送船上、理货公司和港口装卸公司。

(6)船方按照 L/L 编制积载图,交船舶代理人分发理货公司和港口装卸公司安排装船。

(7)货物装船后,理货公司将 S/O 交给大副,大副核对无误后签发收货单(大副收据)(M/R),记录货物的装货日期、识别标记、包装、重量、件数及收到货物时的状态有无任何缺陷。大副签发了大副收据即承认船东收到收据所列货物。

(8)船舶代理人将 S/O 转船公司或者由船舶代理人公司签发提单。

(9)货运代理或者出口商付清运费,领取已装船清洁提单。出口人将提单连同其他单证送至议付银行结汇。议付银行将提单寄回国外开证银行。

(10)船舶代理人根据提单副本编制出口载货清单(M/F),送船长签字后向海关办理船舶出口手续。编制出口载货运费舱单(F/M)及提单副本,M/R 送船公司。卸货港代理需要的单据应由国内代理寄给船公司的国外代理。

(11)船舶载货从发货港运至收货港,途中船方对货物负责照管。

(12)卸货港代理接到船舶抵港电信后,通知收货人做好提货准备。

(13)国外收货人到开证银行付清货款取回提单。

(14)卸货港代理根据装货港代理寄来的货运单证,编制进口载货清单或其他卸货单证,联系泊位做好卸货准备。船舶抵港后办理船舶进口报关手续。船靠泊后开始卸货。货物在收货港储存保管。

(15)收货人或者委托货运代理向海关办理货物进口手续,缴纳关税。向卸货港船付清有关港口费用后以正本提单换取码头提货单(D/O),凭 D/O 到码头仓库换取提货卡片提取货物。

班轮运输操作流程如图 7-1 所示。

(二)班轮货运单证流转

班轮货运单证流转如下。

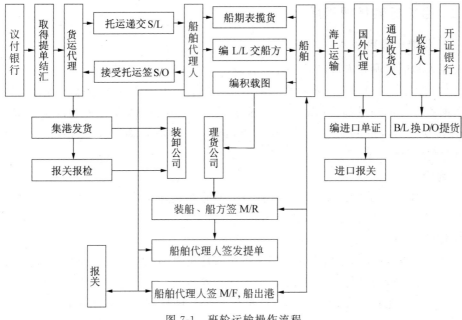

图 7-1　班轮运输操作流程

（1）货运代理制 S/O 向船公司或船舶代理人托运。

（2）船舶代理人留存一份 S/O 制 L/L，将签章后的 S/O 交托运人。

（3）货运代理持 S/O 向海关报关，海关凭进出口检验检疫证在 S/O 上盖放行章。

（4）船舶根据 S/O 和 L/L 制装货积载草图（C/P），由船舶代理人转交港口作业区和理货公司。

（5）货物装船后理货员将注明装载位置的 S/O 交货船大副，大副签 M/R 转船舶代理人。

（6）船舶代理人凭 M/R 签提单 B/L。

（7）货运代理到船舶代理人处取 B/L 交出口委托人向银行结汇。

（8）船舶代理人根据 B/L 副本编制 M/F，凭 M/F 和提单副本向海关办理船舶出口报关手续，M/F 跟船随行。

（9）船舶代理人根据提单副本编制 F/M，连同提单副本寄交卸货港船舶代理。

（10）卸货港船舶代理人根据装货港代理寄来的货运单证编制进口载货清单，连同装货港理货员制作的装货积载图交卸货港港口作业公司和理货公司安排卸货。

（11）收货人凭正本提单向卸货港船舶代理人换取提货单 D/O。

（12）收货人凭 D/O 向卸港码头仓库提取货物。

小 提 示

在杂货班轮运输的情况下，接货装船有直接装船和集中装船两种形式，但无论采取哪种装船形式，托运人都应承担将货物送至船边的义务，因为班轮公司与托运人之间的责任界限和装船费用的分担是以船边货物挂上吊钩为界的。

二、租船运输代理程序

(一)租船一般程序

租船人和船舶所有人可以通过直接洽谈,达成协议后签订租船合同。但在实际业务中,洽租船舶大都是通过双方各自委托的经纪人代表双方洽谈,并代为签订租船合同。租船的一般程序大体经过询价(Enquiry)、报价(Offer)、还价(Count Offer)、报实盘(Firm Offer)、接受(Acceptance)、签认订租确认书(Fixture Note)、签约(Conclusion of Charter Party)七个环节。

1. 询价

询价又称询盘,通常是指承租人根据自己对货物运输的需要或对船舶的特殊要求通过租船经纪人在租船市场上要求租用船舶。询价主要以电报或电传等书面形式提出。

2. 报价

报价又称发盘,当船舶所有人从船舶经纪人那里得到承租人的询价后,经过成本估算或者比较其他的询价条件,通过租船经纪人向承租人提出自己所能提供的船舶情况和运费率或租金率。报价有硬性报价和条件报价之分。硬性报价是报价条件不可改变的报价,询价人必须在有限期内对报价人的报价做出接受订租的答复,超过有效期,这一报价即告失效;与此相反,条件报价是可以改变报价条件的报价。

3. 还价

还价又称还盘,是指在条件报价的情况下,承租人与船舶所有人之间对报价条件中不能接受的条件提出修改或增删的内容,或提出自己的条件。还价意味着询价人对报价人报价的拒绝和新的报价开始。

4. 报实盘

在一笔租船交易中,经过多次还价与反还价后,如果双方对租船合同条款的意见已渐趋一致,一方可以以报实盘的方式要求对方做出是否成交的决定。

5. 接受

经过询价、报价和还价的过程,租船人在有效期内对报价做出了承诺的意思表示,那么就意味着租船方对出租方的报价同意接受,这时双方的租船合同关系即告成立。

6. 签认订租确认书

如上所述,接受订租是租船程序的最后阶段,一项租船业务即告成交,但通常的做法是,当事人之间还要签署一份订租确认书。

7. 签约

签约就是在船、租双方取得一致意见的条件下,根据洽谈妥的租船的各项条款签订租船合约,双方签字后各执一份,租船合同即告成立。

(二)租船时需要注意的问题

租船时需要注意的问题如下。

(1)租船前必须熟悉贸易合同的有关运输条款,做到贸易条件与租船条款的紧密衔接。在货源方面,要了解货物的品名、性质(易燃、易爆、危险、易腐等)、包装、尺码及其有关情况,如卡车的载重量及尺寸、冷冻货物所需的温度、超长超重货物的重量和尺码等,以便洽租合适的船舶;在交货方面,要了解装卸货港名称、装卸率、交货条件(船边交货、舱底交货等)、备货通知期限及其他有关情况。

(2)弄清装货卸港的地理位置(是河港还是海港)、港口和泊位水深、一般候泊时间(拥挤情况)、实际装卸效率、港口使用费、捐税、港口习惯及其他情况(如冰冻期等)。

(3)租船时要考虑本国的有关政策及变化,以免错租与之断绝贸易往来的国家的船舶。

(4)选租船舶首先考虑船东的信誉及其财务状况,特别在航运业不景气时期尤为重要。对船东的情况不清楚或持有怀疑,要通过租船经纪人了解情况,摸清底细,以免造成被动。一般不租二船东的转租船,特别是以程租方式转租。对只有一两条船的小船东也要提高警惕。

(5)注意选租船龄较新、质量较好的船舶,一般不租船龄在 15 年以上的超龄船。程租船要尽可能选租有自动舱盖、电动绞车的船,期租船要注意油耗、航速。

(6)报价前要摸清类似航线的成交价,掌握价格要随行就市,要计算期租船航次成本,掌握好程租与期租、大船与小船、好船与次船和不同航线的比价。

(7)对外租船要运用内紧外松策略,利用船东之间、代理之间、不同船型之别的差别,争取有利条件达成交易。

三、国际海上集装箱货运业务程序

集装箱(Container)是指具有一定强度、刚度和规格专供周转使用的大型装货容器。集装箱计算单位(Twenty-feet Equivalent Units,TEU)又称 20 英尺换算单位,是计算集装箱箱数的换算单位。目前各国大部分集装箱运输采用 20 英尺、40 英尺长的两种集装箱。

为使集装箱箱数计算统一化,把 20 英尺集装箱作为一个计算单位。40 尺集装箱作为两个计算单位,以利统一计算集装箱的营运量。目前,集装箱在进出口货物运输中应用广泛。

🕭 小 提 示

集装箱运输是具有高效益、高效率、高投资、高协作的运输方式,适于组织多式联运。

(一)集装箱货物交接

1. 整箱货与拼箱货

1)整箱货

整箱货(Full Container Load,FCL)为拼箱货(Less than Container Load,LCL)的相对用语,由发货人负责装箱、计数、积载并加铅封。整箱货的拆箱一般由收货人办理,也可以委托承运人在货运站拆箱,但承运人不负责箱内的货损、货差。除非货方举证确属承运人责任事故的损害,承运人才负责赔偿。

承运人对整箱货以箱为交接单位。只要集装箱外表与收箱时相似和铅封完整,承运人就完成了承运责任。整箱货运提单上要加上"委托人装箱、计数并加铅封"的条款。

2）拼箱货

拼箱货为整箱货的相对用语,指装不满一整箱的小票货物。这种货物通常由承运人分别揽货并在集装箱货运站或内陆站集中,而后将两票或两票以上的货物拼装在一个集装箱内,同样要在目的地的集装箱货运站或内陆站拆箱分别交货。对于这种货物,承运人要负担装箱与拆箱作业,装拆箱费用仍向货方收取。承运人对拼箱货的责任基本上与传统杂货运输相同。

2. 集装箱交接地点

1）集装箱堆场

集装箱堆场(Container Yard,CY)是指在集装箱码头附近,对集装箱重箱或空箱进行交接、保管和堆存的场所。

2）集装箱货运站

集装箱货运站(Container Freight Station,CFS)是指为拼箱货装箱和拆箱的船、货双方办理交接的场所。承运人在一个港口或内陆城市只能委托一个集装箱货运站的经营者,由他代表承运人办理下列主要业务:拼箱货的理货和交接;对货物外表检验,如有异状办理批注;拼箱货的配箱积载和装箱;进口拆箱货的拆箱和保管;代承运人加铅封并签发场站收据;办理各项单证和编制等。

3）中转站或内路站

中转站或内路站(Container Depot or Inland Depot)指海港以外的集装箱运输的中转站或集散地。其除了没有集装箱专用船的装卸作业外,其余均与集装箱装卸区业务相同。中转站或内陆站的度量包括集装箱装卸港的市区中转站、内陆城市、内河港口的内陆站。

3. 集装箱运输的交接方式

集装箱运输中,整箱货和拼箱货在船货双方之间的交接方式有以下9种。

(1) 门到门(Door to Door)。门到门是指由托运人负责装载的集装箱,在其货仓或厂库交承运人验收后,负责全程运输,直到收货人的货仓或工厂仓库交箱为止。这种全程连线运输称为"门到门"运输。

(2) 门到场(Door to CY)。门到场是指由发货人货仓或工厂仓库至目的地或卸箱港的集装箱装卸区堆场。

(3) 门到站(Door to CFS)。门到站是指由发货人货仓或工厂仓库至目的地或卸箱港的集装箱货运站。

(4) 场到门(CY to Door)。场到门是指由起运地或装箱港的集装箱装卸区堆场至收货人的货仓或工厂仓库。

(5) 场到场(CY to CY)。场到场是指由起运地或装箱港的集装箱装卸区堆场至目的地或卸箱港的集装箱装卸区堆场。

(6) 场到站(CY to CFS)。场到站是指由起运地或装箱港的集装箱装卸区堆场至目的地或卸箱港的集装箱货运站。

(7) 站到门(CFS to Door)。站到门是指由起运地或装箱港的集装箱货运站至收货人的货仓或工厂仓库。

(8) 站到场(CFS to CY)。站到场是指由起运地或装箱港的集装箱货运站至目的地或卸箱港的集装箱装卸区堆场。

（9）站到站（CFS to CFS）。由起运地或装箱港的集装箱货运站至目的地或卸箱港的集装箱货运站。

小提示

以上9种交接方式是集装箱运输中集装箱货物理论上所存在的交接方式，在实践中，海上货运集装箱货物的交接方式主要有场到场和站到站两种，其中场到场是班轮公司通常采用的交接方式，站到站是集拼经营人通常采用的交接方式。

（二）集装箱货方进出口货运业务

集装箱运输下，货方（发货人、收货人）的进出口货运业务与普通船运输中货方应办理的事项没有特别大的变动。当然，也出现了集装箱运输所要求的一些特殊事项，如货物的包装应适合集装箱运输，保证货物所需要的空箱，在整箱货运输的情况下负责货物装箱等。

1. 发货人出口货运业务

（1）签订贸易合同应注意的问题。发货人（出口方）与进口方签订贸易合同后才会产生货物运输的需要。在签订合同时除应注意一般合同中货物的品质、包装、价格条款、装运时间和地点、交付方式等外，如系集装箱货运，则还应在有关运输条款中注明：必须允许装箱运输；接受舱面运输条款；应列明交货地点、交接方式；在对卸船港至目的地运输费用不了解时，可采用卸港到岸价交货条款，但交货地点仍可为内陆地点，从卸船港至目的地的一切费用由收货人支付；应尽量争取不订入已装船提单结汇条款，以利于提早结汇。

（2）准备适箱货物。准备适箱货物是指发货人应在贸易合同规定的装运期限前准备好全部出口货物。

（3）订舱和提取空箱。订舱和提取空箱是指发货人按贸易合同规定的装运期间向承运人提出订舱申请，在承运人接收后制作场站收据。如果货物是由发货人自行装箱的整箱货，发货人应凭承运人（或船舶代理人）签发的提箱单到指定的堆场提取空箱并办理设备交接单手续。

（4）报关报检。报关报检是指发货人凭场站收据、出口许可证、商品检验证书等单证向海关、检验部门申报，海关、检验部门同意放行后在场站收据上加盖放行章。

（5）货物装箱交运。对发货人自行装箱的整箱货，发货人负责货物装箱、制作装箱单，并在海关加封后凭场站收据、装箱单、设备交接单、出口许可证、衡量单、特种货物清单等单证将重箱送至集装箱码头或内陆堆场交运，取得堆场签署的场站收据正本。对于拼箱货，发货人应凭场站收据、出口许可证、特种货物清单等单证将货物运至指定的集装箱货运站交运，并取得货运站签署的场站收据正本。

（6）办理保险。办理保险是指出口货物若以 CIF 或 CIP 或类似的价格条件成交，发货人应负责办理投保手续并支付保险费用。

（7）支付运费和换单结汇。在预付运费情况下，发货人应在支付全部运费后凭场站签署的场站收据（正本）向承运人或其代理换取提单；如果运费是到付的，则可凭已签署的场站收据直接换取提单。取得提单正本后，附上贸易合同及信用证上规定的必要单据，即可与银行结汇。

(8) 向收货人发出装船通知。在以 FOB、CFR、FCA 和 CPT 等价格条件成交时,发货人在货物装船后有向收货人发出装船通知的义务,以便收货人能及时对货物投保。

2. 收货人进口货运业务

(1) 签订贸易合同。收货人作为买方首先必须同国外的卖方(发货人)签订贸易合同。

(2) 申请开证。收货人与出口方签订贸易合同后,应向开证银行申请开证(信用证)。开证时应注意运输条款中必须注明允许集装箱装运和是否必须签发已装船提单等内容。对于进口方,应争取列入已装船提单结汇条款,以减少风险。

(3) 租船订舱。对以 FOB、FCA 等价格条件成交的货物,收货人有租船订舱的责任。订舱后收货人有义务将船名、装船期等通知发货人。

(4) 办理保险。对以 FOB、CFR、FCA、CPT 等价格条件成交的货物,收货人(进口方)有责任投保和支付保险费用。

(5) 付款取单。在开证银行收到起运地银行寄来的全套运输单据后,收货人必须向开证银行支付货款(或开信托收据)才能领取全套单证(提单正本等)。

(6) 换取提货单。收货人凭正本提单及到货通知书向承运人或其代理换取提货单,并付清应付的全部费用。

(7) 报关报检。收货人凭交货记录、装箱单和其他报关报检所必需的商务和运输单证向海关及有关机构办理报检和纳税手续。

(8) 提货及还箱。海关放行后,收货人凭提货单到堆场(整箱货)或集装箱货运站(拼箱货)提取货物并由双方签署交货记录。整箱货物连箱提取,应办设备交接单手续。收货人提箱后,应尽可能在免费用箱期内拆箱、卸货,并把空箱运回规定地点还箱。

(9) 货损索赔。收货人在提货时发现货物与提单(装箱单)不符时,应分清责任,及时向有关责任方(发货人、承运人、保险公司等)提出索赔,并提供有效单据和证明。

第三节　国际海上货运运费

一、班轮运费

班轮运费包括基本运费和附加费两部分。基本运费的计收标准不一,附加费又名目繁多且时有变动。

(一) 基本运费

基本运费是指货物在预定航线的各基本港口之间进行运输所规定的运价,是构成全程运费的主要部分。基本运费的计收标准,通常按不同货物分为下列几种。

(1) 按货物的毛重计收。在运价表中以 W 字母表示,即英文 Weight 的缩写。一般以 1t 为计算单位,吨以下取两位小数,也有按长吨或短吨来计算的。

(2) 按货物的体积计收。在运价表中以 M 字母表示,即英文 Measurement 的缩写。

一般以 1m³ 为计算单位,也有按 40ft³ 为一尺码吨计算的。

（3）按货物的毛重或体积计收。在运价表中以 W/M 字母表示,以其价高者计收运费。按惯例,凡一重量吨货物其体积超过 1m³ 或 40 ft³ 者即按体积收费;反之,一重量吨货物其体积不足 1m³ 或 40 ft³ 者,按毛重计收,如机器、零件小五金工具常按此办法计算。

（4）按货物的价格计收运费,又称从价运费。在运价表中以 Ad Val 表示,一般按商品 FOB 货价的百分之几计算运费。按从价运费计算运费的,一般都属高值货物。

（5）按货物重量或体积或价值三者中最高的一种计收。在运价表中以 W/M or Ad Val 表示。也有按货物重量或体积计收,然后加收一定百分比的从价运费,其在运价表中以 W/M plus Ad Val 表示。

（6）按货物的件数计收。例如,汽车、火车按辆（Per Unit）,活牲畜如牛、羊等论头（per head）计算。

（7）大宗低值货物按议价运费（Open Rate）。大宗货物如粮食、豆类、煤炭、矿砂等,一般在班轮费率表内规定具体费率,在订舱时,由托运人和船公司临时洽商议定。议价运费通常比按等级计算运费低廉。

（8）起码费率（Minimum Rate）。起码费率是按每一提单所列的重量或体积所计算出的运费,尚未达到运价表中规定的最低运费额时,则按最低运费计收。

应当注意,如果不同商品混装在同一包装内,则全部运费按其中较高者计收。同一票商品如包装不同,其计算标准及等级也不同。托运人应按不同包装分列毛重及体积后才能分别计收运费,否则全部货物均按较高者收取运费。另外,同一提单内如有两种或两种以上不同货名,托运人应分别列出不同货名的毛重或体积,否则全部货物均将按较高者收取运费。

（二）附加费

为了保持在一定时期内基本费率的稳定,同时能正确反映各港的各种货物的航运成本,班轮公司在基本费率之外又定了各种附加费（Surcharges）。班轮运费中的附加费名目繁多,如超重附加费（Heavy Lift Add）、超长附加费（Long Length Add）、转船附加费（Transshipment Surcharge）等。

小提示

我国的轮船公司规定每件货物不得超过 5 吨。如超过限额,则按每吨加收一定的超重附加费计费。一般规定如超过 9 米,则按每米加收超长附加费。凡运往非基本港口且需转船运往目的港口的货物,需加收转船附加费,其中包括中转费和二程运费。中转费和二程运费连同一程运费称为"三道价"。

（三）班轮运费的计算

上述基本运费和各种附加费均按班轮运价表计算。运价表又称运价本和费率本,它不仅包括商品、单位费率、计费标准、收费的币别、计算运费和附加费的方法,而且还包括适用范围、基本港口、港口规则、船货双方的责任和权利,以及直航、转船、回运、选择或变更卸货港口的方法等内容。

1. 运费计算步骤

(1) 选择相关的运价本。

(2) 根据货物名称,在货物分级表中查到运费计算标准和等级。

(3) 在等级费率表的基本费率部分找到相应的航线、起运港、目的港,按等级查到基本运价。

(4) 再从附加费部分查出所有应收(付)的附加费项目和数额(或百分比)及货币种类。

(5) 根据基本运价和附加费算出实际运价。

(6) 运费=运价×运费吨。

2. 计算公式

班轮运输的计算公式为

$$F = F_b + \sum S$$

式中:F 为运费总额;F_b 为基本运费;S 为某一项附加费。

基本运费是所运货物的数量(重量或体积)与规定的基本费率的乘积,即

$$F_b = f \times Q$$

式中:f 为基本费率;Q 为货运量(运费吨)。

附加费是指各项附加费的总和。在多数情况下,附加费按基本运费的一定百分比计算,其公式为

$$\sum S = (S_1 + S_2 + \cdots + S_n) \times F_b = (S_1 + S_2 + \cdots + S_n) \times f \times Q$$

式中:$S_1 + S_2 + \cdots + S_n$ 为各项附加费。

小 提 示

在货币贬值附加费以百分比的计算形式出现时,理论上,在其他附加费中还应包括货币贬值的因素,即货币贬值附加费不但要按基本运费的一定百分比计收,还要按其他附加费的一定百分比计收。

二、租船运费

程租合同中有的规定运费率按货物每单位重量或体积计算;有的规定整船包价(Lump-sum Freight)。费率的高低主要取决于租船市场的供求关系,但也与运输距离、货物种类、装卸率、港口使用、装卸费用划分和佣金高低有关。

合同中对运费按装船重量(In Taken Quantity)或卸船重量(Delivered Quantity)计算,运费是预付或到付,均须订明。特别要注意的是,应付运费时间是指船东收到的日期,而不是租船人付出的日期。

装卸费用的划分如下。

(1) 船方负担装卸费(Gross or Liner or Berth Terms),又称班轮条件。

(2) 船方不负担装卸费(Free In and Out,FIO)。采用这一条件时,还要明确理舱费

和平舱费由谁负担。一般都规定租船人负担,即船方不负担装卸、理舱和平舱费条件(Free In and Out,Stowed,Trimmed,FIOST)。

(3) 船方管装不管卸(Free Out,FO)条件。

(4) 船方管卸不管装(Free In,FI)条件。

三、集装箱海上货运运费

目前,集装箱货物海上运价体系较内陆运价成熟,基本上分为两个大类,一类是沿袭用件杂货运费计算方法,即以每运费吨为单位(俗称散货价);另一类是以每个集装箱为计费单位(俗称包箱价)。

(一) 件杂货基本费率加附加费

1. 基本费率

基本费率参照传统件杂货运价,以运费吨为计算单位,多数航线采用等级费率。

2. 附加费

附加费是指除传统杂货所收的常规附加费外,还要加收一些与集装箱货物运输有关的附加费。

(二) 包箱费率

包箱费率(Box Rate)以每个集装箱为计费单位,常用于集装箱交货的情况,即 CFS-CY 或 CY-CY 条款。常见的包箱费率有以下三种表现形式。

1. FAK 包箱费率

FAK(Freight For All Kinds)包箱费率是指对每一集装箱不细分箱内货类,不计货量(在重要限额之内)统一收取的运价。

2. FCS 包箱费率

FCS(Freight For Class)包箱费率是按不同货物等级制定的包箱费率,集装箱普通货物的等级划分与杂货运输分法一样,仍是 1～20 级,但是集装箱货物的费率差级小于杂货费率级差,一般低级的集装箱收费高于传统运输,高价货集装箱低于传统运输;同一等级的货物,重货集装箱运价高于体积货运价。可见,船公司鼓励人们把高价货和体积货装箱运输。

在这种费率下,拼箱货运费计算与传统运输一样,根据货物名称查得等级,计算标准,然后去套相应的费率,乘以运费吨,即得运费。

3. FCB 包箱费率

FCB(Freight For Class&Basis)包箱费率是按不同货物等级或货类及计算标准制定的费率。

本 章 小 结

本章主要介绍了海上货运提单的含义、种类、特点,班轮运输代理程序、租船运输代理程序和国际海上集装箱货运业务程序及海上货运运费的计算。

延伸阅读

智慧航运 航运业加速驶入智能船时代

万物互联时代,智能船舶在大数据、云计算、物联网、智能化、无人化、"互联网+"等背景下由过去的猜想向现实疾驰。

2017年马士基集团和总部设在波士顿的 Sea Machines Robotics 公司签订合同,马士基在其新建造的一艘 Winter Palace 冰级集装箱船上安装计算机视觉、激光雷达(LiDAR)和感知软件,进而成为世界上第一家在集装箱船上试验人工智能(Artificial Intelligence,AI)动力感知和态势感知技术的公司。早在2015年,马士基就已经和 Sea Machines Robotics 开始合作研发无人集装箱船。虽然马士基集团再三强调使用态势感知技术并非为了实现无人驾驶,但事实上,此次合作的人工智能动力感知和态势感知技术恰恰是无人船的核心技术。

挪威 Wilhelmsen 与 Kongsber 联合成立全球第一家无人船公司,公司名称为 Massterly。新公司位于挪威奥斯陆利萨克(Lysaker),2018年8月正式开始运营,新公司将为无人船提供完整的价值链服务,涵盖设计、开发、控制系统、物流服务和船舶运营。没有船员和船长,没有船管和船务公司,甚至没有传统的航运公司。随着全球第一家无人船航运公司的诞生,全球航运业开始正式进入"无人船"时代,传统的船舶行业正在面临颠覆。

2017年6月,中国无人货物运输船开发联盟成立,联盟成员包括海航科技集团、中国船级社(China Classification Societies,CCS)、美国船级社、中国舰船研究中心、沪东中华造船集团有限公司、中船集团708所、罗尔斯·罗伊斯、711所、瓦锡兰等多家国际顶尖公司。作为国内首个无人或无运输船领域的合作组织,联盟的成立也标志着我国海洋货物运输无人化变革拉开了序幕。2017年12月5日,中船集团中国首艘智能船38800吨的"大智"号交付,代表着行业向无人船的大变革时代迈进了一步。下一步,相关主管部门表示加强顶层设计,组织相关单位和专家开展专题研究,制定智能船舶发展行动计划,加强对行业的引导,积极推动我国智能船舶快速发展。

事实证明,智能/自主船时代的到来比我们预想的要快。CCS智能船舶小组组长蔡玉良表示,不可否认智能/自主船的发展速度很快,但我们也要看到在快速发展的过程中也遇到了一些问题,体现在无论是从自主航行系统还是健康管理系统来看,技术实现还有一段路要走,同时还存在相关法规相对滞后等困难。尽管如此,业界对智能/自主船研发的热情依然不减,而且决心很大。

业界对智能/自主船研发的高昂热情推动了智能/自主船的快速发展。尽管如此,全球航运业也正面临着越来越多的运用各种智能系统所带来的挑战,其中以智能/自主船发展的数据储备方面的挑战最为突出。

据蔡玉良介绍,智能/自主船的数据储备相对滞后,一方面是因为数据网络安全问题。现在业界谈论的智能船舶基本是以"大数据"为基础,运用先进的信息化技术,如实时数据传输和汇集、大计算容量、数字建模能力、远程监控、传感器等,实现船舶智能化的感知、判断、分析、决策、控制及成长，从而更好地保证船舶的航行安全和效率。然而，就像硬币的正反面，就在我们积极拥抱互联网，向着船舶智能化挺进之时，其安全阴影也如影随形，令我们防不胜防。数字化在造船和航运领域的应用，如计算机管理、三维建模应用、航运监控与管理等方面越来越完善，智能化越来越强。与之相适应的，应用软件和管理软件也越来越多，各种芯片、传感器、控制器等林林总总，它们在助推船舶智能化发展的同时，也成为危害船舶安全的重要"帮凶"。

另一方面，数据的所有权障碍依然存在。航运业的很多信息现阶段还做不到完全透明化、公开化，业界希望保密和所有权的问题还需要通过进一步完善相应的法律法规来实现。目前，欧洲已经推行的单一数据窗口遇到的困难就是最明显的例证。

新业态的发展给行业涉及的方方面面，如船旗国、港口国、船东、管理公司、保险、物流、船级社，乃至于无人船配套的岸基公司等带来了挑战，需要靠业态的重构或者流程再造来解决。在规则方面，包括 IACS(International Association of Classificition Societies，国际船级社协会)层面都在不断完善和修订相应标准，为智能/自主船舶的发展提供必要的公约、规则支撑。

船级社层面，各大船级社都在积极研究新技术、出台相应的规范指南。CCS 一直致力于智能船的研究工作，已于 2015 年作为国际上第一家船级社发布了《智能船舶规范》，同时成立专门的项目组研究跟踪智能船的发展，这其中包括公约、规范对无人智能船适用性的专项研究。2017 年 7 月，CCS 正式发布《船舶网络系统要求与安全评估指南》，该指南于 2017 年 7 月 20 日生效。

为了探索全新的检验模式，CCS 成立了远程检验技术应用项目组，致力于研究和推广远程检验技术在船舶与海洋工程领域的深入应用。CCS 于 2018 年发布了《无人机检验应用指南》，从无人机技术标准、检验执行机构资质、数据信息采集、检验应用等方面提出了指导意见。除此以外，CCS 还积极与工业界合作，共同进行智能/自主船技术的开发研究。

从企业层面上，目前企业对安全生态的变化没有引起足够的重视，互联网时代，企业的核心技术、项目、未来行动、财务状况、企业弱点、客户资料等信息很容易被对手获取，这使得安全防范变得越来越艰难。企业方面未来会更多关注船舶软件开发及相关智能系统的安全研究等。

可以预见，未来各种各样的船用软件会层出不穷。但这些软件的正确性、稳定性到底如何，需要有相应的测试、评估及认证，这些都是企业层面需要积极面对的问题。当然，在智能/无人船相应的配套设备研发方面，各大航企和船舶配套企业都不甘示弱，如瓦锡兰针对智能/无人船研发的自动靠泊系统就十分引人注目。

可以看出，数字技术正在改变航运业的面貌，而通往智能时代的道路上依然困难重重。在智能/自主船正快步走向未来的路上，如何让航运业获得更高的能效，提高安全性，更具可持续性是每一位航运人应该积极思考和面对的问题。

资料来源：http://epaper.zgsyb.com/html/2018-08/26/content_25657.htm，2019 年 12 月。

本 章 思 考 题

一、简答题

1. 简述国际海上货运的特点和方式。

2. 什么是海上货运提单？其有何作用？有哪些种类？

3. 什么是海上货运单？其有何优点？

4. 简述班轮运输的特点及操作流程。

5. 简述租船运输的特点及其业务流程。

6. 简述集装箱运输中的交接方式和进出口货运程序。

二、计算题

1. 由天津运往埃及塞得港小五金共150箱，每箱体积20cm×30cm×40cm，每箱毛重为25kg。经查运费表计收运费标准为W/M，等级为10级，基本运费为每吨388港元，另外加收燃油附加费30％，拥挤费10％，试问应付多少运费？

2. 上海出口至苏丹一批普通货物，装20ft集装箱2个，40ft集装箱3个。经查20ft集装箱FAK包箱费率为1 300美元，40ft集装箱FAK包箱费率为2 450美元，求FAK包箱运费。

第八章

国际航空货运代理

◆ **学习目标** ◆

(1) 熟悉航空货运代理的性质。

(2) 掌握航空运费的计算方法。

◆ **知识要点** ◆

(1) 航空货物运输的特点。

(2) 国际航空货运代理进出口业务流程。

【引导案例】

中部枢纽搭建"空中丝路"

"早上 6 点,从新加坡飞来的新航 TR116 航班落地。一批来自澳大利亚的金枪鱼运抵郑州机场,通过快速转运,晚上就能端上北京等地居民的餐桌。"在郑州机场的货运站里,上海邦达天元国际货运有限公司负责人郭黎民一边忙碌,一边说着。一个多小时后,这批货物在完成清关和理货程序后到达机场西货站。

在这里,海关人员开箱对金枪鱼进行检验检疫。他们运送的货物大部分是生鲜,之所以选择郑州机场是因为这里的国际航班多,清关效率高。另外,郑州到全国各地的距离适中,具有很明显的区位优势,可以实现快速转运。近年来,河南机场集团立足中部枢纽的区位优势,积极搭建"空中丝路",取得了显著成效。

1. 抓住机遇,从中部腹地飞出的"雄鹰"

2011 年,郑州机场的旅客吞吐量突破 1 000 万人次。但其与当时中部地区几座机场相比,并不具有太强的竞争优势。如何突破? 郑州机场想到了"错位发展"。2012 年,郑州机场提出了"货运为先,以客带货;国际为先,以外带内;以干为先,公铁集输"的"三为先"枢纽发展战略目标。

　　错位发展让郑州机场发挥出了自己的新优势,并且抓住了"一带一路"建设的历史性机遇。2013 年,郑州航空港经济综合实验区获国务院批复,这是全国首个国家级航空港经济实验区。2014 年,河南航投正式收购卢森堡国际货运航空公司 35% 的股权,首条郑州—卢森堡全货机航线开通,打通了一条连接河南与世界的"空中丝路"。

　　数据显示,郑州机场的客、货运量从 2013 年的 1 314 万人次、25.6 万吨分别增长到 2018 年的 2 733.5 万人次、51.5 万吨,排名分别由全国第 18、第 12 提升至第 12、第 7,货运吞吐量跻身全球机场 50 强,国际货运量稳居全国第 4 位。2018 年,郑州机场进出口货物量达到 32.92 万吨,其中"一带一路"沿线国家和地区的货物达 60% 以上。而卢森堡货航周航班量加密至 18 班,年货运吞吐量占到郑州机场的 1/4,带动卢货航全球排名提升至第 6。"双枢纽"实现了互利双赢。

2. 从点到面,创新平台服务大物流

　　2014 年 6 月 15 日,郑州—卢森堡货运航线正式开通,建立起了以郑州为中心,一点连三洲,一线串欧美的航空国际货运网络。"空中丝路"的建立让这座中部机场发生了质的改变。随着航线航班加密,客、货运量连年增长,短短五年间,这条"空中丝路"上的航班由每周 2 班加密至最高每周 23 班,通航点由郑州、卢森堡增加至芝加哥、米兰、亚特兰大、伦敦、吉隆坡等 14 个城市,航线覆盖欧洲、北美洲和亚洲的 23 个国家 100 多个城市。

　　郑州机场已经成为我国重要的干线枢纽机场和空中交通枢纽。它的货运航线通达全球主要货运集散中心,初步构建起了覆盖全球的航空货运网络。另外,郑州机场采用进出口货运"提前申报"模式,针对生鲜、冷链等特种货物采用个性化通关模式。自今年 4 月 1 日起,郑州海关、郑州出入境边防检查站建立了 7×24 小时通关机制。也就是说,一天中的任何时刻,货物都可以在郑州机场"随到随走"。

　　通关效率高只是郑州机场众多优势中的一个。实现各种交通方式高效对接的多式联运,则是郑州机场建设大枢纽、大物流的利器。在郑州机场西货站营业大厅,还建有国内唯一以机场为中心搭建的智能化平台,是以机场为核心、多种运输方式无缝衔接的现代物流体系。

　　目前,初步实现郑州至卢森堡、芝加哥两条专线的在线订舱、境内外卡车在线约车和物流信息全程追踪等服务。下一步,还将实现与铁路、海港间的联运。此外,郑州机场发起成立"国际物流数据标准"联盟,与航空公司和货运代理企业完成物流跟踪数据对接工作,初步建立航空物流大数据。

3. 多元发展,"四路"建设绘出新画卷

　　"空中丝路"建设不仅带动了"大物流",也带动了产业聚集。智能终端产业、生物医疗产业等在这里形成集聚效应,仅电子信息产业年产值就突破 3 000 亿元。富士康、中兴、华锐等企业在这里安家落户。目前,郑州航空港实验区基本建成全球重要的智能手机生产制造基地。

　　近年来,以"空中丝路"为引领,河南统筹推进"陆上""空中""网上""海上"四条"丝绸之路"的建设,深度融入"一带一路"建设,打造内陆的开放高地。目前,中欧班列(郑州)累计开行超过 2 000 班,实现了多口岸、多线路、每周"去九回九"常态往返、均衡对开,满载率、运载总货值货重及业务覆盖范围在中欧班列中位居前列。

　　2016 年 1 月,国务院批准设立中国(郑州)跨境电子商务综合试验区。"网上丝绸之

路"拉近了河南与世界的距离。由河南保税集团首创的"保税区内备货＋个人纳税＋邮快递终端配送"监管服务新模式被海关总署赋予 1210 代码,在全国复制推广。

2018 年,《郑州国际航空货运枢纽战略规划》发布实施;同年,国务院发文支持郑州机场利用第五航权,空中丝绸之路将越飞越广。未来,郑州机场将发展成为全球航空货运枢纽、现代国际综合交通枢纽、航空物流改革创新试验区及中部崛起的新动力源。

资料来源:http://www.sasac.gov.cn/n2588025/n2588129/c11877228/content.html,2019 年 12 月。

思考:

(1) 郑州机场发展航空物流的优势是什么?

(2) 试分析航空物流与"一带一路"发展的关系。

第一节 国际航空货运代理基础知识

一、国际航空货运概述

(一)国际航空货运的特点

国际航空货运是指使用飞机、直升机及其他航空器经规定航线将货物、邮件运送到指定航空港的运输方式,它凭借自身的优势已成为国际物流中重要的运输方式,并且是贵重物品、鲜活货物和精密仪器国际运输中不可或缺的运输方式。国际航空货运适用于高附加值、低重量、小体积的物品运输;适用于紧急情况下商品的运输,如圣诞节商品、鲜活易腐食品、高级时装等;适用于邮政运输。其特点体现在如下 5 个方面。

1. 速度快

在长距离的国际运输中,运送速度快是最具竞争力的特点。尤其是鲜活易腐货物或急救货物,其对于运输时间的要求非常高,只有采用高速的运输方式才能保证货物的质量并满足客户的要求。航空运输的速度平均 600km/h 以上,与铁路运输(平均 100～140km/h)、公路运输(120～140km/h)及海上运输(平均速度 14 节)相比具有明显的速度优势。此外,航空运输的快速性可以加快生产企业的商品流通,从而节省产品的储存费,提高资金周转率和增加资金利用率。

2. 破损率低,安全性好

航空货物对装运之前的包装环节要求较高,因此在运输环节货物破损率较低,安全性较好。尤其是对于易碎易损的货物或者价值较高的货物,如玻璃制品、精密仪器等,安全性好的特点成为极具吸引力的特点。

3. 运载量小,运价较高

航空运输的运载量是百吨级,而铁路运输和海上运输的运载量是千吨级、万吨级,因此航空运输相对铁路运输和海上运输运载量很小,适合小体积、低重量的货物运输。

基于航空运输速度快、安全性好的优点及运载量小和运输技术要求较高的特点,航空运输的单位货物运输成本较高,从而航空运价较高。因此,航空运输适合高附加值货物运输,而低值货物不适合选择航空运输。

4. 受自然环境约束

与铁路运输相比,航空运输受天气影响非常大,如遇到大雨、大风、大雾等恶劣天气,飞机则不能准时起飞或者不能在目的地降落,这将在很大程度上延长货物的送达时间,这对于紧急情况下商品运输是非常不利的。

5. 对集装器有特殊要求

航空运输中的集装器是指为提高运输效率而采用的由托盘、集装箱等组成的装载设备,它们在外形构造和技术性能指标上具有自身特点,而不同于海运和陆运集装设备。注册的飞机集装器是国家政府有关部门授权集装器生产厂家按照不同飞机机身的规格制作的,适合不同规格大小的货舱;而非注册的飞机集装器因其与飞机不匹配一般不允许装入飞机的主货舱。因此,在海空联运或陆空联运时,货物需要换装。

从以上对国际航空货运的特点分析可以看出,国际航空货运既有优势,也有劣势,需要货运代理人员在实际业务操作中充分发挥国际航空货运的优势,克服其劣势,保证国际航空货运在经济发展中的作用。

(二)国际航空货运的方式

1. 班机运输

航空公司使用的具有固定的航线、固定时间、固定始发站和目的站及途经站的客机或货机或客货机称为班机运输(Scheduled Airline)。

一般班机使用客货混合飞机,一些较大的航空公司在一些航线上也开辟定期的货运航班,使用的是全货机。由于班机在航线和时间上基本有保证,因此采用班机运输货物可以比较容易掌握货物的发出和到达时间,从而保证货物能安全迅速地运到世界各地,特别是鲜活易腐商品、时令性较强的商品、急需物资及贵重商品多采用班机运输方式运送。

2. 包机运输

包机运输(Chartered Carriage)是指租用整架飞机或飞机的一部分完成一票货物的运输,可分为整包机和部分包机两类。

(1)整包机是指航空公司或包机公司按照双方事先同意的费率与条件,将整架飞机租给租机人。包机自某一航空站或若干航空站装运整架飞机的货物至指定的目的地。

(2)部分包机是指由几家航空货运代理公司(或发货人)联合包租一架飞机,或者由包机公司把一架包机的舱位分别卖给几家航空货运代理公司。这种部分包机形式适用于不足装一整架飞机的货物,或者1 000kg以上的货物。

3. 集中托运

国际航空货运代理公司把若干单独发运的货物组成一整批货物,用一份总运单整批发运到同一到站,或者运到某一预定的到站,由国际航空货运代理公司在目的地指定的代理收货,然后报关、分拨后交给实际收货人,这种方式称为集中托运(Consolidation)。

国际航空公司有按不同重量标准公布的多种运价,这就使航空货运代理公司可以把从不同的发货人那里收集的小件货物集中起来,使用国际航空公司的最便宜的运价。国际航空货运代理公司将节省下来的运费一部分给发货人,一部分作为自己的收益。

4. 陆空陆联运

陆空陆联运(TAT Combined Transport)是指使用飞机、火车、汽车等运输工具的联合运输方式,其分为 TAT(火车—飞机—汽车的联运)、TA(汽车—飞机的联运)、TA(火车—飞机的联运)。

(三)国际航空货运代理的性质

国际航空货运当事人主要有发货人、收货人、航空公司和国际航空货运公司,其中国际航空货运公司分为国际航空货运代理和国际航空运输销售代理两类。国际航空货运代理仅作为进出口发货人、收货人的代理,而不作为航空公司的代理,严禁从航空公司收取代理佣金;国际航空运输销售代理作为航空公司的代理,代为处理国际航空客货运输销售及其相关业务。

在我国,申请设立国际航空运输销售代理的前提之一是必须首先成为国际航空货运代理,既作为货主(发货人或收货人)代理收取代理费用,又作为承运方(航空公司)代理收取代理佣金。由此可见,我国国际航空货运代理有的仅作为货主代理,有的作为货主和航空公司的双方代理。除了在与航空公司费用结算方面及处理航空公司相关业务方面有所差异外,两者在主体业务流程及主要业务单证方面基本相同。

本节所界定的国际航空货运代理指作为货主和航空公司双方代理的货运代理,其在办理航空托运方面具有无可比拟的优势,不仅可以代为航空公司处理航空运输前、后繁杂的服务项目,而且可以代为货主处理繁杂的空运操作流程。

航空货运代理根据业务范围及是否签发运单也分为代理人型的货运代理和当事人型的货运代理。在集中托运业务中,对于实际托运人来说,货运代理作为承运人,能够签发自己的运单(分运单);对于航空公司来说,货运代理作为托运人,接受航空公司签发的主运单。此时航空货运代理属于当事人型的货运代理。另外,国际航空货运代理分为出口国货运代理和进口国货运代理,一般情况下,两者为同一代理企业的分支机构或分公司或两者互为代理关系。

二、国际航空货运有关单证

(一)国际货物托运书

国际货物托运书(Shipper's Letter of Instruction,SLI)是托运人委托承运人或其代理人(航空货运代理)填开航空货运单的一种表单。表单上列有填制航空货运单所需各项内容,因此国际货物托运书填写的正确与否直接影响航空运单填写的是否正确。

国际货物托运书由托运人填写并加盖公章,并应印有授权于承运人或其代理人代其在航空货运单上签字的文字说明。国际货物托运书是托运人委托航空货运代理承办航空货运的依据,也是货运代理填制航空货运单的依据,也是货运代理与托运人结算费用的依据。国际货物托运书是一份非常重要的法律文件。

航空货运代理接受委托时,首先需填写委托书,并加盖公章,作为货主委托代理承办航空货运出口货物的依据。航空货运代理公司根据委托书要求办理出口手续,并据以结算费用。

根据《华沙公约》规定,货运单应由托运人填写,也可由承运人或其代理人代为填写。实际上,目前货运单均由承运人或其代理人填制。为此,作为填开货运单的依据——国际货物托运书,应由托运人自己填写,而且托运人必须在上面签字或盖章,如表8-1所示。

表 8-1 国际货物托运书 Shipper's Letter of Instruction

托运人姓名、地址、电话号码 Shipper's Name, Address & Telephone No.	托运人账号 Shipper's Account Number	航空货运单号码 Air Waybill Number
		999——257-45042546
		安全检查 Safety Inspection

收货人姓名、地址、电话号码 Consignee's Name, Address & Telephone No.	收账人账号 Consignee's Account Number	是否安妥航班日期吨位 Booked	
		航班/日期 Flight/Date	航班/日期 Flight/Date
		预付 pp	到付 cc
		供运输用声明价值 Declared Values for Carriage	供海关用声明价值 Declared Values for Customs

始发站 Airport of Departure	目的站 Airport Port of Destination	保险价值 Amount of Insurance

填开货运单的代理人名称 Issuing Carriers Agent Name and City	另请通知 Also Notify
承运注意事项及其他 Handling Information and Others	随附文件 Document to Accompany Air Waybill

件数 No.of Packages	毛重(千克) Actual Gross weight(kg)	运价种类 Rate Class	计费重量(千克) Chargeable Weight(kg)	费率 Rate/kg	货物名称(包括包装、尺寸或体积) Nature and Quantity of Goods (INCL. Dimensions or Volume)

托运人证实以上所填内容全部属实并愿意遵守承运人的一切运输章程 Shipper certifies that the particulars on the face hereof correct And agrees to the conditions of carriage of carrier	航空运费和其他费用 Weight Charges and Other Charges
托运人或其代理人签字、盖章 Signatures of Shipper or his Agent _____ 日期 Date_____	承运人签字 Signatures of Issuing Carrier or his Agent_____ _____ 日期 Date_____

托运书包括的内容如下。

(1) 托运人账号(Shipper's Account Number)：本栏填写托运人的银行账号,用于结算费用。

(2) 托运人姓名、地址、电话号码(Shipper's Name and Address & Telephone No.)：本栏填写托运人姓名和详细地址(街名、城市名称、国名),以及便于联系的电话号、电传号或传真号。

(3) 收货人账号(Consignees's Account Number)：本栏填写收货人的银行账号,用于结算费用。

(4) 收货人姓名、地址、电话号码(Consignee's Name and Address & Telephone No.)：本栏填写收货人姓名和详细地址(街名、城市名称、国名),以及便于联系的电话号、电传号或传真号。由于航空货运单不能转让,因此本栏内不得填写"order"(凭指示)或"to order of the shipper"(凭托运人指示)等字样,也不能空白不填。

(5) 另请通知(Also Notify)：除填收货人外,如托运人还希望在货物到达的同时通知其他人,请另填写通知人的全名和地址。

(6) 代理人的名称和城市(Issuing Carriers Agent Name and City)：本栏填写航空货运代理的名称和地址。

(7) 始发站(Airport of Departure)：本栏填写始发站机场的全称。

(8) 目的站(Airport of Destination)：本栏填写到达站机场的全称。

(9) 要求的路线/申请定舱(Booked)：本栏在航空公司安排运输路线时使用,但如果托运人有特别要求,也可填入本栏。

(10) 托运人的声明价值(Shipper's Declared Value)：对每批货物在交货时特别声明的价值。

供运输用的声明价值：《华沙公约》对由承运人自身疏忽或故意造成的货物损坏、残缺或延误规定了最高赔偿责任限额为货物毛重每千克不超过20美元或其等值货币。如果货物价值超出了上述价值,托运人就需要向承运人声明货物的价值,并支付声明价值附加费;否则不需要声明价值。若无须声明价值,则本栏不填或填写"NVD"(NO Value Declared)字样。

供海关用的声明价值：用于海关征税,即海关根据此栏所填数额征税。若未办理此声明价值则填写"NCV"(No Commercial Value)字样。

(11) 保险价值(Amount of Insurance)：本栏填写国际航空货物保险金额。中国民航各空运企业暂未开展国际航空货运代理保险业务,本栏可不填。

(12) 所附文件(Document to Accompany Air Waybill)：本栏填写随附航空货运单运往目的地的文件名称,如发票、装箱单、托运人的动物证明等。

(13) 承运注意事项及其他(Handing Information and others)：本栏填写货物外包装上标记或操作要求等。

(14) 件数和包装方式(Number and Kind of Packages)：本栏填写该批货物的总件数并注明其包装方式,如包裹(Package)、纸板盒(Carton)、盒(Case)、板条箱(Crate)、袋(Bag)、卷(Roll)等。如货物没有包装,则填写散装(Loose)。

(15) 实际毛重（Actual Gross Weight）：本栏应由承运人或航空货运代理称重后填入。如托运人已填写，则承运人或航空货运代理必须复核。

(16) 计费重量（Chargeable Weight）：本栏应由承运人或航空货运代理量出货物尺寸、计算出计费重量后填入。如托运人已填写，则承运人或航空货运代理必须复核。

(17) 货物品名及数量（包括体积及尺寸）（Nature and Quantity of Goods（Incl. Dimensions or Volume）：本栏详细填写货物的品名、数量和尺寸。若一批货物中有多种货物，则分别填写。危险品应填写适用的准确名称及标贴的级别。

(18) 托运人或其他代理人签字（Signature of Shipper or his Agent）：托运人必须在本栏内签字。

(19) 日期（Date）：填写托运人交货的日期。

(20) 其他所有项目均由承运人或航空货运代理确定相关事宜后填入。

在实际业务中，在接受托运人的委托后，货运代理公司的指定人员对国际货物托运书进行审核。审核的主要内容包括价格和航班日期。目前，在审核起降航班的航空公司大部分采取自由销售方式。

每家航空公司、每条航线、每个航班甚至每个目的港均有优惠运价，这种运价会因货源、淡旺季经常调整，而且各航空公司之间的优惠价也不尽相同。所以，有时更换航班，运价也随之变更。国际货物托运书的价格审核就是判断其价格是否能被接受，预订航班是否可行。最后，审核人员必须在国际货物托运书上签名和注明日期以示确认。

（二）航空运单

航空运单（Air Waybill）是由托运人或者以托运人名义填制，承运人或其代理在收到货物、接受托运后签发给托运人的货物收据，是托运人与承运人之间所订立的航空运输合同的证明。

根据《华沙公约》的规定：航空运单应当由托运人填写。由于填写航空运单必须具有一定的专业知识，因此在航空货运业务操作中托运人通常以国际货物托运书的形式授权航空公司或航空货运代理代为填写。航空运单必须由承运人签字方能生效，承运人责任也从此时开始，直到在目的站向收货人交付货物时为止。

1. 航空运单的性质与作用

航空运单与海上货运提单有很大不同，却与国际铁路运单相似。它是由承运人或其代理人签发的重要的货物运输单据，是承托双方的运输合同，其内容对双方均具有约束力。航空运单不可转让，持有航空运单也并不能说明对货物拥有所有权。航空运单的性质与作用具体体现在以下6个方面。

（1）航空运单是发货人与承运人之间的运输合同。与海上货运提单不同，航空运单不只证明航空运输合同的存在，并且航空运单本身就是发货人与承运人之间缔结的货品运输合同，在两边一起签订后发生效力，并在货品抵达目的地交付给运单上所记录的收货人后失效。

（2）航空运单是承运人签发的已接收货物的证明。航空运单也是货品收条，在发货人将货品发运后，承运人或其代理人就会将其中一份交给发货人（发货人联），作为已经接收货品的证明。除非有其他注明，它是承运人收到货品并在良好条件下装运的证明。

（3）航空运单是承运人据以核收运费的账单。航空运单分别记载着收货人、承运人应负担的费用和应支付给代理人的费用，并详细列明费用的种类、金额，因此可作为运费账单和发票。承运人往往也将其中的承运人联作为记账凭证。

（4）出口时航空运单是报关单证之一。在货物到达目的地机场进行报关时，航空运单也通常是海关查验放行的基本单证。

（5）航空运单同时可作为保险证明。如果承运人承办保险或发货人要求承运人代办保险，则航空运单也可用来作为保险证明。

（6）航空运单是承运人在货物运输组织的全过程中运输货物的依据。航空运单随货同行，证明了货物的身份。航空运单上载有有关该票货物发送、转运、交付的事项，承运人会据此对货物的运输做出相应安排。

小提示

航空运单正本一式三份，每份都印有背面条款。其中一份交发货人，是承运人或代理人接收货物的依据；一份由承运人留存，作为记账凭证；最后一份随货同行，在货物到达目的地，交付给收货人作为核收货物依据。另外，航空运单还有 6 联副本及 3 联额外副本。

2. 航空运单的分类

根据航空运单的签发人不同，航空运单可分为航空主运单（Master Air Waybill，MAWB）和航空分运单（House Air Waybill，HAWB）；根据航空货运单样式不同，航空运单可分为有出票航空公司标志的货运单和无承运人任何标志的中性货运单；根据承运货物种类不同，航空运单可用于单一种类货物运输和不同种类货物的集中运输；根据运输行程不同，航空运单可用于单程货物运输和联程货物运输。

1）航空主运单

凡由航空运输公司签发的航空运单均称为航空主运单，它是航空运输公司据以办理货物运输和交付的依据。每一批航空运输的货物都有自己相对应的航空主运单。

2）航空分运单

在办理集中托运业务时，由航空货运代理签发的航空运单称为航空分运单。由此可见，在集中托运业务中，既有航空公司签发的以货运代理为托运人的航空主运单，又有货运代理签发给实际托运人的航空分运单。

代理人可以自己颁发分运单，不受航空公司的限制，但通常的格式还要按照航空主运单来制作。在航空分运单中，托运人栏和收货人栏都是真正的托运人和收货人。

3. 航空运单的内容

航空运单与海上货运提单类似，也有正面、背面条款之分。所不同的是，航运公司的海上货运提单可能千差万别；但各航空公司所使用的航空运单则大多借鉴 IATA（International Air Transport Association，国际航协）推荐的标准格式（也称中性运单），所以差别并不大。下面将航空运单中需要填写的栏目说明如下。

（1）托运人（Shipper's Name and Address）栏：应填写托运人的全称、街名、城市名称、国家名称、电话、电传或传真号码。

（2）收货人（Consignee's Name and Address）栏：应填写收货人的全称、街名、城市名称、国家名称、电话、电传或传真号码。

(3) 代理人的名称和城市(Issuing Carrier's Agent Name and City)栏：必要时可填写代理人的全称和城市名称。

(4) 始发站机场(Airport of Departure)栏：填写始发站机场全称。

(5) 到达站机场(Airport of Destination)栏：填写到达站机场全称。如遇到有重名的机场,还应注明机场的国别。

(6) 要求的路线(Requested Routing)栏：填写选择的运输路线及承运人代号。如后者不指定则只填路线亦可;如二者均不指定,则可填"FRAV."至(TO)：填城市名称英文的三字代号。

(7) 托运人声明的价值(Shipper's Declared Value)。

① 供运输用(For Carriage)：填写托运人向承运人声明的货物价值。该价值也为承运人负责赔偿的限额。未声明价值时,可填"NVD"(No Value Declared)字样。

② 供海关用(For Customs)：填写托运人向到达站海关申报的货物价值。如果货物没有所需要申报的货物价值,此栏可填写"NCV"(No Customs Value)字样。

(8) 保险金额(Amount of Insurance)：本栏可不填。

(9) 所附文件(Documents to Accompany Air Waybill)栏：填写随附货运单带往到达站的文件的名称。

(10) 处理情况(包括包装方式、货物标志及号码等)(Handling Information(Incl. Method of Packing Identifying Marks and Numbers.etc.))栏：填写货物的包装方式、标志和号码,以及在运输、中转、装卸、储存时需要特别注意的事项。

(11) 另请通知(Also Notify)栏：托运人为防备收货人因故不能收货,希望在货物到达的同时通知他人,在此填写被通知人的全称和地址。

(12) 件数(No. of Packages)栏：填写该批货物的总件数及包装方式。

(13) 实际毛重(千克)(Actual Gross Weigh(kg))栏：填写航空公司计量的货物总重,尾数不足 0.10 千克的四舍五入。

(14) 运价类别(Rate Class)栏：填写所采用的运价类别代号。采用等级运价时,标明百分比。

(15) 收费重量(千克)(Chargeable Weight (kg))栏：填写计算运费的重量。

(16) 费率(Rate/Charge)栏：适用的每千克运价,如最低运费,也应填本栏。

(17) 货物品名及数量(Nature and Quantity or Goods)栏：填写货物的具体名称。如一票货物包括多种物品时,应分别申报货物品名。对危险品应注明其专有名称和包装级别。

(18) 供承运人用(For Carrier Use Only)栏：供经办人计算运费用。

(19) 运费(Charges)栏：填写全部到付或全部预付。到付用(cc)表示,预付用(pp)表示。

(20) 托运人或代理人签字(Signature of Shipper or Its Agent)栏：托运人必须在此签字。

(21) 日期和地点(Executed(Date)at(Place))栏：填开立货运单的日期和地点。

(22) 承运人或代理人签字(Signature of Issuing Carrier or Its Agent)。

(23) 航班和日期(Flight/Date)栏：填写已订妥的航班和日期。

(24) 运单号(No. of Air Waybill)栏：运单号一般由 11 位数字组成,前 3 位数字为航空公司代号,如中国国际航空公司的代号是999,南方航空公司的代号是784;后7位数是顺序号;最后一位是检查号。

(25)其他费用(Other Charges)栏:填写运费和声明价值附加费以外的其他费用。其他费用一般用代号表示,如为承运人收取,则用"C"列在其他费用代号后面;如为代理人收取,则用"A"列在其他费用代号后面。

(26)货币(Currency)栏:填写开航空运单所用货币的代号。

以上所有内容不一定要全部填入航空运单,IATA也并未反对在运单中写入其他所需的内容。但这种标准化的单证对航空货运经营人提高工作效率、促进航空货运业向电子商务的方向迈进有着积极的意义。

【例8-1】 根据表8-2及以下业务资料,完成航空运单的填制。

(1)国际货物托运书资料如下。

表8-2 国际货物托运书_SHIPPER'S LETTER OF INSTRUCTION

托运人姓名、地址、电话号码 Shipper's Name, Address & Telephone No. CHINA INDUSTRY CORP., BEIJING,P.R.CHINA TEL:86(10)64596666 FAX:86(10)64598888	托运人账号 Shipper's Account Number	航空运单号码 Air Waybill Number		
		999-45042546		
		安全检查 Safety Inspection		
收货人姓名、地址、电话号码 Consignee's Name, Address & Telephone No. TOKYOSPORT GOODSIMPORTERS,JAPAN TEL:78789999 FAX:78781384	收账人账号 Consignee's Account Number	是否安妥航班日期吨位 Booked		
		航班/日期 Flight/Date		航班/日期 Flight/Date
		预付 pp	×	到付 cc
		供运输用声明价值 Declared Values for Carriage		供海关用声明价值 Declared Values for Customs
		NVD		NCV
始发站 Port of Departure	PEK	目的站 Port of Destination	TYO	保险价值 Amount of Insurance
填开货运单的代理人名称 Issuing Carriers Agent Name and City KUNDA AIR FREIGHT CO.,LTD.				另请通知 Also Notify
承运注意事项及其他 Handling Information and Others KEEP UPSIDE				随附文件 Document to Accompany Air Waybill

续表

件数 No.of Packages 1	毛重(千克) Actual Gross Weight(kg) 25.2	运价 种类 Rate Class	商品 代号 Comm. Item No.	计费重量 (千克) Chargeable Weight (kg)	费率 Rate/kg	货物名称(包括包装、尺寸或体积) Nature and Quantity of Goods (INCL. Dimensions or Volume) SHOES 82cm×48cm×32cm
托运人证实以上所填内容全部属实并愿意遵守承运人 的一切运输章程 Shipper certifies that the particulars on the face hereof correct and agrees to the conditions of carriage of carrier				航空运费和其他费用 Weight Charges and Other Charges		
托运人或其代理人签字、盖章 Signatures of Shipper or his Agent KUNDA AIR FREIGHT CO.,LTD.				承运人签字 Signatures of Issuing Carrier or his Agent 日期 Date		

(2) 其他业务资料。

航班：CA921/30,MAY,2006。

AWC(其他费用中的制单费)：50.00。

RATE：37.5CNY/kg。

(3) 根据以上资料填写航空运单,如表 8-3 所示。

表 8-3 航空运单

999-80693231	999-80693231

Shipper's Name and Address	NOT NEGOTIABLE Air Waybill 中国国际航空公司 Issued by AIR CHINA
Consignee's Name and Address	It is agreed that the goods described herein are ac- cepted in apparent good order and condition. (except as noted) for carriage SUBJECT TO
Issuing Carrier's Agent Name and City	THE CONDITIONS OF CONTRACT ON THE REVERSE HEREOF, ALL GOODS MAY BE CARRIED BY ANY OTHER MEANS. IN-
Agents IATA Code	Account No.	CLUDING ROAD OR ANY OTHER CARRIER UNLESS SPECIFIC CONTRARY INSTRUC- TIONS ARE GIVEN HEREON BY THE SHIP- PER. THE SHIPPER's ATTENTION IS DRAWN TO THE NOTICE CONCERNING CARRIER's LIMITATION OF LIABILITY. Shipper may increase such limitation of liability by declaring a higher value of carriage and paying a supplemental charge if required

续表

| Airport of Departure （Add. of First Carrier）and Requested Routing | | | | | | Accounting Information | | | | |

To	By first carrier	To	By	To	By	Currency	WT/VAL		Declared Value for Carriage	Declared Value for Customs
							PP	CC		

Airport of Destination	Flight/Date	Amount of Insurance	INSURANCE-If carrier offers insurance and such insurance is requested in accordance with the conditions thereof indicate amount to be insured in figures in box marked "Amount of Insurance"

Handling Information

No. of Pieces	Gross Weight	Kg Lb	Rate Class	Chargeable Weight	Rate/Charge	Total	Nature and Quantity of Goods

Prepaid	Weight charge	Collect	Other Charges
Valuation Charge			
Tax			

Total Other Charges Due Agent	Shipper certifies that the particulars on the face hereof are correct and that insofar as any part of the consignment contains dangerous goods，such part is properly described by name and is in proper condition for carriage by air according to the applicable Dangerous Goods Regulations.
Total Other Charges Due Carrier	
	Signature of Shipper or his agent

Total Prepaid	Total Collect	Executed on _____ at _____ Signature of issuing Carrier or as Agent
Currency Conversion Rates	CC Charges in des. Currency	

For Carrier's Use Only at Destination	Charges at Destination	Total Collect Charges	AIR WAYBILL NUMBER 999-80693231

　解：航空运单填写如表 8-4 所示。

表 8-4　航空运单(已填写)

999-45042546　　　　　　　　　　　　　　　　　999-45042646

Shipper's Name and Address CHINA INDUSTRY CORP.，BEIJING，P. R.CHINA TEL：86(10)64596666 FAX：86(10)64598888	NOT NEGOTIABLE Air Waybill　　中国国际航空公司 Issued by　　　　AIR CHINA

Consignee's Name and Address TOKYOSPORT GOODSIMPORTERS，JAPAN TEL：78789999 FAX：78781384	It is agreed that the goods described herein are accepted in apparent good order and condition (except as noted) for carriage SUBJECT TO THE CONDITIONS OF CONTRACT ON THE REVERSE HEREOF，ALL GOODS MAY BE CARRIED BY ANY OTHER MEANS. INCLUDING ROAD OR ANY OTHER CARRIER UNLESS SPECIFIC CONTRARY INSTRUCTIONS ARE GIVEN HEREON BY THE SHIPPER. THE SHIPPER's ATTENTION IS DRAWN TO THE NOTICE CONCERNING CARRIER's LIMITATION OF LIABILITY.
Issuing Carrier's Agent Name and City	

Agents IATA Code	Account No.	Shipper may increase such limitation of liability by declaring a higher value of carriage and paying a supplemental charge if required

Airport of Departure　（Add. of First Carrier） and Requested Routing PEKING	Accounting Information

To TYO	By first carrier PEK	To TYO	By	To	By	Currency CNY	WT/VAL PP ×	CC	Declared Value for Carriage NVD	Declared Value for Customs NCV

Airport of Destination TYO	Flight/Date CA921/30， MAY，2006	Amount of Insurance	INSURANCE-If carrier offers insurance and such insurance is requested in accordance with the conditions thereof indicate amount to be insured in figures in box marked"Amount of Insurance"

Handling Information KEEP UPSIDE

No. of Pieces	Gross Weight	Kg Lb	Rate Class	Chargeable Weight	Rate/Charge	Total	Nature and Quantity of Good
1	25.2	K	N	25.5	37.51	956.51	JUICE 82cm×48cm×32cm

Prepaid ×	Weight Charge	Collect	Other Charges AWC：50
Valuation Charge			
Tax			

续表

| Total Other Charges Due Agent | Shipper certifies that the particulars on the face hereof are correct and that insofar as any part of the consignment contains dangerous goods，such part is properly described by name and is in proper condition for carriage by air according to the applicable Dangerous Goods Regulations. KUNDA AIR FREIGHT CO.,LTD. Signature of Shipper or his agent |
| Total Other Charges Due Carrier | |

Total Prepaid 1006.51	Total Collect	Executed on _____ at _____ Signature of issuing Carrier or as Agent
Currency Conversion Rates	CC Charges in des. Currency	
For Carrier's Use Only at Destination	Charges at Destination	Total Collect Charges	AIR WAYBILL NUMBER 999-45042546

第二节　国际航空货运代理实务

一、国际航空货运代理出口业务流程

国际航空货运代理出口业务流程包含 9 个环节，如图 8-1 所示。

（一）市场销售

市场销售也就是揽货，它处于整个国际航空货运代理出口业务流程的核心地位。在具体操作时，货运代理人员需向货主即出口单位介绍本公司的业务范围、服务项目、各项收费标准，特别是向出口单位介绍优惠运价和本公司的服务优势。

航空货运代理公司与出口企业就出口货物运输事宜达成意向后，可以向发货人提供中国民航的国际货物托运书。对于长期出口或出口货量大的单位，航空货运代理公司一般会与之签订长期的代理协议。

（二）委托运输

航空货运代理接受委托时，首先需填写委托书并加盖公章，作为货主委托代理承办航空货运出口货物的依据。航空货运代理公司根据委托书要求办理出口手续，并据以结算费用。

根据《华沙公约》规定，货运单应由托运人填写，也可由承运人或其代理人代为填写。实际上，目前货运单均由承运人或其代理人填制。为此，作为填开货运单的依据——国际货物托运书，应由托运人自己填写，而且托运人必须在上面签字或盖章。

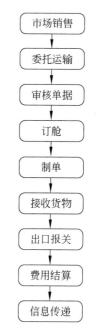

图 8-1　国际航空货运代理出口业务流程

(三) 审核单据

审核的单据如下。

(1) 发票和装箱单：发票上一定要加盖公司章，标明价格术语和货价。

(2) 托运书：一定要标明目的港名称或目的港所在城市名称，明确运费预付或运费到付、货物毛重、收发货人、电话(电传或传真)号码。托运人签字处一定要有托运人签名。

(3) 报关单：注明经营单位注册号、贸易性质、收汇方式，并要求在申报单位处加盖公章。

(4) 外汇核销单：在出口单位备注栏内，一定要加盖公司章。

(5) 许可证：合同号、出口口岸、贸易国别、有效期、一定要符合要求，并与其他单据相符。

(6) 商检证：商检证、商检放行单、盖有商检放行章的报关单均可。商检证上应有海关放行联字样。

(7) 进料/来料加工核销本：注意本上的合同号是否与发票相符。

(8) 索赔/返修协议：要求提供正本、合同双方盖章，外方没章时可以签字。

(9) 到付保函：凡到付运费的货物，发货人都应提供。

(10) 关封。

(四) 订舱

订舱包括预订舱和订舱。

预订舱是指航空货运代理根据所制定的预配舱方案，按航班日期打印出总运单号、件数、重量、体积等，向航空公司预订舱位。因为此时货物还没有入库，所以预报数和实际数可能会有差别。

订舱就是将所接收空运货物向航空公司正式提出运输申请并订妥舱位。货物订舱需根据发货人的要求和货物标识的特点而定。一般来说，大宗货物、紧急物资、鲜活易腐物品、危险品、贵重物品等必须预订舱位；非紧急的零散货物可以不预订舱位。

货运代理订舱时，可依照发货人的要求选择最佳的航线和最佳的承运人，同时为发货人争取最低、最合理的运价。订舱后，航空公司签发舱位确认书，即舱单，同时给予装货集装器领取凭证，以表示舱位订妥。

(五) 制单

制单就是填开航空运单，包括总运单和分运单。填开航空运单的主要依据是发货人提供的国际货物托运书。航空运单一般用英文填写，目的地为中国香港地区的货物运单可以用中文填写，但货物的品名一定要用英文填写。

如果所托运的货物是直接发给国外收货人的单票托运货物，填开航空公司运单即可；如果所托运的货物属于以国外代理人为收货人的集中托运货物，必须先为每票货物填开航空货运代理公司的分运单，然后填开航空公司的总运单，以便国外代理人对总运单下的各票货物进行分拨。

(六) 接收货物

接收货物是指航空货运代理公司把即将发运的货物从发货人手中接过来并运送到自己的仓库。接收货物时应对货物进行过磅和丈量，并根据发票、装箱单或送货单清点货物,核对货物的数量、品名、合同号或唛头等是否与货运单上所列一致。

1. 检查货物的外包装是否符合运输要求

(1) 托运人提供的货物包装要求坚固、完好、轻便,应能保证在正常的操作(运输)情况下,货物可完好地运达目的站。同时,也不损坏其他货物和设备。

(2) 为了不使密封舱飞机的空调系统堵塞,不得使用带有碎屑、草末等的包装材料,如草袋、草绳、粗麻包等。包装的内衬物如谷糠、锯末、纸屑等不得外漏。

(3) 包装内部不能有突出的棱角,也不能有钉、钩、刺。包装外部需清洁、干燥,没有气味和油腻。

(4) 托运人应在每件货物的包装上详细写明收货人、另请通知人和托运人的姓名及地址。如包装表面不能书写,可写在纸板、木牌或布条上,再挂在货物上,填写时字迹必须清楚、明晰。

(5) 包装的材料要良好,不得用腐朽、虫蛀、锈蚀的材料。无论是木箱还是其他容器,为了安全,必要时可用塑料、铁箍加固。

(6) 如包装件有轻微破损,填写货运单时应在"Handing Information"标注出详细情况。

🐟 小提示

在装板、装箱时要注意以下问题。

(1) 不要用错板型和箱型。因不同航空公司的集装板、集装箱的尺寸不同,用错了不能装机。另外,每家航空公司的板、箱不允许别家航空公司的航班使用。

(2) 货物装板、装箱时不得超过规定的重量、高度和尺寸。一定型号的板、箱用于一定的机型,一旦超装就无法装机。所以,既不可超装,又要用足板、箱的负荷和尺寸。

(3) 要封盖塑料薄膜以防潮防雨。板、箱要衬垫平稳、整齐,使结构牢靠,系紧网索,以防倒垛。

(4) 对于整票货尽可能装一个或几个板、箱,以防散乱、丢失。

2. 外包装上的标记和标签

1) 标记

标记即在航空运输货物外包装上由托运人书写的有关事项和记号。航空货物外包装上的有关事项和记号如图 8-2 所示。

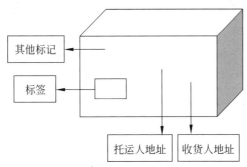

图 8-2 航空货物外包装上的有关事项和记号

托运人地址和收货人地址：注明托运人、收货人的姓名、地址、联系电话、传真号。

其他标记：注明合同号、操作(运输)注意事项等，如不要曝晒(Don't expose to excessive sunlight)、防潮(Keep Dry)、小心轻放(Handle with Care)。

2) 标签

标签按其作用可分为识别标签、特种货物标签和操作标签。

(1) 识别标签：用于说明货物的货运单号码、件数、重量、始发站、目的站、中转站的一种运输标志，可以分为挂签和贴签两种。在使用标签之前，应清除所有与运输无关的标记与标签；体积较大的货物需对贴两张标签；袋装、捆装、不规则包装除使用两个挂签外，还应在包装上写清货运单号码和目的站。

(2) 特种货物标签：说明特种货物性质的各类识别标志，可以分为活动物标签、危险品标签和鲜活易腐物品标签。

(3) 操作标签：说明货物储运注意事项的各类标志。

(七) 出口报关

出口报关是指发货人或其代理人在货物发运前，向出境地海关办理货物出口手续的过程。出口报关程序如图 8-3 所示。

(1) 将发货人提供的出口货物报关单的各项内容输入计算机，即计算机预录入。

(2) 在通过计算机填制的报关单上加盖报关单位的报关专用章。

(3) 将报关单与有关发票、装箱单和货运单综合在一起，并根据需要随附有关证明文件。

(4) 以上报关单证齐全后，由持有报关证的报关员正式向海关申报。

(5) 海关审核无误后，海关官员即在用于发运的运单正本上加盖放行章，同时在出口收汇核销单和出口报关单上加盖放行章，在发货人用于产品退税的单据上加盖验讫章，粘上防伪标志。

(6) 完成出口报关手续。

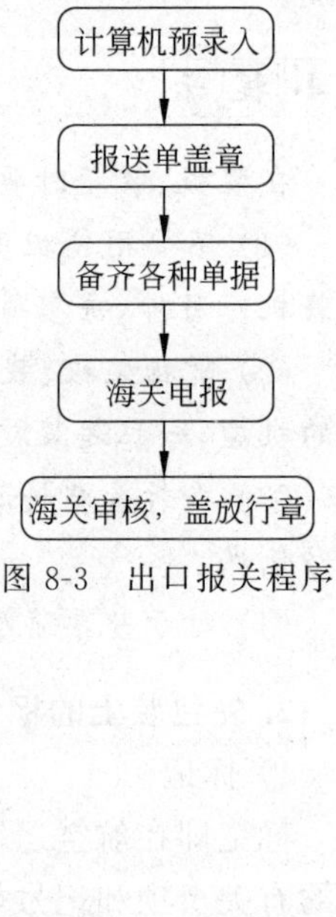

图 8-3　出口报关程序

小提示

不同的出口货物，报关时的规定不同。根据动卫检部门的规定和货物种类，出口报关时应填制相应的动、卫签单；非动植物及其制品类，要求填制卫检申报单，加盖卫检放行章；动植物类货物除卫检申报单外，还需动植检报验单，并加盖放行章。

(八) 费用结算

费用结算主要涉及同发货人、承运人和国外代理人三方面的结算，即在运费预付时向发货人收取航空运费、地面运输费和各种服务费和手续费；同时，向承运人支付航空运费及代理费、代理佣金；在到付运费的情况下，收货方的航空货运代理公司在将货物移交收货人时，应收回到付运费并退还给发货方的货运代理，同时发货方的货运代理应将代理佣金的一部分分给其收货地的货运代理。

（九）信息传递

货物交接发运后,货运代理公司除了做好航班跟踪外,还要为客户提供相关的信息服务。包括订舱信息、审单及报关信息、仓库收货信息、交运称重信息、一程及二程航班信息、集中托运信息、单证信息等。

二、国际航空货运进口业务流程

国际航空货运进口业务流程是指航空货运代理公司对于货物从入境到提取或转运整个流程的各个环节所需办理的手续及准备相关单证的全过程。其具体包括六个环节,如图 8-4 所示。

（一）代理预报

在国外发货前,进口单位就应将合同副本或订单及其他有关单证送交进口空港所在地的航空货运代理,作为委托报关、接货的依据。国外货运代理公司将运单、航班、件数、重量、品名、实际收货人及其地址、联系电话等内容通知目的地代理公司,该环节称为代理预报。代理预报的目的是使代理公司做好接货前的所有准备工作。

图 8-4　国际航空货运进口业务流程

（二）交接单货

货物到达后,航空货运代理接到航空公司到货通知时,应从机场或航空公司营业处取单(指航空运单第三联正本(Original for the Consignee))。取单时应注意两点。

（1）航空公司免费保管货物的期限为 3 天,超过此限取单应付保管费。

（2）进口货物应自运输工具进境之日起 14 天内办理报关。如通知取单日期已临近或超过限期,应在征得收货人同意缴纳滞报金的情况下方可取单。

航空货运代理公司在与航空公司办理交接手续时,应根据运单及交接清单核对实际货物。若存在有单无货或有货无单的情况,应在交接清单上注明,以便航空公司组织查询并通知入境地海关;若发现货物短缺、破损或其他异常情况,应向民航索要商务事故记录,作为实际收货人交涉索赔事宜的依据。

（三）理货与仓储

货运代理公司从航空公司接货后,即短途驳运进自己的监管仓库,组织理货及仓储。

（四）到货通知

货物到目的港后,货运代理应从航空运输的时效性出发,为减少货主仓储费,避免海关滞报金,尽早、尽快、尽妥地通知货主到货情况,提请货主配齐有关单证,尽快报关。

小提示

到货通知包括以下内容。

(1) 运单号、分运单号、货运代理公司编号。

(2) 件数、重量、体积、品名、发货公司、发货地。

(3) 运单、发票上已编注的合同号、随机已有单证数量及尚缺的报关单证。

(4) 运费到付数额、货运代理公司地面服务收费标准。

(5) 货运代理公司及仓库的地址、电话、传真、联系人。

(6) 提示货主关于超过 14 天报关收取滞报金及超过 3 个月未报关货物上交海关处理的规定。

(五) 进口报关

取回运单后应与合同副本或订单校对。如合同号、唛头、品名、数量、收货人或通知人等无误,应立即填制进口货物报关单并附必要的单证向设在空港的海关办理报关。如由于单证不全而无法报关,应及时通知收货人补齐单据或通知收货人自行处理,以免承担近期报关而须缴滞报金的责任,作为收货人应立即答复或处理。

海关审单通过后,航空货运代理应按海关出具的税单缴纳关税及其他有关费用,然后凭交费收据将所有报关单据送海关放行部,海关对无须验货的货物直接在航空运单上盖章放行;对需要验货的,查验无讹后放行;对单货不符的由海关扣留,另行查处。

(六) 发货

海关放行后,属于当地货物的应立即送交货主;如为外地货物,应立即通知货主到口岸提取或按事先的委托送货上门。对须办理转运的货物,如不能就地报关的,应填制海关转运单并附有关单据交海关制作关封随货转运。

提货时如发现缺少、残损等情况,航空货运代理应向航空公司索取商务记录,交货主向航空公司索赔,也可根据货主委托代办索赔。

小提示

《华沙公约》第十八条规定:对于因货物毁灭、遗失或者损坏而产生的损失,只要造成损失的事件是在航空运输期间发生的,承运人就应当承担责任。承运人证明货物的毁灭、遗失或者损坏是由于下列一个或者几个原因造成的,在此范围内承运人不承担责任。

(1) 货物的固有缺陷、质量或者瑕疵。

(2) 承运人或者其受雇人、代理人以外的人包装货物的,货物包装不良。

(3) 战争行为或者武装冲突。

(4) 公共当局实施的与货物入境、出境或者过境有关的行为。

三、集中托运业务

(一) 集中托运业务流程

集中托运业务(Consolidation)又称为集拼业务,是指集中托运商(简称集运商,Consolidator)将多个托运人的货物集中起来作为一票货物交付给承运人,用较低的运价运输货物。货物到达目的站,由分拨代理商统一办理海关手续后,再分别将货物交付给不同的收货人。

集中托运业务流程如图 8-5 所示。

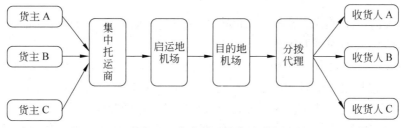

图 8-5　集中托运业务流程

（1）集中托运商在收到 A、B、C 三个货主的货物之后，进行集中托运，即把来自三个不同的托运人的货物集中到一起，交给航空公司。

（2）集中托运商以自己为托运人的名义向航空公司办理托运，集中托运商和航空公司之间就需要一个凭证，该凭证就是主运单。主运单是集中托运商与航空公司之间交接货物的凭证，同时又是承运人运输货物的正式文件。

（3）集中托运商以自己的名义同时向 A、B、C 三个货主分别签发分运单。分运单是集运商与 A、B、C 三个货主之间交接货物的凭证，也是集运商承诺将货物运到指定目的地机场的文件。

（4）货物在到达目的地机场后，由集中托运商在目的地机场的分拨代理商统一办理进口报关和提取货物手续。

（5）集中托运商在目的地机场的分拨代理商凭借收货人 A、B、C 出示的各自的分运单，分别将各自的货物交付给不同的收货人。

（二）集中托运商

集中托运商与货运代理的地位相似，但有不同，集中托运商的地位类似于多式联运中的多式联运经营人。集中托运商承担的责任不仅是在始发地将货物交给航空公司，在目的地提取货物并转交给不同的收货人，其承担的是货物的全程运输责任，而且在运输中具有双重角色。他对各个发货人负货物运输责任，地位相当于承运人；而在与航空公司的关系中，他又作为集中托运的一整批货物的托运人。

四、国际航空快递业务

航空快递是指具有独立法人资格的企业将进出境货物或物品从发件人所在地通过自身或代理的网络运达收件人的一种快速运输方式。采用上述运输方式的进出境货物、物品称为快件。航空快递实际也是一种联合运输，与空运方式前后衔接的一般是汽车运输。

快件业务从所发运快件的内容看，主要分为快件文件和快件包裹两大类。快件文件以商务文件、资料等无商业价值的印刷品为主，其中也包括银行单证、合同、照片、机票等。快件包裹又称小包裹服务，包裹是指一些贸易成交的小型样品、零配件返修机采用快件运送方式的一些进出口货物和物品。

航空快件运输（尤其是包裹运输）与普通空运货物相比，需要办理的手续相同，运输单据和报关单证也基本一样，都要向航空公司办理托运；都要与收、发货人及承运人办理单货交接手续;都要提供相应的单证向海关办理进、出口报关手续。但其也有其自身的特点。

(1) 完善的快递网络。快递是以时间、递送质量区别于其他运输方式的,它的高效运转只有建立在完善的网络上才能进行。

(2) 以收运文件和小包裹为主。从收运范围来看,航空快运以收运文件和小包裹为主。收运文件包括银行票据、贸易合同、商务信函、装船单据、小件资料等,小包裹包括小零件、小件样品、急用备件等。快运公司对收件有最大重量和体积的限制。

(3) 有交付凭证。从运输和报关来看,航空快运业务中有一种其他运输形式所没有的单据 POD (Proof of Delivery,交付凭证)。它由多联组成(各快运公司的 POD 不尽相同),一般有发货人联、随货同行联、财务结算联、收货人签收联等,其上印有编号及条形码。POD 类似于航空货运中的分运单,但比之用途更为广泛。

(4) 运送速度快。从服务层次来看,航空快运因设有专人负责,减少了内部交接环节,缩短了衔接时间,因此运送速度快于普通货运和邮递业务,这是其典型特征。

(5) 安全可靠。从服务质量来看,快件在整个运输过程中都处于计算机系统的监控之下,每经一个中转港或目的港,在计算机系统中都得输入其动态(提货、转运、报关等),派送员将货送交收货人时,让其在 POD 上签收后,计算机操作员将送货情况输入计算机,这样,信息很快就能反馈到发货方。一旦查询,立刻就能得到准确的回复。这种运输方式使收、发货人都感到安全、可靠。

第三节　国际航空运费

一、基本概念

(一) 航空运价

航空运价(Rate)指承运人对所承运的每一重量单位的货物所收取的航空运费。航空运价按制定途径不同,分为协议运价和 IATA 运价。

1. 协议运价

协议运价是航空公司与托运人签订协议,托运人保证每年向航空公司交运一定数量的货物,航空公司向托运人提供一定数量的运价折扣,其分类如表 8-5 所示。

表 8-5　协议运价分类

协议运价	长期协议运价	签订一年期限协议的运价
	短期协议运价	签订半年或半年以下期限的运价
	包板(舱)运价	对租用的全部或部分舱位或集装器签订的运价
	销售返还	对已完成的销售量(额)给予一定比例的运费返还
	自由销售	除订过协议的货物外,采取一票货物商议一个定价

2. IATA 运价

IATA 运价是指 IATA 在 TACT(The Air Cargo Tariff)运价资料上公布的运价。它主要依据 IATA 运价手册(TACT RATE BOOK),并结合国际货物运输规则(TACT RULES)共同使用。运价按照公布形式不同分为公布直达运价和非公布直达运价。公布直达运价指航空公司在运价本上直接注明从始发站到目的站的货物运价;若没有适用的公布直达运价,则采用比例运价或分段相加运价,具体分类如表 8-6 所示。

表 8-6 IATA 运价分类

IATA 运价	公布直达运价		指定商品运价(C)	
		等级货物运价	等级货物附加运价(S)	
			等级货物附减运价(R)	
		普通货物运价	45 千克以下普通货物运价(N)	
			45 千克及以上普通货物运价(Q)	
		起码运费(M)		
	非公布直达运价	比例运价		
		分段相加运价		

1) 指定商品运价

指定商品运价(Specific Commodity Rate,SCR)是指承运人根据某一航线上经常运输某一种货物的托运人的请求,或为促进某地区间某一种货物的运输,所提供的低于普通货物运价的优惠运价。指定商品运价的运价等级代码为 C。

使用指定商品运价必须满足在始发站与目的站之间有公布的指定商品运价、货物品名与指定商品的品名相吻合、货物计费重量满足最低重量要求三个条件。

IATA 运价手册(TACT RATE BOOK)第二部分列明了指定商品,并将其分为 10 组,其品名用四位阿拉伯数字编号,即商品代码(Commodity Item No.)。从整个 IATA 来看,指定商品代码非常繁多,商品分组如表 8-7 所示。

表 8-7 指定商品分组及编码

编 码	商 品 分 组
0001~0999	食用动物和蔬菜产品
1000~1999	活动物和非食用动物及蔬菜产品
2000~2999	纺织品、纤维及其制品
3000~3999	金属及其制品,不包括机械、车辆和电气设备
4000~4999	机械、车辆和电气设备
5000~5999	非金属矿产品及其制品
6000~6999	化工品及其制品

编　　码	商品分组
7000～7999	纸、芦苇、橡胶和木材及其制品
8000～8999	科学仪器、专业仪器、精密仪器、器械及零配件
9000～9999	其他货物

2）等级货物运价

等级货物运价(Commodity Class Rate,CCR)是指在指定地区内部或地区之间对少数货物航空运输提供的运价,通常是在普通货物运价的基础上增加(或不变)或减少一定的百分比。

在普通货物运价基础上增加一定百分比(或不变)称为等级货物附加运价,其运价等级代码为 S(Surcharged Class Rate);在普通货物运价基础上减少一定百分比称为等级货物附减运价,其运价等级代码为 R(Reduced Class Rate)。等级货物附加或附减运价百分比根据地区不同和等级货物种类不同而不同,其规则在 TACT RULES 中公布。

3）普通货物运价

普通货物运价(General Cargo Rate,GCR)是指对于不适用指定商品运价和等级货物运价的普通货物所提供的运价。普通货物运价在航空货物运价手册(TACT RATE BOOK)第四部分中公布,是最为广泛采用的运价。普通货物运价根据货物重量不同,分为若干个重量等级分界点运价。不同重量等级分界点的运价表示及运价等级代码如表 8-8 所示。

表 8-8　普通货物运价分类表

普通货物运价	运价等级代码
45 千克以下的普通货物运价	N
Q45 表示 45 千克及以上的普通货物运价	Q
Q100 表示 100 千克及以上的普通货物运价	
Q300 表示 300 千克及以上的普通货物运价	

4）起码运费

起码运费(Minimum Charge)又称最低运费,是指航空公司规定的办理一批货物所能接受的最低运费。无论货物使用哪种运价,所计算出来的运费总额不能低于此起码运费。起码运费的运价等级代码为 M。

（二）航空运费

货物的航空运费(Weigh Charge)是指航空公司将一票货物自始发地机场运至目的地机场所收取的航空运输费用。该费用根据每票货物(使用同一份航空运单的货物)所适用的运价和货物的计费重量计算而得。

由于货物的运价是指运输起讫地点间的航空运价,因此航空运费就是指运输始发地机场至目的地机场间的费用,不包括其他费用(Other Charges)。

(三) 其他费用

其他费用是指由承运人、代理人或其他部门收取的与航空运输有关的费用。在组织一票货物运输的全过程中,除了空中运输外,还包括地面运输、仓储、制单、国际货物的清关等环节,提供这些服务的部门所收取的费用即为其他费用。

二、计费重量

计费重量(Chargeable Weight)是指用以计算货物航空运费的重量。它可以是货物的实际毛重或体积重量,或较高重量分界点的重量。

(一) 实际毛重

实际毛重(Actual Gross Weight)是指包括货物包装在内的重量。一般情况下,对于高密度货物(High Density Cargo),应考虑其货物实际毛重可能会成为计费重量。

(二) 体积重量

1. 体积重量的定义

按照 IATA 规则,将货物的体积按一定的比例折合成的重量称为体积重量(Volume Weight)。由于货舱空间的限制,一般对于低密度货物(Low Density Cargo),即轻泡货物,考虑其体积重量可能会成为计费重量。

2. 计算规则

无论货物的形状是否为规则的长方体或正方体,计算货物体积时,均应以最长、最宽、最高的三边的厘米长度为准,长、宽、高的小数部分按四舍五入取整。体积重量按每 6 000cm³ 折合 1kg 计算,即

$$体积重量=货物体积÷6\ 000cm^3/kg$$

【例 8-2】　一件货物尺寸为 82cm×48cm×32cm,计算其体积重量。

$$\begin{aligned}体积重量&=货物体积÷6\ 000cm^3/kg=82cm×48cm×32cm÷6\ 000cm^3/kg\\&=125\ 952cm^3÷6\ 000cm^3/kg=20.992kg\end{aligned}$$

计费重量(Chargeable Weight)为货物的实际毛重与体积重量比较,取其高者。根据 IATA 的规定,国际货物的计费重量以 0.5kg 为最小单位,重量尾数不足 0.5kg 的按 0.5kg 计算,0.5kg 以上不足 1kg 的按 1kg 计算。

例 8-2 中,如计费重量为 20.99kg,则按照 IATA 进整规则,计费重量为 21kg。

三、航空运费

航空运价采用的是重量分段对应运价,即在每一个重量范围内设置一个运价,且随着运输重量的增大,运价越来越低,这就是使用定价原则中的数量折扣原则。

小贴士

从北京到日本大阪的运价表

北京—大阪

重量(kg)	运价(元/人民币)
M	100
N	32.87
45	25.00
100	18.38

运价表中,N 表示标准普通货物运价,是指 45kg 以下的普通货物运价;45 表示 Q45,即 45kg 以上(包括 45kg)普通货物的运价;100 表示 Q100,即 100kg 以上(包括 100kg)普通货物的运价。依此类推,对于 45kg 以上不同重量分界点的普通货物运价均用 Q 表示。

运价表中,M 表示最低收费标准。

航空运费是用在运价表里查出相应费率与计费重量相乘即得出航空运费,即

$$航空运费 = 计费重量 × 适用运价$$

如果计算出的航空运费低于 M,则按照最低收费标准收取运费。

当货物一个计费重量分界点的运费比计得的航空运费为低时,则以此分界点的运费作为最后收费依据;反之,则以计得的运费为准。这是航空公司给货主的一项优惠。

小提示

一般地,使用较低或较高等级的运价,计费重量分界的计算方法是:较高等级的运价×较高等级的起始计费重量 / 较低等级的运价。

例如,某条路线的运价 M:90.00,N:18.00,Q45:13.50,13.50×45/18≈34kg,即如果货物的计费重量超过分界重量 34 kg,就可以使用 45 kg 等级运价,此时计得的运费一定是较优惠的。

四、公布直达运价

公布直达运价指航空公司在运价本上直接注明,承运人对由甲地运至乙地的货物收取的一定金额的运价。

(一)特种货物运价

特种货物运价通常是承运人应托运人的请求,对在某一航线上经常运输某一类货物,或为促进某地区间某一类货物的运输,经 IATA 同意所提供的优惠运价。IATA 公布特种货物运价时将货物划分为以下类型:如 0001~0999 为食用动物和植物产品,1000~1999 为活动物和非食用动物及植物产品,2000~2999 为纺织品、纤维及其制品等。其中每一组又细分为 10 小组,每个小组再细分,这样绝大多数商品有两个对应的组号,航空公司公布特种货物运价时只要指出适用于哪一组货物即可。

承运人制定此运价的目的主要是使航空运价更具竞争力,所以特种货物运价比普通货物运价要低。此类货物除了要满足航线和货物种类的要求外,还必须达到所规定的起码运量(如 100kg)。

🐟 小 提 示

特种货物运价是一种优惠运价。根据目前我国出口商品的特点,采用此运价的商品主要有纺织品、食品、海产品、药品等。

(二) 等级货物运价

等级货物运价适用于指定地区内部或地区之间的少数货物的运输,通常表示为在普通货物运价的基础上增加或减少一定的百分比。适用等级货物运价的等级货物如下。

(1) 活动物、活动物的集装箱和笼子。

(2) 贵重物品。

(3) 尸体或骨灰。

(4) 报纸、杂志、期刊、书籍、商品目录、盲人和聋哑人专用设备和出版物。

(5) 作为货物托运的行李。

其中,(1)~(3)项通常在普通货物运价基础上增加一定百分比,(4)和(5)项在普通货物运价的基础上减少一定百分比。

(三) 普通货物运价

普通货物运价适用最为广泛,当一批货物不能适用上述两种运价时,就应考虑选用此运价。通常,各航空公司针对所承运货物数量的不同规定了几个计费重量分界点。

最常见的是 45kg 分界点,将货物分为 45kg 以下(又被称为标准普通货物运价,用 N 表示)和 45kg 以上(含 45kg,用 Q 表示)两种。另外,根据航线货运量的不同还可以规定 100kg 以上(用 Q100 表示)、300kg 以上(用 Q300 表示)运价,甚至更多。运价的数额随运输量的增加而降低。这也是航空运价的显著特点之一。

五、航空运费的计算

(一) 计算步骤

航空运费的计算步骤是首先计算货物的体积,再将体积换算成重量,最后根据查询适用的运价计算航空运费。

(1) Volume:体积。

(2) Volume Weight:体积重量。

(3) Gross Weight:毛重。

(4) Chargeable Weight:计费重量。

(5) Applicable Rate:适用运价。

(6) Weight Charge:航空运费。

(二) 计算

下面通过几个例子来熟悉航空运费的计算方法和步骤。

【例 8-3】

Routing：SHANGHAI CHINA(SHA)

　　　to OSAKA JAPAN(OSA)

　　　Commodity：ELECTRIAL PARTS

　　　Gross Weight：8.9kgs/PC×6PCS

　　　Dimensions：49cm×37cm×28cm×6

计算其航空运费。

运价如表 8-9 所示。

表 8-9　运价

SHANGHAI Y.RENMINBI		CN CNY	SHA KGS
OSAKA	JP		
M	200.00		
N	30.22		
45	22.71		

解：

Volume：49cm×37cm×28cm×6＝304 584cm^3

Volume Weight：304 584cm^3÷6 000cm^3/kg＝50.76kgs

Gross Weight 8.9kgs×6＝53.4kgs

Chargeable Weight：53.4kgs＝53.5kgs

Applicable Rate：22.71CNY/kg

Weight Charge：22.71CNY/kg×53.5kgs＝CNY1 214.99

航空运单运费计算栏填制如表 8-10 所示。

表 8-10　航空运单运费计算栏

No.of pieces	Gross Weight	Kg Lb	Rate Class	Chargeable Weight	Rate /Charge	Total	Nature and Quantity of Goods
6	53.4	k	Q	53.5	22.71	1 214.99	ELECTRIAL PARTS 49cm×37cm×28cm×6

【例 8-4】

Routing：BEIJING，CHINA(BJS) to AMSTERDAM，HOLLAND(AMS)

Commodity：Shoes

Gross Weight：21.2kgs/PC×2PCS

Dimensions：72cm×58cm×22cm×2

计算其航空运费。

公布运价如表 8-11 所示。

表 8-11 公布运价

BEIJING		CN		BJS
Y.RENMINBI		CNY		KGS
AMSTERDAM	NL			
M	630.00			
N	63.36			
45	45.78			

解：

（1）按实际重量计算。

Volume：$72cm \times 58cm \times 22cm \times 2 = 183\,744cm^3$

Volume Weight：$183\,744cm^3 \div 6\,000cm^3/kg = 30.62kgs$

Gross Weight：$21.2kgs/PC \times 2 = 42.4kgs$

Chargeable Weight：$42.4kgs = 42.5kgs$

Applicable Rate：63.36CNY/kg

Weight Charge：$63.36CNY/kg \times 42.5kgs = CNY2\,692.8$

（2）采用较高重量分界点的较低运价计算。

Chargeable Weight：45.0kgs

Applicable Rate：45.78CNY/kg

Weight Charge：$45.78CNY/kg \times 45.0kgs = CNY2\,060.1$

（1）与（2）比较，取运费较低者。

Weight Charge：CNY2 060.1

航空运单运费计算栏填制如表 8-12 所示。

表 8-12 航空运单运费计算栏

No.of pieces	Gross Weight	Kg Lb	Rate Class	Chargeable Weight	Rate /Charge	Total	Nature and Quantity of Goods
2	42.4	k	Q	45	45.78	2 060.1	SHOES 72cm × 58cm × 22cm×2

【例 8-5】

Routing：SHANGHAI，CHINA（BJS）to PARIS，FRANCE（PAR）

Commodity：TOY

Gross Weight：5.6kgs

Dimensions：$40cm \times 28cm \times 22cm$

计算其航空运费。

公布运价如表 8-13 所示。

表 8-13 公布运价

SHANGHAI	CN	SHA	
Y.RENMINBI	CNY	KGS	
PARIS	FR		
M	320.00		
N	50.37		
45	41.43		
300	37.90		

解：

Volume：40cm×28cm×22cm＝28 640cm³

Volume Weight：28 640cm³÷6 000cm³/kg＝4.11kgs

Gross Weight：5.6kgs

Chargeable Weight：5.6kgs＝6.0kgs

Applicable Rate：50.37CNY/kg

Weight Charge：6.0×50.37＝CNY302.22

Minimum Charge：320.00CNY

此票货物的航空运费应为 320.00CNY。

航空运单运费计算栏填制如表 8-14 所示。

表 8-14 航空运单运费计算栏

No.of pieces	Gross Weight	Kg Lb	Rate Class	Chargeable Weight	Rate/ Charge	Total	Nature and Quantity of Goods
1	5.6	k	M	6.0	320.00	320.00	TOY 40cm×28cm×22cm

最低运费是一票货自始发地机场到目的地机场航空公司收取运费的最低限额,计算出货物的航空运费应与此运费相比,取高者。

六、其他费用

(一)声明价值附加费

根据《华沙公约》的规定,承运人由于失职而造成货物损坏、丢失或延误的应承担责任,其最高赔偿限额为每千克(毛重)20 美元或 7.675 英镑或等值的当地货币。如果货物的实际价值每千克超过上述限额,发货人要求在发生货损货差时全额赔偿,则发货人在托运货物时就应向承运人或空代声明货物的价值,但应另付一笔声明价值附加费。声明价值附加费一般按声明价值额的 0.5% 收取,最低收费为人民币 10 元。如果没有超出,则不需要声明。

声明价值是货物总价值,集中托运货物按整批货物价值声明。

声明价值附加费的计算公式是(整批货物声明价值－货物毛重×20 美元)×0.5%。

如果发货人不办理声明价值,则应在运单的有关栏内填上"NVD"(No Value Declared)字样。

（二）航空运输中的其他费用

在航空运输中，货主还需要根据航空公司或航空货运代理提供的服务内容向其缴纳相应的其他费用。费用用三个英文字母表示，前两个字母是费用代码，第三个字母是 C 或 A，分别表示费用应支付给航空公司（Carrier）或航空货运代理（Agent）。

1. 货运单费

货运单费（Air Waybill Fee，AW）又称为航空货运单工本费，是为填制航空货运单而产生的费用。按 IATA 的规定，由航空公司销售或填制航空运单，货运单费归航空公司所有；由航空货运代理销售或填制航空运单，货运单费归货运代理所有。因此，货运单费的表示方法为 AWC 或 AWA。

小提示

中国民航各航空公司一般规定：无论航空运单是航空公司销售还是由代理人销售，填制航空运单时，航空运单中"OTHER CHARGES"一栏中用 AWC 表示，意为此项费用归出票航空公司所有。

2. 地面运输费和目的站运输费

地面运输费（Surface Charge，SU）是在指托运人处收货运至始发站机场的运输费用。

目的站运输费（Surface Charge Destination，SD）是指从目的站机场将货物送至收货人的陆路运输费用。

3. 保管费及停运费

始发站保管费（Storage Origin，SO）是指货物在始发站机场产生的保管费。

目的站保管费（Storage Destination，SR）是指货物在目的站机场产生的保管费。

中途停运费（Stop in Transit，SI）是指在中途停运产生的相关费用。

4. 报关费

始发站报关费（Clearance and Handling-origin，CH）是指始发站清关处理费。

目的站报关费（Clearance and Handling-destination，CD）是指目的站清关处理费。

5. 服务费

集中货物服务费（Assembly Service Fee，AS）是指始发站集中货物产生的费用。

押运服务费（Attendant，AT）是指派人押运产生的费用。

分发服务费（Distribution Service Fee，DF）是指目的站分发货、配货产生的费用。

代保险服务费（Insurance Premium，IN）是指货运代理代办保险业务的服务费。

包装服务费（Packaging，PK）是指包装货物产生的费用。

代签字服务费（Signature Service，SS）是指代表货主签字的服务费。

6. 手续费

手续费分为运费到付手续费（Charge Collect Fee，CC fee）和垫付款手续费（Disbursement Fee，DB）两种。

（1）运费到付手续费是指运费到付的情况下支付的手续费。对于运至中国的运费到付货物，运费到付手续费的计算公式为（货物航空运费＋声明价值附加费）×2％，并且最低收费标准为100元人民币。

（2）垫付款手续费是指为垫付款支付的手续费。垫付款指始发站机场运输一票货物时发生的部分其他费用，包括货运单费、地面运输费和始发站报关费。垫付款数额不能超过货运单上全部航空运费的总额（总额低于100USD，可允许达到100USD）。垫付款手续费是由垫付款的数额而确定的费用，其计算公式为垫付款×10％。每票货物的垫付费不得低于20USD或其等值货币。

7. 特殊货物费用

特殊货物费用包括尸体和骨灰附加费（Human Remains，HR）、危险品处理费（Dangerous Goods Fee，RA）、动物处理费（Live Animals，LA）、动物容器租费（Animal Container，AC）、集装设备操作费（Cantainer Handling Charges，THC）等。

8. 税费

税费主要包括政府捐税（Government Tax，GT）和地区销售税（State Sales Tax，ST）税（Taxes，TX）。

9. 杂项费用

杂项费用包括未确定由谁收取的杂项费用（Miscellaneous Charge-Unassigned，MB）、代理人收取的杂项费用（Miscellaneous Charge-Due Agent，MA）（如无其他代号可用）、承运人收取的杂项费用（Miscellaneous Charge-Due Carrier，MC）（如无其他代号可用）、最后一个承运人收取的杂项费用（Miscellaneous Charge-Due Last Carrier，MD-MN）等。

航空运输中的其他费用还包括动物容器费（AC）、集中服务费（AS）、代收货款手续费（CF）、办理海关手续和处理费（CF）、代付款项手续费（DB）、保险费（IN）、杂费（MO）、取货和送货费（PU）、保管费（SO）、地面运输费（SU）、中转费（TR）、集装箱处理费（UH）等。

本章介绍了国际航空货运的性质、特点，详细介绍了国际航空货运代理进口、出口业务流程和国际航空集中托运方式的具体做法，重点分析了航空货运代理业务中所涉及的单据种类、内容和具体的填写方法，讲述了航空运费的构成和计算方法。

本章思考题

一、简答题

1. 国际航空货运有关单证有哪些？
2. 简述国际航空货运进口业务流程。

二、计算题

1. 由北京运往大阪一箱服装,毛重 28.4kg,体积尺寸为 85cm×60cm×40cm,计算该票货物的航空运费。

公布运价如表 8-15 所示。

表 8-15　公布运价

BEIJING		CN	BJS
Y.RENMINBI		CNY	KGS
TOKYO	JP		
M	200.00		
N	38.67		
45	29.04		

航空运单的运费栏目如表 8-16 所示。

表 8-16　航空运单的运费栏目

No.of pieces	Gross Weight	Kg Lb	Rate Class	Chargeable Weight	Rate /Charge	Total	Nature and Quantity of Goods

2. 由北京运往东京一箱服装,毛重 302kg,体积为 82cm×48cm×32cm,计算该票货物的航空运费并将航空运单的运费计算栏填写完整。(M:200 元,N:38.67,Q:29.04)

航空运单的运费栏目如表 8-17 所示。

表 8-17　航空运单的运费栏目

No.of pieces	Gross Weight	Kg Lb	Rate Class	Chargeable Weight	Rate /Charge	Total	Nature and Quantity of goods

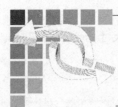

第九章

国际陆地货运代理

◆ **学习目标** ◆

(1)掌握国际铁路货运代理、国际公路货运代理的性质。

(2)掌握国际铁路货物联运费用和国际公路货物运输费用的构成与计算。

(3)理解国际铁路联运、国际公路运输货运代理的业务流程。

◆ **知识要点** ◆

(1)国际铁路货物联运。

(2)国际货协运单。

 【引导案例】

高铁网络全面形成 高铁快运发展迅速

中国铁路总公司的统计数据显示,截至2018年年底,全国铁路营业里程达到13.1万千米以上,其中高铁2.9万千米以上。2018年,全国铁路固定资产投资完成8 028亿元,其中国家铁路完成7 603亿元;新开工项目26个,新增投资规模3 382亿元;投产新线4 683千米,其中高铁4 100千米。对于2019年铁路工作主要目标,中国铁路总公司党组书记、总经理陆东福表示,2019年确保投产新线6 800千米,其中高铁3 200千米。

近年来,我国铁路建设步伐稳步前进,尤其高铁建设的不断推进,不仅使铁路客运的能力得到扩充,也让铁路线路货运能力得到释放,极大地密切了铁路沿线地区人员、物流、资金、信息的流动,促进了沿线地区旅游、地产、物流、文化等产业的发展。

1. 高铁网络全面形成

2018年年底,京哈高铁承德至沈阳段、新民至通辽高铁、哈尔滨至牡丹江高铁、济南至青岛高铁、青岛至盐城铁路、杭昌高铁杭州至黄山段、南平至龙岩铁路、怀化至衡阳铁路、铜仁至玉屏铁路、成都至雅安铁路等10条新线开通运营。这意味着我国高铁建设又向前迈进了一步。

自2008年8月1日我国的第一条高铁京津城际铁路开通以来,我国的高铁从无到有,再到如今逐渐形成全面覆盖中西部地区的"八纵八横"高铁网络,实现了跨越式发展。而随着几大客运专线的全线贯通,区域经济发展也迎来"高铁时代",高铁的发展在扩大内需、增加就业和改善人民生活等方面发挥着越来越重要的作用。

业界专家分析指出,高铁的投入使用,不仅缩短了沿线城市间的时空距离,方便了沿线民众出行,高铁建成后带来的配套措施建设等还将促进沿线城市经济增长方式的转变。特别是在当前我国经济转型、转变经济发展方式、调整产业结构的关键时期,高铁的飞速发展也在一定程度上整合了我国的资源优势,也会促使资金、人才、信息向发展环境更优越的区域聚集,同时也给我国发展相对比较落后的中西部地区带来发展机遇,在沿线布局工业园区,以低廉的土地、人力成本来吸引投资。

对此,石家庄铁道大学的铁路运输专家张俊勇指出,高铁线路网络化的形成对促进技术转移、资金配置、人员流动等多方面发挥着重要作用,有利于高铁沿线经济隆起带的形成,改善区域发展不均衡、不充分的局面。高铁网络化的形成也让既有铁路释放出更大的运能,通过合理优化,对优化运输结构将产生积极且深远的影响。

"中国已经建成世界上最现代化的铁路网和最发达的高铁网。"中国电子商务研究中心特约研究员解筱文同样表示,高铁网络化的进一步形成,可以更好地解决部分地域之间铁路客运能力不充分、不平衡、不合理的现实问题,进一步提升整个中国高铁网的承载能力和规模化运营品质。越来越稠密的高铁网,可提升区域与全国之间的人流、信息流、资金流等资源的配置效率和质量,切实改善经济运行的结构性问题。

2. 高铁快运发展迅速

高铁的建设与发展在改变了我国客运结构的同时,也正在助力我国物流业的发展。

"高铁建设主要是服务客运,但高铁的开通使得原有线路普客与货运之间的运力矛盾瓶颈得到有效缓解,比如京沪高铁开通初期,年增加货运能力约5000万吨,京沪铁路运输紧张状况得以转变。"张俊勇表示,高铁发展刺激了沿线区域的人员流动和物资流通,随着我国临近省会之间一至两小时交通圈的完全实现,人员、物资的充分流通将促进地区的产业发展,也将极大地带动了沿线物流业的发展。

另外,随着近年来高铁运营里程的不断增加,除了释放原有线路的货运能力外,高铁本身也在积极探索货运服务。

2014年年初,高铁快运在京沪高铁上试运行;同年4月1日,高铁快运正式开通运营,现已遍布全国500多个城市。相比传统铁路货运服务,高铁快运举措具有时效快、品质优、标准高、全天候的特点,运到期限涵盖了当日达、次晨达、次日达、隔日达、特定达等多种方式。

除此之外,不少物流企业对高铁快运产生了浓厚兴趣,纷纷与铁路总公司进行合作。

以顺丰为例,最近几年,顺丰携手铁路总公司陆续推出了顺丰高铁极速达、高铁顺手寄服务。顺丰方面提供的数据显示,截至2018年8月,高铁极速达产品已扩展到44个城市,使用了161条线路、254列车次,产品共计收件量150.8万票。另外,已有33个城市69个高铁站开通顺手寄产品服务。而在2018年8月29日,顺丰控股属下的深圳顺丰泰森控股(集团)有限公司与铁路总公司属下的中铁快运股份有限公司共同组建的中铁顺丰国际快运有限公司在深圳揭牌成立,主营高铁快运、快速货物班列等,中铁快运占股55%,顺丰占股45%。

又如京东,2018年7月18日,京东物流与中铁快运联合宣布"高铁生鲜递"项目正式上线,通过发挥高铁的优势,为生鲜寄递提供更丰富、更高效、更稳定的支持,同时为生鲜农产品提供产供销全程绿色供应链服务。而在2018年2月,京东物流已经携手中铁快运联合推出"高铁京尊达"服务产品。

而除了顺丰、京东外,申通、中通等快递公司也都积极与中铁快运进行合作。

对于物流企业与铁路总公司合作推出的一系列高铁快运服务产品,业界专家分析指出,与其他快运方式相比,高铁快运在运输条件和时效等方面具有先天优势,如高铁频次多、速度快、停站多、运输条件稳定安全、基本不受天气影响等。因此,高铁快运正在逐渐形成一批稳定的,对运输时限、环境安全、温度条件有需求的客户群。

"近年来铁路不断深化运输供给侧结构性改革,铁路快运物流企业不断融入市场,充分利用高铁边际效益,加快高铁快运产品发展,不断完善服务和运营模式,进一步增强了铁路企业发展新动能。但高铁快运发展受制于现有高铁列车条件、站场作业环境等限制,还处于前期探索阶段。"

解筱文在分析当前高铁快运的发展时指出,随着高铁建设的发展,新建高铁、新造高铁列车会更多考虑高铁快运物流相关条件,将利于高铁快运的进一步发展。此外,在高铁安全管理、检修作业、运营组织等科技化水平不断提升中,铁路企业也可以根据线路实际情况和市场需求,适时推出高铁货运动车组,构建与世界上最现代化的铁路网和最发达的高铁网的相匹配的快运物流服务体系,推动中国快运物流业向创新发展、协调发展、绿色发展、共享发展的更高水平迈进。

"2018年,中国铁路货运收入再创新高,其中很大因素是公转铁、集装箱运输、商品车运输、冷链运输等因素所致。高铁快运的量还不是很大,其中很大部分原因是受制于货运组织和基础设施。"张俊勇认为,由于高铁建设首要保障的是客运,货运的承载能力有多大还需要去验证,但未来发展潜力值得预期。

资料来源:http://www.chinawuliu.com.cn/zixun/201901/31/338335.shtml,2019年12月。

思考:

(1) 高铁货运发展的障碍是什么?

(2) 试分析铁路与公路运输的联运机制。

第一节　国际铁路货运代理

一、国际铁路货物联运

国际铁路货物运输是在两个或两个以上国家铁路进行货物运输的运输方式。由于不同国家之间的铁轨距离没有统一，因此火车直运（原车过轨直通）的情况很少。目前国际铁路货物运输的主要形式是国际铁路货物联运。

（一）国际铁路货物联运的含义及特点

国际铁路货物联运是指在两个或两个以上国家铁路运送中，使用一份运送单据，并以连带责任办理货物的全程运送，在异国铁路向另一国铁路移交货物时，无须发、收货方参加。铁路当局对全程运输负连带责任。

国际铁路货物联运是涉及多个国家铁路运输的一种国际联合运输形式，除具有铁路运输自身的优缺点外，还因是国际运输和联合运输而具有自身特点。

1．速度较快、运量较大、成本较低、安全可靠

铁路货运速度每昼夜可达几百千米，远高于海上运输速度。铁路一列货物列车一般能运送 3 000～5 000 吨货物，远高于航空运输和汽车运输运量。铁路运输费用较低，远小于公路运输和航空运输费用。铁路运输几乎不受天气影响，可以不分昼夜地进行定期、有规律、准确的运输。

2．两个或以上国家，一份运单

如果国际铁路货物联运在两个国家之间，则一国是货物始发国，一国是货物到达国；如果国际铁路货物联运在两个以上国家之间，则涉及在第三国的过境运输。但无论铁路联运涉及几个国家，均只适用一份运输单据，即国际货协运单，该运单负责货物联运的全程运输。

3．业务复杂性

国际铁路货物联运的规章条款繁多而复杂，在办理国际铁路货物联运时，货物、车辆、运输单据及相关单证都必须符合国际铁路联运的规定，同时还需顾及各参加国铁路的设备条件、运输组织方式和相关法规制度，这就决定了国际铁路货物联运业务的复杂性。国际铁路联运业务的复杂性对铁路货运代理提出了更高的要求。

4．参加国铁路承担连带责任

参加国铁路承担连带责任是指由《国际货协》的参加国铁路按国际铁路联运运单的要求承运铁路货物，负责完成货物和随货单据的全程运输，直到在到达站交付货物为止。

参加国铁路既作为铁路货物实际承运人，又行使国际铁路货运代理的部分职能，如内陆运输工具的海关监管职能、边境口岸的货物交接职能、铁路车辆在不同轨距间的换装职能、货物单证的递送职能、到达站通知收货人提取货物和交付职能、到达站将货物转发到未参加《国际货协》国家的转运职能。每一继续运送的铁路，自接受附有运单的货物时起即认为参加了铁路联运，并承担由此产生的责任。

（二）国际铁路货物联运的承运范围

1．参加《国际货协》的各国铁路间的货物运输

1951 年 11 月 1 日，苏联等社会主义国家起草通过了《国际货协》，它是欧洲和亚洲一些国家办理国际铁路货物联运的主要协定之一，对铁路和托运人、收货人均具有约束力。1954 年 1 月 1 日，我国正式参加《国际货协》。

目前《国际货协》共有 23 个参与签字的国家铁路（称为参加路）和 3 个未签字但适用

《国际货协》联运条款的国家铁路(称为适用路)。参加路包括阿塞拜疆、阿尔巴尼亚、白俄罗斯、保加利亚、匈牙利、越南、格鲁吉亚、伊朗、哈萨克斯坦、中国、吉尔吉斯斯坦、朝鲜、拉脱维亚、立陶宛、摩尔多瓦、蒙古、波兰、俄罗斯、塔吉克斯坦、乌兹别克斯坦、乌克兰、爱沙尼亚和土库曼斯坦铁路;适用路包括斯洛伐克、罗马尼亚和捷克铁路。

1) 轨距相同的各国铁路之间

在轨距相同的各国铁路之间,可用发送国车辆直接过轨,不必在国境站换装而直通运送。苏联等国家铁路轨距是1 524mm,这些国家之间的铁路联运可以原车直接过轨直通运输;我国铁路轨距是1 435mm,越南安员站铁路轨距是1 435mm,我国与越南之间铁路通过越南安员站可以原车过轨直通运输。

2) 轨距不同的各国铁路之间

在轨距不同的各国铁路之间,由接收铁路准备适当的车辆,货物在国境站换装或更换货车轮对后继续运送。例如,中国铁路轨距是1 435mm,蒙古、哈萨克斯坦、俄罗斯等国家铁路轨距是1 524mm,所以中蒙、中哈、中俄国家之间的铁路联运必须换装。需要注意的是,尽管朝鲜铁路轨距也是1 435mm,但2008年6月20日起,中朝间货物运输均采用换装过轨运输方式,特种车和不易换装货物可直接过轨运输。

3) 在铁路不连接的《国际货协》参加国铁路之间

在铁路不连接的《国际货协》参加国之间,如中国至阿尔巴尼亚,货物可以通过参加国铁路某一车站办理转运业务,最后运抵到达国车站。

2. 参加与未参加《国际货协》的国家铁路间的货物运送

向未参加《国际货协》国家铁路运送货物时,托运人在发送路用《国际货协》票据办理至参加《国际货协》的最后一个过境铁路的出口国境站,由国境站站长或发、收货人委托的代理人办理转送至最终到站。由未参加《国际货协》的国家铁路向参加《国际货协》的国家铁路发运货物时,与上述办理程序相反。

(三) 国际铁路货物联运的程序

1. 国际铁路联运出口货物的程序

1) 托运前的工作

在托运前必须将货物的包装和标记严格按照合同中的有关条款及国际货协和议定书中的条款办理。

(1) 货物包装应能充分防止货物在运输过程中灭失和腐坏,保证货物多次装卸不致毁坏。

(2) 货物标记、表示牌及运输标记、货签,内容主要包括商品的记号和号码、件数、站名、收货人名称等。字迹应清晰,不易擦掉,并能保证多次换装中不致脱落。

2) 出口货物交接的一般程序

(1) 联运出口货物实际交接在接收方国境站进行。口岸货运公司接到铁路交接所传递的运送票据后,依据联运运单审核其附带的各种单证份数是否齐全,内容是否正确,遇有矛盾不符等缺陷,则根据有关单证或函电通知更正、补充。

(2) 报关报验。运送单证经审核无误后,将出口货物运送单截留三份(易腐货物截留两份),然后将有关运送单证送各联检单位审核放行。

（3）货物的交接。单证手续齐备的列车出境后，交付方在邻国国境站的工作人员会同接收方工作人员共同进行票据和货物交接，依据交接单进行对照检查。交接可分为一般货物铁路方交接和易腐货物贸易双方交接。

2. 国际铁路联运进口货物的程序

（1）确定货物到达站。国内订货部门应提出确切的到达站的车站名称和到达路局的名称，除个别单位在国境站设有机构者外，均不得以我国国境站或换装站为到达站，也不得以对方国境站为到达站。

（2）必须注明货物经由的国境站，即注明货物是经二连还是满洲里或阿拉山口进境。

（3）正确编制货物的运输标志。各部门对外订货签约时必须按照外经贸部的统一规定编制运输标志，不得颠倒顺序和增加内容，否则会造成错发、错运事故。

（4）向国境站外运机构寄送合同资料。进口单位对外签订合同应及时将合同的中文副本、附件、补充协议书、变更申请书、确认函电、交货清单等寄送国境站外运机构，在这些资料中订有合同号、订货号、品名、规格、数量、单价、经由国境站、到达路局、到站、唛头、包装及运输条件等内容。事后如有某种变更事项也应及时将变更资料抄送外运机构。

（四）国际铁路货运代理性质

按照中国铁路的规定，国际铁路货物联运的发货人只能是商务部备案的国际货物运输代理企业和有外贸进出口经营权的企业。由此可见，国际铁路货运代理是货主的代理人，并以自己的身份作为发货人向实际铁路承运人托运货物。也就是说，货运代理对于货主是代理人，对于铁路承运人是发货人。

与国际航空货运代理不同，国际铁路货运代理只作为货主的代理人，而不作为承运人的代理人。并且，铁路联运运单由铁路承运人签发，而不是由货运代理签发，因此国际铁路货运代理只属于代理人型的货运代理，而非当事人型的货运代理。

国际铁路货运代理包括发运站货运代理、国境站货运代理和到达站货运代理，分别负责货物在各站的相关业务。如果涉及第三国过境运输，发货人或收货人必须在过境国指定货运代理办理相关进出境手续并支付过境国运费。如果不指定货运代理，过境国可以拒绝承运。

二、国际铁路货运代理业务流程

（一）发运站货运代理业务流程

1. 货物托运

货物托运是指发货人（货主或货运代理）填写国际货协运单，并以此作为货物托运的书面申请向铁路委托运输的行为。发运车站接到运单后，对于整车货物检查是否有月度和日要车计划，检查货物运单内容是否正确。如审查通过，则在运单上登记货物应进入车站的日期或装车日期，表示受理托运。对于零担货物，不要求编制月度要车计划，发运站检查运单无误后，直接受理托运。

2. 货物进站

车站受理托运后，发货人按指定日期将货物运送进入发运站，铁路根据运单检查货物是否符合《国际货协》的规定,并检查是否单货相符。整车货物一般在装车完毕后,发运站在运单上加盖承运章,表示货物已承运;零担货进站后,发运站审查、过磅,审查通过后在运单上盖章,表示接受承运。发运站在盖章承运之前,发货人须缴纳运杂费。

3. 货物报检报验

需要办理商品检验的货物,发货人填写出境货物报检单,向当地商品检验局办理商品检验手续,并取得商品检验证书;需要办理卫生检疫的货物,向兽医、卫生检验机构办理检疫手续,取得检疫证书。

4. 货物出口报关

在国际铁路联运中,货物可以在国内发运站报关,也可以在边境口岸报关。在发运站报关时,发货人填写出口货物报关单,并附铁路盖章的国际货协运单及商品检验证书,以每一铁路车辆为一票货物报关。通关后,海关在国际货协运单上加盖海关章。

货物在发运站报关后海关准予放行,但此时货物仍在运至国境站的途中,并未出境,所以发运站海关需要得到国境站海关货物已出境的回执,才能退还发货人外汇核销单、出口退税单及收汇核销单等。

5. 货物装车

货物装车可由发货人负责,也可由铁路负责。由发货人装车时,发货人应在现场监装;由铁路装车时,一般由铁路监装,必要时要求发货人到场。货物装车时须具备货物包装完整、牢固,货物标志清晰;车体完整、技术状态良好;随附单证内容准确、齐全,主要包括出口货物明细单、出口货物报关单和出口许可证(国家规定的指定商品)、品质证明书、检验检疫证书和装箱单等。

6. 货物加固

对于敞车、平车及其他特种车装运超限货物、机械设备和车辆,应在装车时对货物进行加固。货物加固工作一般由铁路负责,并由发货人检查加固情况,不符合要求时提醒铁路重新加固。利用自装车和专用线装车时,由发货人负责加固。

7. 货车施封

货物装车、加固后,则需要对货车施封,以分清铁路与发货人、铁路内部有关单位之间的责任。我国装运国际联运出口货物的棚车、冷藏车、罐车必须施封。施封工作可以由铁路负责;也可以由发货人负责,或委托铁路以发货人名义施封。当发货人委托铁路施封时,需要在运单上注明"委托铁路施封"字样。

8. 支付国内段运杂费

发货人支付国内段铁路运杂费后,发运站将由其盖章的国际货协运单第三联(运单副本)交给发货人,作为承运凭证和运费结清的凭证。整车货物在装车后支付运费,换取运单;零担货物在货物进站交付时即结清费用,换取运单。

(二)国境站货运代理业务流程

国境站分为出口国国境站和进口国国境站,如果涉及过境运输,还包括过境国国境站。国境站货运代理的主要功能是单证审核、货物报关、货物与车辆交接、货运事故处理及费用支付,其中货物与车辆交接一般在接方国境站办理,也可在发方国境站办理。这里按照一个过境国,货物换装分别在出口国(发方)国境站和进口国(接方)国境站办理讲解。

1. 出口国国境站货运代理业务流程

1）审核单证

依据国际货协运单，审核出口货物报关单、装箱单、商品检验证书等随附单证是否齐全、内容是否正确。如运单内容中发货人填写项目有差错，则联系发货人并按其通知予以修改更正；若运单内容中发运站或铁路填写内容需要修改，则由国境站联系发运站并按发运站通知办理；若出口货物报关单内容有差错，则按运单内容予以订正；若商品检验证书需要修改，则由出证单位（发运站商品检验局）通知国境站商品检验或检疫总站办理。单证审核通过后，方可放货。

2）货物出口报关

有些内地海关往往不准予货物在发运站报关，其理由是有些货物无法装载在具备密封条件的棚车或集装箱中，此时货物在国境站出口报关。国境站货物出口报关以由发货人填制的随车运来的出口报关单为报关依据，并以随车运来的国际货协运单和商品检验证书等作为报关随附单据。

3）货物交接、支付换装费

货物交接指两国铁路凭交付方填制的货物交接单办理货物交接手续。货物交接包括凭铅封交接和凭实物交接两种方式。凭铅封交接指根据铅封的站名、号码或发货人进行交接，主要针对有铅封的棚车、冷藏车、罐车货物；凭实物交接分为按货物重量、按货物件数和按货物现状三种交接方式，其中按货物重量交接主要针对敞车、平车所装运的散装货物，按货物件数交接主要针对不超过100件的整车货物，按货物现状交接主要针对难以查点件数的货物。

原车过轨的货物不需要安排货物换装或更换轮对。对于需要换装的货物，则需要安排货物在国境站换装场的换装作业。两国铁路凭货物交付方填制的车辆交接单办理换装手续，货运代理向国境站支付换装费。

4）处理货运事故

货物换装交接时，如发现货物短少、残损、污染、湿损、被盗等事故，货运代理会同铁路查明原因，分清责任，分别加以处理。属于铁路责任时，提请铁路编制商务记录，并由铁路负责整修，货运代理协助解决。属于发货人责任时，货运代理负责整修，但由发货人负责相关费用；货运代理无法整修的，由发货人到国境站指导或运回发货人处整修。商务记录是国际铁路联运事故处理和保险索赔的法律文件。

2. 过境国国境站货运代理业务流程

过境国国境站分为办理进境的国境站和办理出境的国境站，分别按照单证审核、货物报关（进口/出口）、货运事故处理及支付过境运输费用的流程办理业务，其办理方法与出口国国境站货运代理业务基本相同。

3. 进口国国境站货运代理业务流程

进口国国境站货运代理按照审核单证、货物进口报关、货物与车辆交接、货运事故处理、支付费用及货物分拨分运的流程办理相关业务。其中前五项同出口国国境站货运代理业务基本相同，不同之处在于需要办理进口货物分拨分运业务。

(三)到达站货运代理业务流程

1. 寄送国境站相关资料

除非个别单位在国境站设有分支机构,否则不得以我国国境站作为到达站,也不得以对方国境站作为到达站。作为到达站货运代理,需要将合同副本、交货清单、补充协议书、变更申请书、确认函电等寄送进口国国境站,以便其办理交接业务。

2. 支付运费、提货

铁路到站向收货人或其货运代理发出到货通知,收货人或其货运代理支付国内段运杂费,铁路将货物及国际货协运单第一联(运单正本)和第五联(货物到达通知单)一同交给收货人或其代理,收货人或其代理在国际货协运单第二联(运行报单)上加盖收货戳记。

三、国际铁路货运代理业务单证

(一)国际货协运单的性质及作用

国际货协运单即国际铁路货物联运运单,由《国际货协》参加国铁路统一制定使用,是国际铁路货物联运最重要的文件。国际货协运单是发运国铁路代表所有参加运送货物的各国铁路同发货人缔结的运送合同,它对铁路、发货人和收货人都具有法律效力。

国际货协运单是铁路与货主之间的运送契约;是国际联运铁路连带责任的确认,是发货人用于银行议付货款、信用证核销的法律文件,是发货人支付铁路运费的证明文件,是进出口报关、报验、保险等手续的法律文件。

(二)国际货协运单的构成及流转

国际货协运单由五联构成:第一联是运单正本,随同货物至到达站,同第五联和货物一起交给收货人;第二联是运行报单,随货物至到达站,留存在到达路;第三联是运单副本,在发运站加盖发运章后交给发货人;第四联是货物交付单,随同货物至到达站,并留存在到达站;第五联是货物到达通知单,随同货物至到达站,并同第一联和货物一起交给收货人。另外,每一过境铁路需加制一份不带编码(运单号)的补充运行报单,由过境铁路留存。

(三)国际货协运单的内容及填写

国际货协运单由发货人、发站、海关和铁路(发运路、过境路、到达路)负责填写。国际货协运单的工作语是中文和俄文,运单必须用工作语的一种和本国语言同时填写。

由发货人填写的内容如下。

(1)发货人:填写发货人名称或单位名称及其详细地址。

(2)合同号:填写贸易合同号。

(3)发站:填写发站全称,如是专用线或专用铁道,则在发站名称后加括号注明专用线和专用铁道名称。

(4)发货人特别声明:填写到达国和通过国货运代理名称及边境口岸代理名称。如果是参加路向未参加路发货,填写国境站办理转运的代理、中途转运站收转代理及到达站实际收货人的名称和详细地址;如修改运单,注明修改内容并签字;如运送家庭用品而不声明价格,填写"不声明价格"亲笔签字;如绕路运送超限货物,填写绕行路径等。

(5)收货人:填写收货人名称或单位名称及其详细地址。

（6）对铁路无约束效力的记载：发货人在本栏填写货物的相关记载，仅供收货人参考，铁路对此不承担任何义务和责任。

（7）通过国境站：填写发送国的出口国境站、进口国的进口国境站，如货物通过中国阿拉山口口岸出境，从哈萨克斯坦多斯特科口岸进境，则填写"阿拉山口—多斯特科"。如果涉及过境国，还应填写过境国的进出口国境站，如货物从中国（二连浩特口岸）过境蒙古（扎门乌德口岸），再从蒙古（苏赫巴托口岸）出境运至俄罗斯（纳乌什基），则填写"二连浩特—扎门乌德"及"苏赫巴托—纳乌什基"。

（8）到达路和到站：斜线之前填写到达路简称，斜线之后填写到达站全称及代号，如俄铁/新西伯利亚 850609。

（9）记号、标记、号码：填写每件货物上的标记号和集装箱上的箱标记号。

（10）包装种类：填写货物的包装种类；集装箱货注明"集装箱"字样，并在下方以括号形式注明箱内货物包装种类。

（11）货物名称：填写货物的名称必须符合《国际货协》的规定。

（12）件数：填写一批货物的数量。如果是集装箱货物，注明集装箱数，并在下方以括号形式注明所有集装箱内货批总件数；如果是敞车类货车运送不盖篷布而未加封的整车货物，总件数超过 100 件，不注明货物件数，只注明"堆装"字样即可；如果是整车运送小型无包装制品，也不注明货物件数，只注明"堆装"字样。

（13）发货人确定的货物重量：填写货物的总重。集装箱货物或托盘货物须分别填写货物重量、集装箱或托盘自重及总重。

（14）共计件数：大写填写货物件数量或"堆装"字样，集装箱货物只填写所有集装箱内货批总件数。

（15）共计重量：大写填写货物总重量。

（16）发货人签字：签字并加盖发货人章。

（17）互换托盘：我国暂不办理托盘运输，本栏可不填。

（18）种类、类型：运送集装箱货物时使用，填写集装箱种类（大吨位）及类型（20 英尺或 40 英尺）。

（19）所属者及号码：运送集装箱货物时使用，填写集装箱所属者（中铁箱、俄铁箱、货主自备箱）和号码（SZDU291029-8）。

（20）发货人负责下列过境铁路费用：填写由发货人负担过境路费用的过境路简称（如俄铁），并填写由发货人委托的支付过境路费用的货运代理名称、付费编码和本车货物付费码。如发货人不负担过境路费用，则填写"无"字样。

（21）办理种别：指整车、零担、大吨位集装箱，填写方法是划掉不属的种别。

（22）由何方装车：由发货人或铁路装车，不需要者划掉；如无划掉标记，视为发货人装车。

（23）发货人添附文件：注明发货人在运单上添附的所有文件。我国外贸出口货物必须添附出口货物明细单、出口货物报关单和出口许可证（国家规定的指定商品）。如发货人未在运单上添附上述文件，则需在本栏中注明"无须添附各上述文件"。发货人还可根据货物性质及合同要求添附品质证明书、检验检疫证书、装箱单等文件。

（24）货物的声明价格：大写填写以瑞士法郎（1 瑞士法郎＝5.2 元人民币）表示的货

物价格。需要填写声明价格的货物有金、银、白金及其制品、宝石、贵重毛皮及其制品、摄制的电影片、画、雕像、艺术制品、古董、家庭用品。家庭用品也可以不声明价格,但必须在发货人特别声明栏注明"不声明价格"并签字证明。如果托运人愿意,其他货物也可声明价格。声明价格即被认为参加国际货物保价运输,需要交纳保价费用。

(25) 批号:国际货协运单号,中国铁路不采用检查标签。

由海关填写的内容如下。

海关记载:由海关记载相关事宜,并在货物报关后加盖海关监管章。

由发货人或发站填写的内容根据装车人和车辆是否是发货人或发站,由装车人和车辆施封人填写。

(1) 车辆:填写车种、车号和车辆所属铁路简称。

(2) 标记载重:填写车辆上记载的标记载重量。

(3) 轴数:填写车辆的轴数。

(4) 自重:填写车辆上记载的自重。

(5) 封印个数与记号:封闭型货车装运后,在车门上施封。填写封印个数及记号,记号即封印印文,包括车站名称、封印号码(施封年月日)、铁路局简称(或发货人简称)。发货人委托铁路代封时,应注明"委托铁路施封"字样。

(6) 确定重量方法:注明确定货物重量的方法,如"丈量法""按标准重量""用轨道衡""用1/10均衡器""用1/100均衡器"等。

其余各栏根据填写内容由发运路、过境路和到达路填写。

四、国际铁路货运费用

(一) 国际铁路货运费用构成

国际铁路货物运输费用由发运国国内段和国外段费用构成,而国外段费用由过境国费用和到达国费用构成。表9-1所示为国际铁路货物联运费用构成(换装作业在接方国境站进行)。

表 9-1 国际铁路货物联运费用构成

费 用 构 成			依照计费标准	由谁支付
发运国费用	发运国运费		按发运国铁路收费标准计收	发货人托运时支付给发运铁路
	发运国杂费			
过境国费用	过境国运费		按《国际铁路货物联运统一过境运价规则》计收	发货人或收货人在过境国货运代理支付给过境铁路
	过境国杂费	进境换装费		
		其他杂费		
到达国费用	到达国运费		按到达国铁路收费标准计收	收货人提货时支付给到达铁路
	到达国杂费	进境换装费		
		其他杂费		

（二）我国境内铁路货运费用计算

我国境内铁路货运费用计算主要依据《铁路货物运价规则》（以下简称《价规》）。

1. 总运费

1）基本运费

基本运费的计算步骤如下。

（1）根据铁路货运品名分类与代码表（《价规》附件一）查找确定货物运价号。

（2）根据铁路货物运价率表（《价规》附件二）确定货物运价率。货物运价率由发到基价和运行基价构成，其中发到基价是始发站和终到站作业费率，运行基价是铁路运行中的作业费率。

（3）根据货物运价里程表（《价规》附件四）确定运价里程。国际铁路联运运价里程包括发站到国境站的运价里程及国境站到国境线的里程。

（4）求计费重量：按接运车辆标记重量计算，集装箱货为箱数。

（5）根据运价率、运价里程和计费重量确定运费。

2）特殊路段运费

对于一些地方铁路、外商投资铁路、临时营业线和特殊线路，在加入国家铁路网运输后，国家和铁道部制定了特殊运价。

小提示

　　基本运费＝（发到基价＋运行基价×运价里程）×计费重量

　　运价里程＝发站至国境站运价里程＋国境站至国境线（零千米）里程

　　特殊路段运费＝特殊路段运价×计费重量×特殊路段区段里程

　　总运费＝基本运费＋特殊路段运费

2. 杂费

杂费尾数不足 1 角时，按四舍五入处理。各项杂费凡不满一个计费单位，按一个计费单位处理。

1）铁路建设基金

凡经过国家铁路正式营业线和铁路局管辖的按《价规》计费的运营临管线（不包括地方铁路和按特殊运价计费的）运输货物，均按经过的运价里程核收铁路建设基金（但免收运费的货物及化肥、黄磷、棉花和粮食免收此费）。

2）电气化附加费

凡经过电气化铁路区段运输货物，均按铁路电气化区段里程征收铁路电气化附加费。

3）印花税

以每张货票运费的 0.5‰计算，不足 1 角免收，超过 1 角实收。

4）其他杂费

铁路营运杂费包括运单表格费、冷却费、长大货车使用费、集装箱使用费、取送车费、篷布使用费、机车作业费、押运人乘车费和保价费用等。

其中，保价费用是托运人办理保价运输时支付的费用。我国铁道部于 1993 年 10 月

1 日开办了国际铁路联运货物保价运输,颁布了《铁路国际联运货物保价运输办法》,规定了货物的保价范围,即出口货物从国内发站到出口国境站的运输及进口货物从进口国境站到国内到达站的运输。

保价运输是指当货物价格高于承运人赔偿限额时,托运人在托运货物时向承运人声明货物的实际价值,并缴纳相应费用,当货物在运输过程中发生损坏时,承运人按照托运人的声明价格赔偿损失。保价费用一般按照保价金额(货物的声明价格)的 3‰ 计算。《铁路货物运输规程》规定的铁路对承运货物的赔偿限额是:不按件数只按重量承运的货物,每吨最高赔偿 100 元;按件数和重量承运的货物,每吨最高赔偿 2 000 元;个人托运的搬家物品和行李,每 10kg 最高赔偿 30 元。

小提示

铁路建设基金＝铁路建设基金费率×计费重量×运价里程

电气化附加费＝电气化附加费率×计费重量×通过电气化区段里程

印花税＝运费×0.5‰

其他杂费＝其他杂费率×计费单位

保价费用＝保价金额×3‰

【例 9-1】 上海某进出口贸易公司向俄罗斯整车出口一批货物,装运在一辆 P62 型铁路棚车(标记载重是 60t)中,从上海杨浦站发运,在内蒙古满洲里站换装出境。已知杨浦至满洲里的运价里程是 3 343km,其中铁路电气化区段共 1 420km,无特殊运价区段,满洲里站至国境线里程是 10km。货物声明价格为 20 000 元,除保价费用之外其他杂费合计900 元。

经查表:货物运价号是 5,发到基价和运行基价分别为 11.4 元/t 和 0.061 2 元/(t·km),整车货物电气化附加费率为 0.012 元/(t·km),铁路建设基金费率为 0.033 元/(t·km)。

求:我国境内铁路货物运输费用。

解:

运价里程＝3 343km＋10km＝3 353km

计费重量＝60t

基本运费＝(发到基价＋运行基价×运价里程)×计费重量
＝[11.4 元/t＋0.061 2 元/(t·km)×3 353km]×60t
＝12 996.2 元

铁路建设基金＝0.033 元/(t·km)×60t×3 353km＝6 638.9 元

电气化附加费＝0.012 元/(t·km)×60t×1 420km＝1 022.4 元

印花税＝12 996.2 元×0.000 5＝6.5 元

保价费用＝20 000 元×0.003＝60 元

除保价费用之外其他杂费＝900 元

杂费合计＝6 638.9 元＋1 022.4 元＋6.5 元＋60 元＋900 元＝8 627.8 元

运输费用合计＝12 996.2 元＋8 627.8 元＝21 624 元

【例 9-2】　上海某进出口贸易公司向俄罗斯出口 5 箱 20ft 集装箱货物,从上海杨浦站发运,在内蒙古自治区满洲里站换装出境。已知杨浦至满洲里的运价里程是 3 343km,其中铁路电气化区段共 1 420km,无特殊运价区段,满洲里站至国境线里程是 10km。货物声明价格为20 000 元,除保价费用之外其他杂费合计 900 元。

经查表:20ft 集装箱发到基价和运行基价分别为 249.20 元/箱和1.173 0 元/(箱·km),整车货物电气化附加费率为 0.192 元/(箱·km),铁路建设基金费率为 0.528 元/(箱·km)。

求:我国境内铁路集装箱货物运输费用。

解:

运价里程＝3 343km＋10km＝3 353km

计费重量＝5 箱

基本运费＝(发到基价＋运行基价×运价里程)×计费重量

　　　　＝[249.20 元 / 箱＋1.173 0 元 /(箱·km)×3 353km]×5 箱

　　　　＝20 911.3 元

铁路建设基金＝0.528 元 /(箱·km)×5 箱×3 353km＝8 851.9 元

电气化附加费＝0.192 元 /(箱·km)×5 箱×1 420km＝1 363.2 元

印花税＝20 911.3 元×0.000 5＝10.5 元

保价费用＝20 000 元×0.003＝60 元

除保价费用之外其他杂费＝900 元

杂费合计＝8 851.9 元＋1 363.2 元＋10.5 元＋60 元＋900 元＝11 185.6 元

运输费用合计＝11 185.6 元＋20 911.3 元＝32 096.9 元

(三)过境国的铁路货物运输费用计算

过境国铁路货物运输费用由过境国铁路运费、换装费及其他杂费构成,其费用在接入国境站向发货人指定的过境国货运代理核收。

1. 运费计算

国际铁路联运货物过境运费的计算主要依照《国际铁路货物联运统一过境运价规则》(以下简称《统一货价》),其具体计算步骤如下。

1) 确定过境里程

在《统一货价》第 8 条过境里程表中分别查找货物所通过各个国家的过境里程。过境里程指从进口的国境站(国境线)到出口的国境站(国境线)或以港口站为起讫的里程。

2) 确定运价等级和计费重量标准

在国际铁路货物联运通用货品名表(《统一货价》附件)中确定货物适用的运价等级和计费重量标准。运价等级根据货物名称及其顺序号或所属类、项确定。计费重量的确定如下:整车货物按照货物实际重量计算,但不得低于车辆装载最低计费重量标准(四轴车装载最低计费重量标准为一等货物 20t,二等货物 30t)。

3) 查找相应运价率

在《统一货价》第 9 条过境统一货价参加路慢运货物运费计算表中,根据运价等级和各过境运送里程找出相应的运价率。

4) 基本运费计算

《统一货价》对过境货物运费的计算以整车慢运货物为基础。货物计费重量除以100后,再乘以其适用的运价率,即得该批货物的基本运费。

5) 其他种别运费计算

根据货物运送的办理种别,确定其适用的加成率,并在基本运费的基础上,再加上基本运费与其适用的加成率的乘积,求得货物运费。

小提示

慢运整车货物运费=货物运价率×计费重量/100

快运整车货物运费=慢运整车货物运费×(1+100%)

随旅客列车挂运整车货物运费=慢运整车货物运费×(1+200%)

慢运零担货物运费=慢运整车货物运费×(1+50%)

快运零担货物运费=慢运零担货物运费×(1+100%)

6) 集装箱货物运费计算

慢运20ft集装箱的运费,按一等货物15吨核收,不按箱内货物的实际重量计算;30ft和40ft集装箱运费,按20ft集装箱的费率计算后,再分别加收50%和100%;空集装箱运费,按相应种类重集装箱运费的50%核收。快运大吨位集装箱的运费,按慢运费率计算后,再加收50%;若随旅客列车运送,则加收100%。

小提示

慢运20ft集装箱运费=货物运价率×15 000÷100

慢运30ft集装箱运费=慢运20ft集装箱运费×(1+50%)

慢运40ft集装箱运费=慢运20ft集装箱运费×(1+100%)

空集装箱运费=重集装箱运费×50%

快运集装箱运费=慢运集装箱运费×(1+50%)

随旅客列车运送=慢运集装箱运费×(1+100%)

2. 换装费及其他杂费计算

1) 换装费

换装费中,包装货物和成件货物,每100kg按1.2瑞士法郎核收;散装和堆装货物,每100kg按1.0瑞士法郎核收;罐装货物(包括冬季加温),每100kg按0.8瑞士法郎核收;大吨位重集装箱按68.0瑞士法郎/箱核收;空集装箱按34.0瑞士法郎/箱核收。

2) 更换轮对费

每轴核收70.0瑞士法郎。

3) 验关费

整车货物按每批4.0瑞士法郎核收;大吨位集装箱货物按每箱4.0瑞士法郎核收;零担货物按每批2.2瑞士法郎。

4）固定材料费

在国境站换装货物时，由铁路供给的设备、用具和装载用的加固材料，无论车辆载重量如何，每车核收 35.1 瑞士法郎。

5）声明价格费

无论快运或慢运，每一过境路的声明价格费，按每 150 瑞士法郎核收 2 瑞士法郎，不满 150 瑞士法郎的按 150 瑞士法郎计算。

【例 9-3】　有一批 60t 的铁管从我国天津新港进境，过境我国铁路，从二连浩特站出境运至蒙古，该批货物为慢运整车货物。

经查表：天津新港至二连浩特站的过境运价里程为 993km，铁管为 37 类 1 级货物，运价率为 4.58 瑞士法郎/100kg。杂费包括换装费和验关费。

计算该批货物通过我国铁路的过境运输费用。

解：

慢运整车货物运费＝4.58×60 000÷100＝2 748（瑞士法郎）

换装费＝1.2×60 000÷100＝720（瑞士法郎）

关费＝4.0（瑞士法郎）

过境运输费用＝2 748＋720＋4＝3 472（瑞士法郎）

第二节　国际公路货运代理

一、国际公路货运概述

（一）国际公路货运的含义及作用

1. 国际公路货运的含义

国际公路货运是指根据相关国家政府间有关协议，经过批准，通过国家开放的边境口岸和公路进行出入境的汽车运输。由于国际公路货物运输一般以汽车作为运输工具，因此国际公路货运也可称为国际汽车货物运输。

国际公路货运的起运地、目的地或约定经停地位于不同国家或地区。根据途径国家多少，分为双边汽车运输和多边汽车运输。双边汽车运输是指根据两个国家政府之间签订的汽车运输协定而进行的汽车出入境运输，多边汽车运输是指根据两个以上国家政府之间签订的汽车运输协定而进行的汽车过境运输。

国际公路运输距离长，具有较高的风险性。由于涉及不同国家的跨境运输，对货物包装要求较高，对运输企业、运输车辆和货运代理的管理较严，并且存在出入境海关监管问题，因此整个运输的运作环节更为复杂。

2. 国际公路货运的作用

（1）公路运输的特点决定了它最适合于短途运输。它可以将两种或多种运输方式衔接起来，实现多种运输方式联合运输，做到进出口货物运输的"门到门"服务。

（2）公路运输可以配合船舶、火车、飞机等运输工具完成运输的全过程，是港口、车站、机场集散货物的重要手段。尤其是鲜活商品、集港疏港抢运,公路运输往往能够起到其他运输方式难以起到的作用。可以说,其他运输方式往往要依赖汽车运输来最终完成两端的运输任务。

(3) 公路运输也是一种独立的运输体系,可以独立完成进出口货物运输的全过程。公路运输是欧洲大陆国家之间进出口货物运输的重要方式之一。我国的边境贸易运输、港澳货物运输,其中有相当一部分也是靠公路运输独立完成的。

(4) 集装箱货物通过公路运输实现国际多式联运。集装箱由交货点通过公路运到港口装船,或者相反。

小提示

一辆载满 794 袋、2.37 万件(重 8.61t)对俄跨境电商产品邮件的卡车抵达俄罗斯叶卡捷琳堡互换局,标志着哈尔滨经黑河至叶卡捷琳堡陆运邮路测试成功。

2018 年年底,黑龙江邮政与俄罗斯邮政及承运商方面积极沟通,达成了合作共识。2019 年春节过后,黑龙江省邮政寄递事业部国际业务分公司就着手邮路试运行的准备工作。在哈尔滨海关口岸监管处与海关驻邮办的大力支持下,他们理顺了通关流程,确定了试运行方案,还从业务层面对试运行逐节点进行了细致的梳理,确保每个环节都能够运行顺畅,同时指导黑河市寄递事业部配置交换站。

2019 年 3 月 13 日,邮件从哈尔滨国际邮件互换局发出,3 月 14 日邮件顺利通过黑河口岸到达俄罗斯布拉戈维申斯克海关监管处,3 月 27 日到达叶卡捷琳堡互换局,全程历时 15 天。

(二) 国际公路货物运输许可条件

1. 国际公路运输企业的经营许可

根据我国《国际道路运输管理规定》的有关规定,省级道路运输管理机构负责实施国际公路运输经营许可。国际公路运输企业应具备下列条件:取得道路运输经营许可证的企业法人;从事国内道路运输经营满三年,且近三年内未发生重大以上道路交通责任事故;驾驶人员、装卸管理人员、押运人员取得相应的从业资格;具有与其经营业务相适应并经检测合格的运输车辆;有健全的运输安全生产管理制度。

2. 国际公路运输车辆的行车许可

我国与有关国家签署的双边和多边汽车运输协定都确定了国际公路货物运输实行许可证制度。行车许可证由省级国际道路运输管理机构或授权的口岸国际道路运输机构发放和填写。行车许可证分为 A、B、C 及特别行车许可证,其中 A、B 种行车许可证用于旅客运输,C 种行车许可证用于货物(含行李包裹)运输,特别行车许可证用于大型物件运输或危险货物运输。行车许可证一车一证,在规定期限内往返一次有效,车辆回国后,由口岸国际道路运输管理机构收回。

3. 国际道路货运的海关监管

从事国际公路运输经营的申请人取得道路运输经营许可证及许可文件后,还需要到外事、海关、检验检疫、边防检查等部门办理有关运输车辆、人员的出入境手续。根据《中华人民共和国海关关于境内道路承运海关监管货物的运输企业及其车辆、驾驶员的管理办法》及《中华人民共和国海关修改〈关于境内道路承运海关监管货物的运输企业及其车辆、驾驶员的管理办法〉的决定》的规定,从事国际公路运输经营的企业必须办理运输企业、车辆与驾驶员在海关的备案登记与年审,并且依据载货清单办理车辆出入境报关手续。

(三)国际公路货物运输制度

目前,国际上比较通用的国际公路运输制度是《国际道路运输公约》(*Transport International Route*)(以下简称《TIR 公约》)。1949 年为促进战后重建,欧洲通过了 TIR 国际公路运输协定。1959 年,联合国又主持通过了《TIR 公约》,其目的是简化和协调国际货物公路运输的海关手续,降低承运人的运输成本,有效保护货物过境国的海关税费利益。《TIR 公约》于 1975 年进行修订,修订后的《TIR 公约》(1975)覆盖了多式联运的运输方式。

TIR 制度的基本思想是:经授权的公路运输承运人可以凭 TIR 单证在《TIR 公约》缔约方的境内内陆海关接受查验并施关封后,在过境国和目的国边境海关无须进行开封检查,直接运往目的国内陆海关。

🐚 **小提示**

2018 年 5 月 18 口,中国 TIR(指建立在联合国《国际公路运输公约》基础上的全球性货物运输海关通关系统)运输启动仪式在辽宁大连举行。拥有 TIR 证编号为 001、002、003 的大连交通运输集团和黑龙江龙运集团的货运车辆载着苹果等当地水果从大连出发,途经沈阳、康平、双辽、松原、大庆、齐齐哈尔、呼伦贝尔、满洲里和俄罗斯的后贝加尔斯克、奥罗维扬纳亚、赤塔、乌兰乌德、贝加尔斯克、伊尔库茨克、图伦、克拉斯诺亚尔斯克、克麦罗沃等城市,预计 9 天之后到达目的地新西伯利亚。

随着 TIR 系统在中国的实施,中国未来能够开放更多的边境口岸和内陆海关,更好地发挥 TIR 作为过境系统的功能,促进贸易便利化。此外,中国实施 TIR 系统将对周边国家产生示范效应,推动东南亚国家参与到 TIR 系统中来,进一步激活中巴经济走廊、孟中印缅经济走廊和中南半岛经济走廊,全面推动六大经济走廊的发展,从总体上提升"一带一路"互联互通水平。

1.《TIR 公约》缔约方

TIR 制度作为一种国际化公路运输制度,目前已覆盖整个欧洲、大部分美洲、中东、北非地区,缔约方达到 64 个,可以实施 TIR 制度的国家达到 54 个。与我国接壤或邻近的国家中,蒙古、韩国、日本、俄罗斯、哈萨克斯坦、塔吉克斯坦、乌兹别克斯坦、吉尔吉斯斯坦、土库曼斯坦、阿富汗都已成为缔约国,并已开展 TIR 单证运输。印度、巴基斯坦也已申请成为缔约国。

2. 国际担保制度

TIR 公约建立了国际担保制度,由总部设在瑞士日内瓦的国际道路运输联盟(International Road Transport Union,IRU)管理,其目的为保护海关的税费利益。TIR 公约要求每一个缔约国都特许一个国家担保协会,在 TIR 证运输出现意外、产生海关税费风险并无法追究 TIR 证运输承运人责任的情况下,无论违法者是本国还是外国承运人,海关都可以向本国的国家担保协会要求偿付海关税费,由国家担保协会保证先期支付海关关税及其他有关税收。国际道路运输联盟担保的最大限额是每张 TIR 单证 5 万美元,运输酒精和烟草的最大担保额度为每张 TIR 单证 20 万美元。

3. TIR 单证

TIR 单证作为国际海关文件,是 TIR 制度的执行支柱,是起运国、过境国和目的国海关监管的依据,是国际担保的法律证明文件。TIR 单证由 IRU 根据 TIR 行政委员会的批准,向各缔约国的国家担保协会集中发放,再由国家担保协会根据其与本国承运人签署的承诺声明,向本国承运人发放。TIR 单证由承运人填写,在协会批准的时间内,自起运国海关启用,直至货物运至目的地国海关完成 TIR 证运输,TIR 单证一直有效。

4. 运输车辆及集装箱要求

为确保货物在装进车辆或集装箱并由海关加封后,在不留明显痕迹的情况下无法触及车内货物及将货物取走或更换,TIR 证运输的车辆或集装箱必须符合海关监管要求和具有海关监管设置。对于不能装载在普通车辆或集装箱内的重型或大型货物,在起运地海关认为所承运货物可以很容易辨认,或可以加上海关封志和辨认标志,使之能够防止任何不露明显痕迹地替换或卸下货物的条件下,可以使用不加封的车辆或集装箱装运。

(五) 国际公路货运代理的性质

国际公路货运代理指接受发货人、收货人的委托,为其办理揽货、托运、仓储、中转、集装箱拼拆箱、运杂费结算、报关、报检、报验和短途运输服务及咨询业务的人。国际公路货运代理企业需要依法注册并在商务主管部门备案,取得国际公路货运代理资质,既可以是代理人型的货运代理,也可以是当事人型的货运代理。国际公路货运代理分为出口国发货人货运代理及进口国收货人货运代理,而无须出入国境站货运代理和过境国货运代理。

二、国际公路货运代理业务流程

(一) 公路货运代理一般业务流程

1. 托运

发货人(货主或货运代理)填写国际道路货物运单,并以此作为书面申请向国际公路承运人提出委托运输。承运人接到运单后,检查运单内容是否正确和是否符合承运要求,如审查通过,则受理托运。

2. 装车发运

对于整车货物,承运人受理托运后,发货人将货物运送(或承运人派车)至指定装车地点装车,装车时检查货物是否与运单相符。装车完毕后,发货人向承运人支付相关运杂费,承运人向发货人签发国际道路货物运单。之后,承运人发车履行运输送货义务。对于零担货物,承运人受理托运后,发货人将货物送至指定交货地点,承运人验货司磅并接收入库。货物交接后,发货人向承运人支付相关运杂费,承运人向发货人签发货运单。之后,承运人编制配载计划,并据此安排装车发运。

3. 提取货物

对于整车货物,货物到达目的地后,承运人通知收货人(货主或货运代理)到指定收货地点提货,或承运人将货物送至指定交货地点。对于零担货物,货物到达目的地后卸车入库,整理查验完毕后通知收货人到指定地点提货或组织上门送货。货物交接时,收货人检查货物并记载货损货差情况,对有关货运事故及时做出处理。

(二) TIR 制度下国际公路货运海关流程

1. 起运国内陆海关流程

发货人填写出口货物报关单,并随附国际公路货物运单,向起运地海关(通常为内陆海关)办理货物出口报关手续。海关根据发货人的报关单据及承运人的 TIR 单证检查货物,符合要求后由海关对车辆或集装箱施加关封,并同时在 TIR 单证上做相应记录,保留第一联凭单并填写相应的存根,然后将 TIR 单证交还给承运人,由此开始 TIR 证运输作业。

2. 起运国出境海关流程

装载货物的 TIR 证运输车辆在离开起运国国境时,由起运国出境海关检查封志,从 TIR 单证上撕下第二联,填写相应的存根,并将撕下的凭单寄给起运地海关,或使用电子邮件等其他方式发给起运地海关,以加快审核速度;起运地海关核对收到的凭单与自己原来保存的凭单,如果出境海关没有任何反对意见或保留意见,则放行,起运地出境海关填写的存根则作为 TIR 业务在该国已经完成的凭据。

如果起运国出境海关撕下的一联凭单含有保留意见,或没有送达起运地海关,或海关因其他原因怀疑 TIR 业务,则海关有权进行调查,即"TIR 业务例外性调查"。

3. 过境国海关流程

装载货物的 TIR 证运输车辆在途经每一个过境国时都适用与起运国相似的海关过境制度。过境国入境海关对封志进行检查,并从 TIR 单证中撕下一联凭单;过境国出境海关像起运国出境海关一样处理 TIR 凭单。通过核对过境国入境海关与出境海关所取下的两联 TIR 凭单,填写无误一致后即放行 TIR 作业;若出现异常情况,则依出境环节所述程序进行处理。

4. 到达国海关流程

若到达国入境海关同时也是目的地海关,则由入境海关填写 TIR 单证,并保存两联凭单,进行进口货物贸易清关处理。若货物入境后还需运往该国的另一海关(通常为内陆海关),则入境海关成为一个入境边境海关,执行过境环节中入境海关的类似程序;而该国境内内陆海关成为目的地海关,执行开箱查验、清关等程序。

三、国际公路货运代理业务单证

国际公路货物运单是国际公路货物运输合同的证明,是承运人接收货物或货物已装上运输工具的证明。但与海上货运提单不同,与航空运单和铁路联运运单相同,公路货物运单不具有物权凭证的性质,因此不能转让,抬头只能是记名收货人,货物到达目的地后承运人通知运单抬头人提货。

(一) CMR 运单

CMR 运单是《CMR 公约》下的运单。《CMR 公约》全称为《国际道路货物运输合同公约》,由联合国欧洲经济委员会草拟,于 1961 年 7 月 2 日生效,其宗旨是统一国际公路运输单证和承运人责任。欧洲 30 多个国家及蒙古、俄罗斯、哈萨克斯坦等国家加入了该公约,并使用 CMR 运单从事国际公路运输业务。

国际公路货物运输合同公约(CMR)运单一式三联。发货人和承运人各持运单的第一、三联,第二联随货物走。当待装货物装运在不同车内时,发货人或承运人有权要求对每辆车签发运单;当一辆车中装运不同种类货物或数票货物时,可以针对每种货或每票货签发运单。

CMR 运单不是议付或可转让的单据,也不是所有权凭证。CMR 运单必须记载下列事项:运单签发日期和地点,发货人、承运人、收货人的名称和地址,货物交接地点、日期,一般常用货物品名和包装方法,货物重量,运费,海关报关须知等。

(二) 我国国际道路货物运单

我国没有加入《CMR 公约》,根据我国《国际道路运输管理规定》,我国使用的国际公路货物运输单证是国际道路货物运单,由我国省级国际道路运输管理机构或其委托的口岸国际道路运输管理机构发放,一车一单,在规定期限内往返一次有效。运单文字用中文和相应国家文字印制。

国际道路货物运单一式四联,第一联由承运人留存,第二联在发运国内陆海关,第三联在发运国出境地海关,第四联随车携带。如果是过境运输,可印制 6~8 联的运单,供过境海关留存。

四、国际公路货运费用

国际公路货物运价按双边或多边出入境汽车运输协定,由两国或多国政府主管机关协商确定。我国公路货物运价主要依据《汽车运价规则》和《国际集装箱汽车运输收费规则》等相关法规。国际重点物资(抢险、救灾、军用物资等)运输及车辆通行费和汽车货运站服务费实行国家定价,生产资料(化肥、农药、农膜等)运输实行国家指导价,其他货物运输实行市场调节价。下面主要介绍我国公路货物运价及运费计算方法。

(一) 公路货物运价

1. 基本运价

整批货物基本运价指一吨整批普通货物在等级公路上运输的每吨千米运价,零担货物基本运价指零担普通货物在等级公路上运输的每千克千米运价,集装箱基本运价指各类标准集装箱重箱在等级公路上运输的每箱千米运价。

2. 吨(箱)次费

吨次费指对整批货物运输在计算运费的同时,以吨次为单位加收的费用;箱次费指汽车集装箱运输在计算运费的同时,以箱次为单位加收的费用。

3. 普通货物运价

普通货物实行等级计价,以一等货物为基础,二等货物加成 15%,三等货物加成 30%。

4．特种货物运价

长大笨重货物运价：一级长大笨重货物在整批货物基本运价的基础上加成 40%～60%，二级长大笨重货物在整批货物基本运价的基础上加成 60%～80%。

危险货物运价：一级危险货物在整批（零担）货物基本运价的基础上加成 60%～80%，二级危险货物在整批（零担）货物基本运价的基础上加成 40%～60%。

贵重、鲜活货物运价：贵重、鲜活货物在整批（零担）货物基本运价的基础上加成 40%～60%。

5．集装箱运价

标准集装箱重箱运价按照不同规格箱型的基本运价执行，标准集装箱空箱运价在标准集装箱重箱运价的基础上减成计算。非标准集装箱重箱运价按照不同规格的箱型，在标准集装箱基本运价的基础上加成计算；非标准集装箱空箱运价在非标准集装箱重箱运价的基础上减成计算。特种箱运价在箱型基本运价的基础上按装载不同特种货物的加成幅度加成计算。

6．其他形式运价

特种车辆运价：按车辆的不同用途，在基本运价的基础上加成计算，特种车辆运价和特种货物运价两个价目不准同时加成使用。

非等级公路货运运价：非等级公路货物运价在整批（零担）货物基本运价的基础上加成 10%～20%。快速货物运价按计价类别在相应运价的基础上加成计算。

（二）公路货物运输杂费

1．代征代收费用

在我国，公路运输代征代收费用指政府还贷性收费公路和经营性收费公路征收的车辆通行费。车辆通行费分为按车型收费和计重收费两种方式，已安装计重设备的收费公路按重量计收，未安装计重设备的收费公路按车型计收。

2．附加费

附加费包括货物装卸费用、人工费用、调车费、装货（箱）落空损失费、排障费、车辆处置费、检验费、装卸费、道路阻塞停车费、运输变更手续费等。如果是零担货物，还包括货物在库仓储保管费等；集装箱运输还包括查验拖车服务费、集装箱堆存费、清洗费、熏蒸费及冷藏箱预冷费等。

（三）公路货物运输费用计算方法

整车、集装箱货物公路运输费用由运费、总吨（箱）次费、杂费构成，零担货物公路运输费用由运费和杂费构成。

小 提 示

整批货物运输费用＝整批货物运价×计费重量×计费里程＋吨次费×计费重量＋杂费

零担货物运输费用＝零担货物运价×计费重量×计费里程＋杂费

集装箱货物运输费用＝集装箱运价×计费箱数×计费里程＋箱次费×计费箱数＋杂费

本 章 小 结

本章系统讲解了国际铁路及国际公路货运代理的基本性质、业务流程、业务单证和涉及的运输费用计算。

国际铁路货运代理只作为货主代理,而不作为承运人代理,并且只属于代理人型的货运代理,而非当事人型的货运代理。国际铁路货运代理分为发运站货运代理、国境站货运代理和到达站货运代理。

国际公路货运代理一般只作为货主代理,既可以是代理人型的货运代理,也可以是当事人型的货运代理。国际公路货运代理分为出口国发货人货运代理及进口国收货人货运代理,而无须出入国境站货运代理和过境国货运代理。

 **延伸阅读**

《国际公路运输公约》

海关总署发布公告,决定在前期 TIR 试点的基础上,自 2019 年 6 月 25 日起全面实施《TIR 公约》。

以往,驾驶人员去中亚国家运货,要接受各国海关的检查,每过一个海关就要开箱、验货、打铅封,如果再赶上货车排长队过关,过一次海关就得用 3 天。其实只要中途不验货、不开封,公路运输的速度可以相当快。正是《TIR 公约》的启动,使货物的万里国际运输轻松实现了"门到门"运输。

为了推进"一带一路"建设,我国于 2016 年 7 月 5 日正式加入联合国《国际公路运输公约》(简称 TIR 公约,应用此公约的跨境公路运输成为 TIR 运输),2018 年 5 月公约正式在中国落地实施。

2019 年 5 月,海关总署宣布,将全面实施《TIR 公约》。获得 TIR 运输资质的企业,可以仅凭一张单据就在同样实施 TIR 公约的 60 多个国家间畅通无阻,只需要接受始发地和目的地国家的海关检查,途经国一般情况下不再开箱查验。

基于《TIR 公约》框架下的 TIR 系统是目前唯一的全球性跨境货物运输通关系统,涵盖公路、铁路、内陆河流、海运等多式联运。经联合国授权,由国际道路运输联盟(IRU)管理 TIR 系统在全球的运作。其中,对陆路运输的促进作用更为明显,尤其适合货品单价高、对时效要求高的企业。

《TIR 公约》靠六个支柱来运行,包括有管控的车辆和集装箱、国际担保链、TIR 通关证、海关监管的相互承认、海关和 IRU 管控下的使用、安全的 TIR 电子终止＋TIR—EPD(电子预申报)。其主要目标是尽最大可能便利国际贸易中海关加封货物的流动和提供必要的海关控管和保障,然而需要注意的是:

(1) 从事 TIR 运输的车辆必须取得 TIR 运输车辆批准证明书,并悬挂 TIR 标识牌。

我国 TIR 运输车辆批准证明书发证机构为交通运输部公路科学研究所汽车运输研究中心。

（2）TIR 证持证人开始 TIR 运输前，应当通过 TIR 电子预申报系统向海关申报 TIR 证电子数据，并在收到海关接受的反馈信息后，按照有关要求填制 TIR 证。

（3）TIR 运输车辆到达海关监管作业场所后，TIR 证持证人应当向海关交验 TIR 证、TIR 运输车辆批准证明书。经启运地海关验核有关材料无误、施加海关封志，并完成相关 TIR 运输海关手续后，TIR 证持证人方可开始 TIR 运输。经目的地海关验核有关材料及海关封志无误，并完成相关 TIR 运输海关手续后，TIR 证持证人方可结束 TIR 运输。

（4）TIR 证持证人应当遵守我国进出口货物和过境货物的相关禁限规定，配合海关检查查验作业，并按照海关要求做好相关情况说明工作。

随着中哈、中吉、中乌等国贸易的不断发展，作为丝绸之路核心区的新疆，在国际道路货运运输启动中将发挥出更积极的作用，也会进一步释放国际道路运输潜力。

TIR 系统将成为中国"一带一路"倡议的助推器，为重振古老"丝绸之路"沿线国家和地区的贸易发展和合作提供强有力的支持。

资料来源：http://www.sohu.com/a/329844380_151241，2019 年 12 月。

本 章 思 考 题

一、名词解释

国际公路货物运输　国际货协运单

二、简答题

1. 简述国际铁路联运的承运范围。

2. 论述 TIR 制度的基本思想。

3. 简述国际铁路联运运输费用计算方法。

4. 简述国际公路货物运输费用构成。

附录 A 国际货运代理业务常用缩语和短语

A

Automatic Approval(AA)	自动许可证
Against All Risks(A.A.R.)	保一切险
Air Transportation Policy	空运保险单
All Risks	一切险
Anti-dated B/L	到签提单
Arrival Notice(A.N.)	到货通知
Additional Premium(A.P.)	额外保费
Actual Weight(A/W)	实际重量
Air Way Bill(AWB)	空运提单

B

Bunker Adjustment Factor(BAF)	燃油附加费
Bale Capacity	包装容积
Bank Draft(B/D)	银行汇票
Bonded Goods(B/G)	保税货物
Bill of Lading(B/L)	提单

C

Cash Against Documents(C.A.D.)	凭单据付款
Contract of Affreightment(COA)	包运合同
Combined Transport	合并运输
Commission Agent	委托代理人
Common Carrier	公共承运人
Conference Lines	班轮公会运输
Contract of Carriage	货物运输合同

D

Delivery Order	提货单
Direct Bill of Lading	直达提单
Document of Title	物权凭证
Documentary Credit	跟单信用证

E

Entry Inwards	进口报关单
Entry Outwards	出口报关单
Expiry Date	有效期
Export Declaration	出口申请单

Export Manifest	出口舱单
External Causes	外部原因

F

Freight Forwarder	货运代理人
Foul Bill of Lading	不清洁提单
Free From Particular Average(FPA)	平安险
Full Container Loads	集装箱整箱货

G

General Average	共同海损
General Cargo	杂货
Grain Capacity	散装容积

I

International Chamber of Commerce(ICC)	国际商会
Import Manifest	进口舱单
Inland Waterway Transport	内河运输
inward permit	进口许可证
Issuing Bank	开证行

L

Land Bridge	陆桥运输
Letter of Credit	信用证
Letter of Indemnity	保函
Liner Freight Rate	班轮运费率
Liner Operator	班轮营运人
Long Haul	长途运输

M

Marine Cargo Insurance	海上货物保险
Mate'S Receipts	大副收据
Methods of Payment	付款方式

N

Natural Calamities	自然灾害
Negotiable Document	可转让单据
Negotiating Bank	议付银行
Notify Party	通知方

O

Ocean Freight Rate	海运运费
On-board Bill of Lading	已装船提单
Order Bill of Lading	指示提单
Original Bill of Lading	正本提单

P

Port Clearance	结关单
Port of Distress	避难港
Port of Loading	装货港
Port of Discharging	卸货港
Ports of Call	停靠港
Presentation of Documents	交单

R

Receipt for Goods	货物收据

S

Shipping Bill	出口货物明细单;装船通知单
Shipped Bills of Lading	已装船提单
Shipping Space	舱位
Short Shipment	短装;装货不足
Stores List	物料清单
Straight Bill of Lading	记名提单

T

Tariff Rate	关税比率
the assured	被保险人
the insurer	保险人
Through Bill of Lading	联运提单
Tramp Service	不定期船运输
Transshipment Bill of Lading	转船提单

U

Uniform Customs & Practice(UCP)	统一惯例

V

by way of(via.)	经由
voyage(voy.)	航程
voyage charter party	航次租船合同

W

Weight or Measurement(W/M)	重量或体积(按高者计算运费)
With Particular Average(W.P.A.)	水渍险
War Risks(W.R.)	战争险
Warehouse to Warehouse Clause(W/W)	仓至仓条款

附录 B 世界主要航线及港口一览表

所属航线	港口中文名称	港口外文名称
欧洲基本港 （NWC）	安特卫普	ANTWERP
	汉堡	HAMBURG
	鹿特丹	ROTTERDAM
	勒哈佛尔	LE HAVRE
	费利克斯托	FELIXTOWE
地西航线 （WMED）	那不勒斯	NAPOLES
	福斯	FOS
	焦亚陶罗	GIOIA TAURE
	瓦伦西亚	VALENCIA
	巴塞罗那	BARCELONA
	拉斯配齐亚	LA SPEZIA
	拉文纳	RAVENNA
	科佩尔	KOPER
	威尼斯	WENICE
	底里亚斯特	TRIESTE
	加的斯	CADIZ
	里窝那	LIVORNO
	巴勒莫	PALERMO
	里也卡	RIJEKA
	普罗切	PLOCE
	巴尔	BAAL
地东航线 （EMED）	伊斯坦布尔	ISTANBUL
	梅尔辛	MERSIN
	比雷埃佛斯	PIREAUS
	塞萨罗尼基	THESSALONIKI
	亚历山大	ALEXANDRIA
	利马索尔	LIMASSOL

所属航线	港口中文名称	港口外文名称
地东航线 (EMED)	阿什杜德	ASHDOD
	海法	HAIFA
	贝鲁特	BEIRUT
	拉塔基亚	LATTAKIA
	安塔利亚	ANTALYA
	沃洛斯	VOLOS
	伊拉克利翁	HERAKLION
	特拉布宗	TRABZON
黑海航线 (B.SEA)	康斯坦萨	CONSTANZA
	敖德萨	ODESSA
	伊利切夫斯克	ILYCHEVSK
	瓦尔纳	VARNA
	诺沃罗西斯科	NOVOROSSIYSK
	波季	POTI
	布尔加斯	BURGAS
北非航线 (N.AFRICA)	卡萨布兰卡	CASABLANCA
	突尼斯	TUNIS
	阿尔及尔	ALGIER
	贝贾亚	BEJAIA
	斯基科达	SKIKDA
	奥兰	ORAN
	班加西	BENGHAZI
	胡姆斯	KHOMS
	米苏拉塔	MISURATA
	的黎波里	TRIPOLI
西非航线 (W.AFRICA)	阿比让	ABIDJAN
	科托努	COTONOU
	洛美	LOME
	特马	TEMA
	塔科拉迪	TAKORADI

续表

所属航线	港口中文名称	港口外文名称
西非航线 (W.AFRICA)	达喀尔	DAKAR
	杜阿拉	DOUALA
	拉各斯	LAGOS
	挺坎岛	TIN CAN ISLAND
	阿帕帕	APAPA
	努瓦克肖特	NOUAKCHOTT
	努瓦迪布	NOUADHIBOU
	普拉亚	PRAIA
	明德鲁	MINDELO
	比绍	BISSAU
东非、南非航线 (S/E.AFRICA)	德班	DURBAN
	开普敦	CAPE TOWN
	伊丽莎白	ELIZABETH
	东伦敦	EAST LONDON
	路易港	PORT LOUIS
	贝拉	BEIRA
	马普托	MAPUTO
	纳卡拉	NACALA
	蒙巴萨	MOMBASA
	达累斯萨拉姆	DAR ES SALAM

参 考 文 献

[1] 郭萍.租船实务与法律[M].大连：大连海事大学出版社,2002.
[2] 卢永真.运输合同[M].北京：中国民主法制出版社,2003.
[3] 徐天芳,江舰.物流方案策划与设计[M].北京：高等教育出版社,2005.
[4] 蒋晓荣,何志华.国际货运与保险实务[M].北京：北京大学出版社,2006.
[5] 李作聚.国际货物运输代理[M].北京：清华大学出版社,2007.
[6] 张嘉生,王春丽.国际货运代理业务中的法律风险防范[M].北京：法律出版社,2008.
[7] 高映."十二五"时期我国保税区的功能定位和拓展[J].港口经济,2010(12)：46-48.
[8] 穆海平.企业物流成本分析及控制措施研究[J].价值工程,2011,30(27)：16-17.
[9] 刘文歌.国际货物运输代理[M].北京：清华大学出版社,2012.
[10] 李秀华.国际物流与报关报检[M].北京：电子工业出版社,2013.
[11] 陆佳平.包装标准化与质量法规[M].北京：印刷工业出版社,2013.
[12] 彭影,吴映清.现代物流综合实训教程[M].成都：西南交通大学出版社,2014.
[13] 凌海生.国际物流单证操作实务[M].武汉：武汉大学出版社,2014.
[14] 李爱华.海商法[M].北京：清华大学出版社,2014.
[15] 杨霞芳.国际物流管理[M].2版.上海：同济大学出版社,2015.
[16] 龙桂先.国际物流与货运代理实务[M].3版.北京：机械工业出版社,2016.
[17] 彭宏勤,杨淑娟.综合交通发展与多式联运组织[M].北京：人民交通出版社,2016.
[18] 李洁,翟树芹.进出口报关实务[M].广州：华南理工大学出版社,2017.
[19] 平淑盈,朱琳.国际物流与货运代理[M].北京：北京交通大学出版社,2017.
[20] 张良卫.国际物流实务[M].3版.北京：电子工业出版社,2017.
[21] 姜湄,何岩松.国际物流与货运代理实务[M].大连：大连海事大学出版社,2017.
[22] 田振中,王红梅.国际物流与货运代理[M].2版.北京：清华大学出版社,2019.
[23] 顾永才,高倩倩.国际物流与货运代理[M].4版.北京：首都经济贸易大学出版社,2019.

推荐网站：
1. 中华人民共和国交通运输部网站：http://www.moc.gov.cn
2. 中华人民共和国商务部网站：http://www.mofcom.gov.cn
3. 中华人民共和国海关总署：http://www.customs.gov.cn
4. 中国应急物流网：http://www.cnel.cn
5. 中国物流与采购联合会网：http://www.chinawuliu.com.cn
6. 中国国际物流与货代网：http://www.cifa-China.com
7. 中国货运保险网：http://www.marins.com.cn
8. 国家市场监督管理总局：http://www.samr.gov.cn